组织文化资本研究

张艺军 著

WUHAN UNIVERSITY PRESS
武汉大学出版社

图书在版编目(CIP)数据

组织文化资本研究/张艺军著. —武汉：武汉大学出版社,2017.8
ISBN 978-7-307-19413-7

Ⅰ.组… Ⅱ.张… Ⅲ.组织文化—研究 Ⅳ.C936

中国版本图书馆 CIP 数据核字(2017)第 143236 号

责任编辑:李　晶　　责任校对:周卫思　　装帧设计:杜文娣

出版发行: **武汉大学出版社** 　(430072　武昌　珞珈山)
　　　　　(电子邮件:whu_publish@163.com　网址:www.stmpress.cn)
印刷:虎彩印艺股份有限公司
开本:720×1000　1/16　印张:12　字数:222千字
版次:2017年8月第1版　　2017年8月第1次印刷
ISBN 978-7-307-19413-7　定价:80.00元

前　言

在确定本书选题前,我一直都在思考如何将自己的研究方向与提升自己的管理能力和服务水平结合起来,在理论与实际应用方面做一些有益的研究和探索。经过与师友们的反复交流与沟通,我逐渐找到了二者之间的契合点。其一,组织是人们按照一定的目的、任务和形式组合起来的社会集团,它具有明确的目标和相应的结构体系,通过有意识的行为维护自身的稳定并与周围环境保持密切联系。不论对公益性组织、营利性组织或是其他任何社会组织来说,科学的管理方法、系统的管理思维和有效的管理工具都是必不可少的,这些是确保一个组织正常运行和提高组织绩效的基本保障。其二,当代管理学、经济学等学科的研究成果表明,组织文化是整合组织资源,构建组织核心能力,提升管理效能的内在程序。文化管理是组织管理的新理念和新阶段,组织内部积极的共同价值观体系对降低管理成本、提升绩效的作用已成共识。因此,虽然不同类型的组织的目的、任务和内部组合形式存在差异,但是在组织管理层面,通过管理活动整合利用内外部资源,塑造自身独特的核心能力,提高运营水平和社会服务效能的管理思维逻辑和管理目标是共通的。

马克思主义政治经济学研究领域的"资本"通常被看作是一种可以带来剩余价值的价值。理论上来说,物质生产能够满足人们的物质需求,精神生产能够满足人们的精神需求,在一定价值观念主导下,贯穿生产活动全过程的劳动所产出的精神与物质产品共同构成了人类生存和发展的基础。因此在广泛意义上,经济社会发展与精神文化因素之间也有着密不可分的联系,在某种意义上可以说"文化"对组织生产活动的能效具有决定性的影响,也是组织运营能效产生差异的重要因素。不论是公益性组织还是营利性组织,通过劳动生产出的产品都具有文化价值,而贯穿劳动生产全过程的、组织成员所共有的价值观念附于产品之上,塑造并提升产品的价值,能为组织创造边际收益,因此二者均具备了"资本"的基本特征。由此,对一个组织来说,共有的文化价值体系可抽象为"资本"的一种存在形式,我们可以将其称为组织文化资本。"资本"总是处于不断的运动之中,因而"组织文化资本"是一个动态的概念,它不但贯穿精神与物质财富创造的全过程,而且反映了创造财富的能力。

　　当然,在谈到"资本"问题时我们总是会自然地将这个概念与传统的货币资本、物力资本和人力资本等联系,因此将组织的文化价值观体系这个精神层面的概念与传统意义上的"资本"概念结合起来讨论,会与我们惯常的认知存在差异。当视角深入这些根深蒂固的组织价值观层面,并将组织文化看作是"资本"的一种存在形态加以研究时,确实需要足够的勇气和细心。需要说明的是,企业在社会经济生活中是最广泛存在的,较其他类型的组织更为复杂,也是最有活力的基本组织,更具有普遍性和代表性,因此本书选择企业层面进行探讨。书中如无特殊界定,"组织"与"企业"两个概念等同使用。

　　在本书付梓之际,感谢湖北省博物馆方勤馆长、万全文书记对本书出版的大力支持;由衷感谢我的博士生导师王学军教授,作为我研究工作的领路人,他为本书的选题和完稿倾注了大量的心血;感谢徐绪松教授,她的研究成果为本书的研究提供了有力的理论支撑;感谢王孝斌博士、胡类明博士、陈武博士、赵罡博士、李晓涛博士、郑英博士、黄洪浪博士在本书的研究思路上给予我的帮助;同时还要感谢我的妻子李澜女士,是她一直在身后默默地支持着我。

　　因著者水平能力所限,本书错讹之处在所难免,请各位专家、读者批评指正。

著　者

2017 年 6 月

目　　录

1 绪 论

1.1 研究背景

新古典经济学的研究视野里,生产活动和利润创造代表了企业的全部行为,而企业在很大程度上被看作是同质化的并以从事专业化生产为主要功能的"黑箱"。为了解开"黑箱"之谜,新制度经济学进一步研究了在资源配置过程中的交易成本问题。在这里,企业不但被视为是一种契约的集合,而且被看作是一种可以与市场相互替代的组织模式和资源配置方式。以罗纳德·科斯为代表的交易成本理论探讨了企业与市场之间的相互关系。这一理论认为,企业是一种既与市场存在区别而又能够与市场相互替代的"价格机制的替代物",其核心观点正如斯蒂格勒所概括的那样,即在交易费用为零的前提条件下,不论对产权做何种界定,通过市场交易都可以实现资源的有效配置。阿尔钦和德姆塞茨则基于交易成本理论对企业内部进行了深入研究,并提出了团队生产理论。这一理论构建了一个相对完善和有效的框架,对企业内部结构与绩效之间的关系进行了分析和研究,但客观上,这一理论并没有对企业以及企业成员之间的差异加以区分,因而在某种程度上还是基于一种同质性的假设。奥利弗·威廉姆森从对交易活动本身的研究出发,对交易成本问题进行了探讨。他认为,各个交易单位本身所具有的特征决定了交易成本的差异。N M Kay(1984)和 J F Hennart (1991)则进一步区分了各种成本的不同来源,他们分别将在市场和企业这两种不同组织方式中所产生的成本明确界定为交易成本和组织成本。现实市场环境中,不同行业间的企业会存在差异,即使在相同产业部门内,企业的差别同样突出。这就不得不让我们思考,除了外部市场因素以外,内部因素是否也导致了企业的差异呢? 如果回答是肯定的,那么内部因素和外部因素谁起的作用更大呢?

企业是社会经济活动的细胞组织,其成长、竞争优势和超额利润的获得,以及持续发展都离不开资源的支撑。资源基础理论为我们更好地理解企业之间的差异和企业的竞争优势的来源提供了理论基础。Penrose(1959)认为企业的资源除了包括企业通过购买、租借等手段而获得的或是自己生产出的有形的物品以外,还包括那些能够驱动这些资源高效运行的雇员,这些资源创造了企业的服务(能力)。同时,只有在对资源的运用过程中,企业的能力才能产生出来,正因为如此,每个企业的能力都是完全不同的,是为企业所独有的。围绕 Penrose 对企业资源能力的论述,学术界逐渐形成了资源基础理论。资源基础理论主要包括资源理论(Wernerfelt B A,1984;Peteraf Margaret A,1993)、能力理论(Prahalad C K,Hamel G,1990)、知识理论(Barton D L,1994)三个主要分支。从研究的侧重点来说,这三种理论分别从资源、能力和知识的视角对企业竞争优势的来源进行了阐释,但是从本质上来说,三种理论都立足于资源基础理论之上,将企业竞争优势归因于企业所拥有的独特的且难以模仿的资源,这成为竞争优势内生化的理论基础(Denison D R,1990;Porter M E,2001)。

Rumelt(1984)所做的实证研究表明,企业的长期利润率在产业内部的分散程度为产业之间分散程度的 3～5 倍,因此他强调企业超额利润最主要的来源不是外在的市场结构特征,而是企业内部资源禀赋的差异。Schmalensee(1985)、Wernerfelt 和 Montgomery(1988)、Rumelt(1991)、Hansen 和 Wernerfelt(1989)、Porter(1996)等所做的实证研究的结果同样支持了这一研究结论。可见企业间差异的产生是外部因素和内部因素共同作用的结果,而内部特殊的资源和能力因素则相对更加重要,它体现了企业的本质差异。

在《文化战略》一书中,荷兰哲学家 C A Van Peursen(1970)从战略的高度对文化进行了深入的分析,他将文化看作是发展过程中的一个战略。他认为,不论是国家、地区还是企业都只能是某种特定文化模式下的战略主体,文化特质的不同,决定了各种战略具有不同的文化特质。战略优势必须在对某种具有竞争优势的文化的获取的基础之上,通过文化的方式来摧毁另一种文化的存在形态而获得。事实上,文化不仅仅是一种知识体系、信仰体系,还是某种生活方式。在当今的社会环境中,文化已经日益成为经济社会发展所必须依赖的重要的战略性资源,是构成国家、区域以及组织综合竞争能力的重要因素。作为经济活动主体的企业,从本质上来说其一切活动都属于经济活动,但是企业的经济活动并非独立存在的,竞争的本质是寻求差异,这就意味着企业要在市场竞争中获得优势并获得成功,就必须立足于现实的社会环境之中,在经济活动之外找到新的支撑点。企业是现代社会经济生活的基础和重要组成部分,作为一个开放的组织系统,企业无时无刻不在与周围环境产生着联系和反馈,文化作为嵌入于各种社会关系和社会结构中的重要体制性和结构性要素必然对企业产生巨大的影响。不同的环境和成长历程孕育了不同的组织文化,虽然企业的经济行为并不等同于组织文化,但是良好的组织文化可以影响和改善企业的经济行为并使之更有效率,这一点已是不争的事实。

　　无论从当代管理学的研究成果,还是从经济学的研究成果中,我们都可以发现文化的生产与转化给企业带来的巨大影响。管理学的有关研究表明,组织文化不单是企业独有的核心能力,它还极大地影响着企业的经营管理绩效,是决定其经营活动成败的关键力量。张德教授最早在国内提出企业管理发展三阶段论,即现代企业管理经历了从经验管理到科学管理再到文化管理的三个阶段。文化管理阶段"以核心价值观为中心,最大的特点就是"文治",把组织文化作为企业管理的最重要方面,鼓励员工自觉地做出企业所希望的行为(方铁、曹仰锋,2003)。美国管理学家约翰·科特等曾经指出:"组织文化在下一个10年内很可能成为决定企业兴衰的关键因素"。原通用汽车公司的总裁杰克·韦尔奇曾经指出,组织文化是不可替代的一种资本。企业发展的驱动力量是组织文化,而组织文化最关键的内容就是企业的核心价值观。在核心价值观的驱动下,优秀的企业始终坚持创造需求、制造市场的坚定信念,并且努力地付诸行动,它不仅能够不断发现和整合自身所拥有的资源,还能够从其他企业无法发现的地方发现、培养和制造出满足自己成长发展所需的资源和市场。结构主义观点(环境决定论)认为,在竞争环境下,企业被迫在固定的产业结构条件下相互竞争。企业的战略选择要么寻求差异化,要么追求成本优势。重建主义观点则认为,市场界限及产业结构并不是固定不变的,而是可以由企业个体的行动和信仰重新建造。

　　物质生产能够满足人们的物质需求;精神生产则能够满足人们的精神需求,这些生产活动都是不同形式的劳动。精神与物质的产品共同构成了人类生存和发展的基础,因而在广泛的意义上,精神与物质的产品都具有文化价值。同样,我们的经济社会发展与精神文化因素之间有着密不可分的联系。从已有的经验来看,经济活动的效率在很大程度上受到文化因素的深刻影响,甚至在某种意义上可以说文化决定着经济活动的效率。这里所说的文化就是指的特定人群所共有的价值观念,它能够为组织创造出未来的收益。举例来说,人类的生存和社会发展离不开劳动,精神文化因素则主导了我们对自然、社会、自身需求的认知,并对我们的生产劳动方式,资源的配置、转化、利用方式产生了深刻的影响,这也直接关系到劳动的成果及其未来收益对我们自身需求和欲望的满足程度。张德教授指出"文化也是一种资本,我们现在比较熟悉的资本主要有三种资本:货币资本、物力资本和人力资本,但能把货币、物力、人力三种资本整合在一起的就是文化资本。因此,我认为文化是第四种资本。文化资本表现出来的是无形资产,无形资产是由文化产生的,比如企业的品牌、企业的形象就是靠文化形成的。另外,企业家的形象、员工的形象、企业外在的物质形象、产品形象、服务形象,其背后都有一个统一的文化作支撑"(方铁、曹仰锋，2003)。文化能够创造巨大的经济价值，从这个角度看，文化因素可以被看作是"资本"的一种存在形式。同时，资本总是处于不断地运动之中，因而它又是一个动态的概念，它不但反映了财富创造的过程，而且反映了创造财富的能力。

我们通常将文化看作是精神层面的概念，把组织文化与经济学概念的资本联系起来与我们惯常的认识是有差异的，所以当我们的研究视角深入这些根深蒂固的价值观念层面，并将组织文化称为组织文化资本时，就需要足够的勇气和信心。从来源上来说，组织文化来自于领导者或企业家持续不断的文化资本投资，而这种投资直接产出的是企业组织的核心价值体系和不断开拓创新的企业精神，这种独特的价值观念能够通过投资行为塑造更多人的观念，成为企业不断创新的内在动力，也是企业生产过程中不可缺少的资本。既然组织文化是资本，那么这种资本的本质特征是什么？它与企业的其他资本有着怎样的区别与联系？它的运动规律是什么？作用机理是什么？我们又如何对它进行评价呢？

1.2 研究范围和意义

1.2.1 研究范围

组织文化理论在管理上强调以人为中心，重视文化和精神因素在管理中的作用，强调运用新的思维方式和选择标准，但它并没有忽视经济、技术因素的重要性。造成企业差异的原因多种多样，也难以将这些原因全都一一列举出来，本书基于研究的需要选择"文化"作为研究的重点。本书拟研究的问题如下。

（1）关于组织文化资本界定：对组织文化理论进行溯源，对其发展现状进行分析。结合资源基础理论、知识资本理论的有关观点和当代资本理论演化的脉络，从理论上着重探讨组织文化具有多重属性的原因，对组织文化资本进行多角度诠释。

（2）关于组织文化资本的性质和内涵：在现实环境下，对组织文化资本的特征、结构、分类及其不同构成部分之间的关系进行探讨。资本首先表现为一定量的货币，但是随着生产力和商品经济的发展，资本在运行过程中可以采取越来越丰富的依存和运动形式。现有文献认为文化属于资本的一种形态，但组织文化资本的形式将比传统的资本形式更为复杂。

（3）关于组织文化资本的功能问题：资源基础理论认为，企业之间的本质差异来源于内部资源禀赋的差异，那么在同样外部环境和资源配置的条件下，为什么组织的核心能力及其外部表现会存在较大的差异呢？本书将在对现有文献的总结和分析的基础上探讨文化资本产生企业差异的基本原因及其作用机制,揭示组织文化资本整合企业资源的内在机理及其功能。

（4）关于组织文化资本投资与组织文化资本的形成与积累:任何资本的存在和积累都是以投入为前提,本书将讨论组织文化资本形成积累的影响因素,对组织文化资本的形成过程、机理及其积累内涵和机制进行分析。

（5）关于组织文化资本的演化与转化:组织文化资本作为一种为企业所拥有的特殊价值体系和无形资本,其演化路径和选择过程存在多样化和复杂性。同时,组织文化资本与其他形式的资本,如经济资本、人力资本和社会资本之间还存在有多种转化关系。本书将对组织文化资本演化和转化的影响因素、机理及其各因素之间的相互关系进行探讨。

（6）关于组织文化资本的识别与评价:作为无形资本的组织文化资本本身是复杂的。目前学术界尚未有针对组织文化资本的识别方法和评价指标体系,如何借鉴与整合相关理论和研究方法并将其应用于组织文化资本的识别与评价的框架之中,如何通过有限的指标对组织文化资本进行充分概括和评价是一个十分重要又具有挑战性的问题。本书拟在充分吸收现有文献的基础上,尝试提出组织文化资本的识别方法,并建立一个组织文化资本评价指标体系,运用 BP 神经网络对其进行实证分析和探讨。

1.2.2　研究意义

管理学、经济学、社会学等多学科的研究已经表明,文化因素已经成为现代企业核心竞争力的重要来源,对企业的竞争和发展起着决定性的作用,是企业健康成长与发展的重要保障和支撑力量。组织文化管理、组织文化资本化运营已经成为现代企业进行差异化竞争并获得超额回报的主要路径。通过文化资本推动企业发展是组织文化建设的一个新课题,尤其是在当前经济全球化的大潮中,组织文化资本以其独特的价值创造能力,已经为越来越多的企业所关注。因此,开展这一研究,对提高组织文化资本经营的能力、增强企业竞争能力具有重要意义。

1.2.2.1　理论意义

组织文化本身是社会巨系统中的一个子系统,它与周围的其他系统之间有着复杂的相互作用关系。决定企业经营管理活动成败和能否长期存续发展的主要因素来源于企业内部的资源禀赋,而市场这只无形的手的力量也不容忽视。企业不但为社会提供产品与服务,满足其内部和外部社会个体的精神与物质生活需求,而且通过其行为来发现和培育社会成员的需求与审美取向,这种文化影响和改造能力是组织文化资本的一种客观反映。这就是说组织文化的理论研究应该从内外两个视角展开,我们不但要关注组织文化的内部结构和功能,还要关注组织文化的外部功能。现有的理论中,很多学者和企业家都将组织文化视为企业的核心资本,但是对于这种隐性资本的特征、内涵及其功能和演化规律并未进行深入的探讨。本书为组织文化研究提供了一个新的视角。同时,多学科理论的注入,将会有助于组织文化研究理论体系的不断丰富和完善。

1.2.2.2　实践意义

第一,通过对组织文化资本的研究,可以为企业的文化管理和文化资本运营提供有效的理论支撑,帮助企业更好地实施文化建设,促进企业自觉、自发地走上文化管理的道路,为其发展提供持久的内在动力。

第二,通过对组织文化资本的研究,可以检视和发现企业在目前文化管理中存在的问题,不断调整和修正企业的管理理念、价值观、思维模式、基本假设乃至根本目标,实现组织文化的持续变革与创新,在日益激烈的市场竞争中赢得优势。

第三,通过对组织文化资本的研究,企业可以找到适合自身状况的文化资本运营途径,以及运用文化资本整合企业的资源,产生差异化竞争优势的方法,这将有利于企业竞争能力的提升。

1.3　组织文化研究综述

1.3.1　组织文化研究的发展阶段

组织文化理论是在当代市场经济不断发展、科学技术不断进步、生产的现代化与社会化水平不断提高的大背景下,伴随着管理思想的不断发展和演变而产生的新的管理学说,它建立在管理科学、心理科学、行为科学的研究成果的基础上。

根据目前的研究文献来看,组织文化理论的发展大体可以分为三个阶段:第一个阶段是组织文化理论的酝酿和萌芽期,时间为20世纪80年代初以前;第二个阶段是组织文化理论的成长期,时间为20世纪80年代初至90年代初;第三个阶段为组织文化理论的发展期,时间为20世纪90年代初至今。

1.3.1.1　组织文化理论的酝酿和萌芽期

早期关于社会文化、宗教文化对社会经济组织影响的研究和 20 世纪初的社会学、人类学研究以及古典管理理论、行为科学研究和跨文化管理研究的成果对组织文化理论的形成起到了推动作用。

（1）早期关于社会文化与宗教文化对社会经济组织的影响的研究。

英国古典经济学家亚当·斯密在《道德情操论》中对"看不见的手"在道德领域的作用进行了分析，并在《国民财富的性质与原因研究》中提出了市场和道德情操是"两只看不见的手"，它们都对经济生活进行着调节的观点。安德鲁·尤尔在《制造业的哲学——大不列颠工厂制度的科学、道德和商业经济的说明》中提出了工厂的三个行动准则或三个有机的系统，分别是机械系统、道德系统和商业系统。德国经济学家弗里德里希·李斯特在《政治经济学的国民体系》中提出了物质资本生产力和精神资本生产力共同构成了生产力，生产力要有大发展就必须要将物质力和精神力相结合的观点。他认为，法律、公共制度以及意识等因素并不直接生产价值，但是它们对推动生产力的发展具有十分重要的作用。小阿尔弗雷德·D. 钱德勒在《亨利·瓦农·普尔：商业主编、分析家和改革者》中提出，企业必须建立起一种不断灌输团结精神的领导模式，来克服单调乏味和循规蹈矩的办事情绪，通过这种方式使工人自觉自愿工作。企业的最高管理者应该是组织内的神经中枢，这种神经中枢应该有一致性。马克斯·韦伯在《新教伦理与资本主义精神》(1904) 中提出，新教伦理的思想精神对促进资本主义文化的实质形成及其大规模扩张起到了积极的推动作用。精神是经济发展的动力，它总是在某种信仰或宗教文化上体现出来。他的这一观点在理论研究领域产生了很大的影响，并直接引发了有关文化对经济影响的深入研究。1961 年，麦克莱兰在《取得成就的社会》中分析了对促进经济发展具有重要意义的心理因素，他发现在经济快速发展与个人强烈的成就需求之间存在巨大的相关性。同年，格略特·伦斯基在《宗教因素：从社会学的角度研究宗教对政治经济和家庭生活的影响》中也阐释了类似的观点，即宗教深刻影响着人们积极向上的进取精神。在《儒教与道教》中，韦伯研究了中国的儒家思想与资本主义的关系，认为儒教伦理阻碍了资本主义在中国的发展。他的这一观点受到了众多学者（诸如霍弗斯特德，邦德等人）的批评与质疑。20 世纪 30 年代，西方国家爆发了严重的经济危机，而在 20 世纪 60—70 年代"亚洲四小龙"却以惊人的速度快速崛起。这些鲜活的现实证据都对韦伯的西方文化中心论提出了挑战，也直接促进了组织文化理论的诞生。

(2) 古典管理理论和行为科学理论的有关研究。

管理是人类走向文明的伴生物,管理思想和管理文化的形成、发展对组织文化理论的形成同样起到了积极的推动作用。以泰罗、韦伯、法约尔等人为代表的古典管理理论在某种意义上可视为组织文化理论的萌芽。1911 年,泰勒在著名的《科学管理原理》中提出了科学管理所要进行的两场全面的心理革命。一是在工业或其他任何机构中工作的工人在对待工作、同伴和雇主的义务上的革命;二是管理人员在对待同事、工人和所有日常问题的责任上的革命。在《社会组织与经济组织理论》中,韦伯则主张将管理非人格化,将存在于人事关系中的感情色彩全部摒弃,按照规章制度来运行,企业才有可能生存下去。法约尔的《工业管理和一般管理》则以大企业整体为研究对象,提出了经营六职能、管理五因素和十四条原则学说,强调管理教育的必要性,提倡通过教育提高管理水平。20 世纪 20—30 年代时行为科学理论成果中比较有代表性的有:Gantt Henry L 的《劳动、工资和利润》(1910)、Hugo Münsterberg 的《心理学和工业效率》(1913)、Henry Denison 的《组织工程学》(1931)、George Elton Mayo 的《工业文明中的人的问题》(1933)、A H Maslow 的《人类的动机理论》(1943)、Frederick Herzberg 的《工作和人的性质》(1966)、Victor Vroom 的《工作与激励》(1964)、David C McClelland 的《促进取得成就的事物》(1966)、Douglas McGregor 的《企业的人性面》(1960)、Edgar Schein 的《组织心理学》(1965)、Kurt Lewin 的《群体动力学》(1948)等研究成果对后续组织文化理论的形成和深入研究提供了理论基础、研究方法和研究工具。

(3) 跨文化研究。

Negandhi(1983)的研究表明,20 世纪 50 年代,美国有 4 所著名大学[①]曾经对发展中国家的工业化进程进行了研究,正是在这个基础上跨文化成为了一个明确的研究对象。荷兰人类学家 Geert Hofstede 对文化层次与维度进行了研究,其成果成为跨文化研究的主要理论基础。以跨文化理论为核心,组织理论从两个视角推进。一方面是将组织视为一个封闭系统,以组织内部变量为主要对象进行研究,通过对组织结构及组织的行为模式等方面的分析,对组织内部变量对组织行为和管理绩效的影响进行探讨;另一方面是将组织视为一个开放的(综合的或是全面的)系统。基于这一观点,研究者将组织内部因素和外部因素全部纳入对组织内部特征的研究之中。跨文化研究的代表性成果主要有:Parsons T 和 Shils E A 的《行动的一般理论》(1951),Parsons T 的《社会系统》(1951)等。

---

① 麻省理工学院、芝加哥大学、加利福尼亚大学和普林斯顿大学。

跨文化管理研究比较具有代表性的有 Kluckhohn F R 和 Strodtbeck F L 的《价值观导向的差异》(1961)以及 Hofstede G 的一系列研究文献,如他在《文化的影响——工作相关价值观的国际差异》(1980)和《组织实践与理论的文化相关性》(1983)等文中提出文化是一种心理程序的观点;此外,还有 Fons Trompenaars、Charles Hampden Turner 等的早期跨文化研究成果及其他相关研究,都促进了20世纪80年代的美日管理文化比较的研究进展,推动了组织文化理论的出现。

（4）价值观及文化传统对组织管理的影响研究。

巴纳德(1938)提出影响企业经营业绩的关键是价值观,管理者是塑造企业价值观的核心与关键因素,管理者不但要保证企业经济目标的实现,还必须做好人的工作,充分发挥员工的积极性与主动性。塞尔茨克(1975)强调领导者在管理活动中的角色与责任,他认为组织的领导应该是促进和保护价值的专家。美国学者尼根希与埃斯·达芬(1965)的研究不但关注外部环境因素与企业管理绩效之间的正相关关系,而且对企业内部因素特别是管理哲学给予了充分重视。美国波士顿大学的戴维斯教授在《比较管理——组织文化展望》(1970)中,从民族文化、社会文化和组织文化三个层次的不同视角对企业管理进行了阐述,并明确提出了组织文化的概念。彼得·德鲁克在《管理学》(1971)中明确地将管理与文化联系起来,他认为管理本身就是一种文化,也是一种具有价值观的科学。1975 年,Bernard Taylor 在《价值观的冲突——战略的核心问题》中提出组织亚文化和价值观概念,并提出了通过培训和奖励来培育和塑造组织差异性的核心价值观。

1.3.1.2　组织文化理论的成长期

组织文化研究兴起于日美比较管理研究的过程中,表现为各国之间相互学习管理经验等形式。具体来说,在 20 世纪 70—80 年代,众多西方学者对日本迅速崛起的原因进行了大量研究。以被认为是组织文化研究开山之作的四本经典著作[①]的出版为先声,组织文化研究在以下两个方面形成了研究重点。

一方面是组织文化理论的探讨和完善,特别是关于组织文化的概念、构成要素、类型及其与管理之间的关系等问题的研究。如威廉·大内(1981)研究了企业管理与组织文化之间的关系,深入分析了 A(America)型组织和 J(Japan)型

[①]　威廉·大内的《Z 理论:美国企业界怎样迎接日本的挑战》(1981)、彼得斯·沃特曼的《追求卓越:美国最成功公司的经验》(1982)、特雷斯·迪尔和阿伦·A·肯尼迪的《企业文化:现代企业精神支柱》(1981),以及理查德·帕斯卡尔和安东尼·阿索斯的《战略家的头脑:日本企业的经营艺术》(1981)。

组织的特点,并且提出了"Z 组织"等概念,这为组织文化的理论发展奠定了基础。特雷斯·迪尔和阿伦·肯尼迪(1981)发现成功的公司绝大多数都具有强有力的文化。他们还归纳出组织文化的五要素,即企业环境、价值观、英雄人物、仪式和文化网络。Edgar H Schein 于 1984 年发表了《对组织文化的新认识》;在《组织文化与领导》(1985)中,他系统研究了组织文化的概念,并就组织文化的功能、发展、变化以及如何建设组织文化进行了阐述。

另一方面是组织文化管理的反思与总结。这一类研究着重对日本企业的管理经验进行总结,在此基础上不断检讨导致美国企业管理失效的根本原因,对成功的美国公司的经验进行挖掘和总结。比较具有代表性的有哈佛大学东亚研究所所长埃兹拉·沃格尔的《日本第一》(1979)和《日本的成功与美国的复兴》(1985)。他在这两部著作中对美国、日本两国企业不同的管理模式进行了分析,认为美国企业的管理模式并非唯一适用的模式,美国、日本两国的文化传统和价值观存在差异,因而呈现出不同的管理模式。此外,帕斯卡尔和阿索斯合著的《战略家的头脑:日本企业的管理艺术》(1981)通过对松下电器和美国国际电话电报公司进行全面对比,证明了美日两国企业在硬件(诸如规章制度、组织结构以及企业战略)方面并不存在差异,而真正的差异则来自于企业成员、技术能力、企业作风以及企业最高目标等文化软件。由此他们指出,美国企业的敌人是其自身组织文化的局限性而非日本或德国企业。美国南加州大学的奥图在《未来的企业》(1981)中主张管理研究的重点应该是文化,他认为不能照搬照抄日本的管理模式,要使美国经济复苏,必须要重构组织文化。彼得斯与沃特曼合著的《追求卓越》(1982)对 3 家优秀创新型公司的管理进行了研究,他们认为企业快速发展的推动力是组织文化,与日本企业相比较而言,优秀的美国公司的文化传统并不逊色,振兴美国企业的关键在美国本土而非日本。这一著作被公认是对成功的美国企业管理进行总结的典范之作。

这一时期,组织文化研究方法形成了具有代表性的两种派别,对后续研究产生了深远的影响。

一是定性研究,以麻省理工学院的 Edgar H Schein 为代表。研究者系统探讨了组织文化的深层结构及其概念,组织文化评估主要采用现场观察、访谈等方法,并提出评估的步骤等。Schein 对组织文化的功能、发展变化特点及规律、组织文化建设等进行了研究,并提出一些基本理论。受限于定性研究方法难以客观测量等不足,难以对组织文化与企业行为绩效间的关系进行比较研究。

二是定量研究,以密歇根大学的 Robert Quinn 为代表。研究者认为可以通

过某些特征和不同的维度来对组织文化进行研究,提出了一些专门用于对组织
文化进行测评和诊断的模型,并开发出一系列量表进行定量研究。这种现象学
方法也受到一些批评,有人认为这种方法仅停留在表象上,并未深入文化的深层
结构与意义之中。这一时期国内关于组织文化研究的文献为数不多,具体
见表1-1。

表1-1　　　　1979—1993年国内有关组织文化研究的文献发表数量①

起止时间	关键词	文献数量(篇)	
		中国期刊网	硕博士论文
1979—1985	组织文化、企业文化	2	0
1986—1987		45	0
1988—1990		629	0
1991—1993		625	0

通过用关键词"组织文化""企业文化"在中国知网检索中国期刊网、硕博士
论文数据库,在1979—1985年期间仅检索到两篇文献。一篇是郎惠男编译的
《五年后的优良企业》,该文译自日本野村综合研究所主席研究员上野明所著的
《五年后的优良企业:从十二个条件分析》。第二篇是拓向阳撰写的《国外比较管
理学的发展与流派》,在该文中作者对关于四部研究组织文化的经典著作进行了
介绍。1988年11月中国组织文化研究会在北京成立,此后山东等省市相继成
立了组织文化研究机构,中国管理科学研究院也成立了组织文化研究室。直至
1993年,国内组织文化研究主要集中于对国外有关组织文化理论文献的译介,
少量文献结合中国本土的实际情况对组织文化有关理论进行了丰富、完善,并对
组织文化研究的有关方法和工具的应用进行了初步尝试。

1.3.1.3　组织文化理论的发展期

20世纪90年代以来,国内外学术界对组织文化理论研究开展了大量工作。
在研究方法上,众多学者和企业管理专家采用理论与实践相结合、定性与定量相
结合的方法,对组织文化进行了不同角度的剖析和刻画,这极大地丰富了组织文
化的研究体系,促进了管理思想、管理方法的创新,并对推动企业发展起到了重
要作用。随着组织文化管理的思想和有关理论的不断普及,管理者也越来越意

---

①　组织文化研究绝大部分以企业样本为研究对象。

识到组织文化对企业发展的重要意义,纷纷以组织文化为基础来塑造企业形象。从这一时期发表的文献的情况来看,理论界对于组织文化的研究热情持续高涨,一大批研究人员和企业管理人员积极投身于组织文化理论的研究和实际应用中,使其一跃成为当今热门的研究领域之一。在研究方向上,组织文化研究呈现出从理论研究向应用研究迅速拓展的趋势,特别是组织文化与核心能力、企业绩效与企业发展的关系与作用机理,以及组织文化的定性与定量研究等方面已经成为组织文化研究的重点领域。与此同时,随着经济全球化的不断发展,国际间的文化交流不断加速,各种跨国经济组织的规模也在不断扩张,使得跨文化管理迅速成为了这一时期组织文化研究的焦点。

(1) 组织文化基本理论与研究方法。

组织文化的概念和内涵研究。对组织文化的概念与内涵,国内外学者大多有自己的理解,诸如认为组织文化是企业的核心价值观、基本理念(科特,赫斯克特,1992;刘光明,2002;Armstrong,1990)、企业的基本假设(Denison,1995,Schein,1985)和行为方式(Jackson,Schuler,2000;陈丽琳,2005),以及企业的象征(Pettigrew,1979)、企业的心智模式(Hofstede,1980)、企业的哲学(Ouchi,1981)、团体的行为规范(Kilmann,Saxton,Serpa,1985)、企业成员共享的信念和意识(Lorsch,1985)、企业的策略(Weick,1985)、企业的气氛(Schneider)、企业的意识形态(Goll,Sambharya,1990)、企业的灵魂(Gallagher,2002)、企业所拥有的优势的价值(Deal,Kennedy,1982)等。虽然对于组织文化的理解不尽相同,但总体来说,它通常被看作是企业的价值观和基本信念,企业的一切活动和行为都受到这种价值观和信念的指导。

组织文化的构成与功能研究。在对组织文化进行深入研究的过程中,有学者通过构建组织文化的层级结构来对其进行更好的解析。对组织文化层级结构的划分大体包括两部分,内部构成要素(主要包括企业员工的价值取向、道德规范等)和外部构成要素(主要包括企业成员具有的典型行为模式、表现与习惯等)。学者们一般认为组织文化具有导向功能、凝聚功能、激励功能、规范功能等。

Schein(1985,1992)的组织文化层级结构分为三个层次,即核心的基本假设层、中间的价值理念层和外围的人工物质层。Schein对这三个层次之间的相互关系及其循环过程进行了描述。这一理论对后来学者的研究产生了较大影响,很多研究者都在他的理论基础上进行了拓展与完善,对组织文化的层级结构进行了生动的描述。如 Allan Wiliiams、Paul Dobson 和 Mike Walters(1989)的"睡莲图",Pamela S Lewis、Stephen H Goodman 和 Patricia M Fandt(1995)的

"组织文化冰山结构图",Peg G Neuhauser、Pay Bender 和 Kirk L Stromsberg (2000)的组织文化结构同心圆图。我国学者王方华(2001)、席西民等(2002)、石伟(2005)等均将组织文化分为三个层次,只是分类方法稍有不同。

组织文化的研究方法。在具体的研究工作中,学者们对 Edgar H Schein 的定性方法以及 Robert Quinn 的定量方法的优劣及其如何在实际研究工作中加以运用的问题,观点不一。比如 Ouchi 和 Wilkin(1985)认为可以采用基于历史取向的观察法与企业多变量相结合的研究方法来对组织文化进行研究。Wilkins 和 Dyer(1988)则认为量化研究对于理解组织文化并未发挥作用,他同样建议运用民族志或是历史研究的方法。荷兰人类学家 Hofstede 等(1990)则提出,如果文化具有独立的维度,并且能够对这些维度赋予可操作性的定义,那么对文化进行量化研究仍然是可行的。Sackman(1991)将组织文化的研究方法归纳为"外部人"和"内部人"两种模式。

(2) 组织文化的内在作用机制以及与企业发展之间的关系研究。

在对组织文化概念、结构等基本理论进行探讨的基础上,组织文化在管理过程中的内在作用机制逐渐成为受到关注的一个重要问题。较具代表性的有:Benjamin Schneider(1990)有关组织文化与组织气氛的研究,他提出了一个包括社会文化、组织文化以及管理过程、组织气氛、员工工作态度与行为等要素与组织绩效间关系的分析模型,并且运用此模型分析和研究组织文化对组织生产绩效的影响机制。Authur K O Yeung(1991)从人力资源管理与组织文化之间的关系方面进行了研究。Oden Brigitta(1997)研究了企业创新与文化之间的关系。Myles A Hassell(1998)针对企业环境与组织文化之间的关系进行了研究。Edgar H Schein(1985,1999)研究了在各个不同的组织发展阶段中的组织文化的培育与塑造问题,并对组织的主要领导在实现组织既定目标的过程中应该如何运用文化规则的问题以及组织的亚文化等问题进行了研究,在研究过程中,他通过大量现实案例的运用对企业发展的不同阶段中组织文化的发展变化过程进行了描述。特伦斯·迪尔和阿伦·肯尼迪在《新组织文化》(1999)中强调稳定的组织文化对企业成长与发展具有至关重要的作用,并就领导者如何在维护、保持企业的竞争能力与满足员工需求之间寻求平衡的途径进行了研究。

除了在对组织文化的作用机制方面进行的研究以外,还有众多学者 Wilkins,Ouchi,1983;Barney,1986;Sheridan,1992;Kotter,1992;Denison 和 Mishra,1995 等对组织文化与企业的长期经营绩效之间的关系进行了比较深入的探讨和研究。例如,Cameraon Freeman(1991)曾经运用 334 家机构的样本,通过现场调研的有关结果对文化力量、文化的整合以及不同的文化类型对组织效益的影响进行了分析和研究。著名管理学家科特等(1992)将组织文化分为强力型、策略合理型和灵活适应型三种类型,通过对美国 22 个行业的 72 家企业的组织文化与企业的长期经营业绩的相关情况进行多年跟踪研究,认为组织文化对企业的长期经营业绩具有重要影响。另外,还有学者如 R K Divedi(1995)和 Daniel R Denison(1997)等采用实证研究的分析方法研究了组织文化与企业绩效之间的关系。

(3) 组织文化测量诊断和评估研究(王璞,2003;张勉、张德,2004)。

在这一方面的代表性成果主要有 Hofstede G 等的《组织文化的测量:对二十个案例的定性与定量研究》(1990),O′Reilly C A 等的《人与组织文化》(1991),英国 JAI 出版公司的《组织变革与发展》第 5 卷(1991)所刊登的 Daniel R Denison 和 Gretchen M Spreitzer 的《组织文化和组织发展:竞争价值的方法》、Rayamond F Zammuto 和 Jack Y Krakower 的《组织文化的定量研究和定性研究》、Robert E Quinn 和 Gretchen M Spreitzer 的《竞争价值文化量表的心理测验和关于组织文化对生活质量影响的分析》等文章,以及 Roger Harrison 和 Herb Stokes 的《组织文化诊断——量表和训练者手册》(1992),Kim S Cameraon和Robert E Quinn 合著的《诊断和改变组织文化:基于竞争价值理论模型》(1998),Denison D R 和 Mishra A K 的《组织文化及其效力》(1995);比较有影响力的量表包括 Pierre DuBois 和 Assoeiates Inc. 在 1997 年出版的一套组织文化测量和优化量表、Chatman 构建的组织文化剖面图(OCP 量表)、Denison 等构建的组织文化问卷(OCQ 量表)、Hofstede 构建的国家文化测量量表以及 Quinn 和 Cameron 构建的组织文化评价量表(OCAI 量表),在华人学者中,有郑伯壎构建的组织文化价值观量表(VOCS 量表)等。

(4) 跨文化管理的深入研究与实践。

20 世纪 80—90 年代,基于对跨文化管理理论的长期研究,一些西方学者开始尝试对不同文化间的差异进行量化分析。其中以 Hofstede G、Clyd Kluckhohn、Charles Hampton Turner 、Fons Trompenaars 等学者的研究成果最具代表性。以 Hofstede 为代表的一批研究人员(Hofstede,1980,1983;Hofstede,Bond,1988;Frank,Hofstede,Bond,1991)历经多年对包括 IBM 公司总部、部分欧洲企业以及中国香港地区在内的 50 多个国家、地区的对象进行了价值观的调查。通过对调查结果进行分析,他们认为民族文化差异主要可以用诸如权力距离、集体与个人主义、男性与女性化倾向、对不确定性的规避以及长期与短期导向 5 个不同维度加以描述。Clyd Kluckhohn 和 Strodtbeck 通过对美国得克萨斯州一个由 5 种不同文化和种族构成的社区所进行的跨文化研究,在其《价值导向的变化》(1981)中提出了一个价值双向模型。这一模型包含有5种价值观导向,诸如人性导向、时间导向、活动导向、相互关系导向以及人与自然之间的关系导向等,可以用于对不同文化之间的双向对比。在《构建跨文化竞争力》(1994)中,Charles Hampton Turner和Fons Trompenaars构建了一个文化分析模型,该模型涉及了6对相反的价值观,分别是普遍与特殊、个人主义与集体主义、精确与模糊以及取得成就与归因成就、内向与外向和序列性时间与同步性时间。其他代表性成果还有Hofstede G的《文化与组织——心灵的软件》(1991)、《跨越商业浪潮——对特龙彭纳斯国家文化差异模型的检验》(1996),Fons Trompenaars F的《意义的构成和组织的内涵》(1985)和《跨越文化浪潮——理解商务活动中的文化多样性》(1993),Kim U、Triandis H C等的《个人主义和集体主义——理论、方法和应用》(1994)以及Stouffer S A和Toby J的《个性与角色冲突》(1951)等。除了理论性分析与实证研究,组织文化研究在应用方面也取得了较为显著的成果。1999年7月,组织文化专家与企业管理人员在波士顿召开了组织文化大会,会议主要讨论了Terrence E Deal的"理解现有文化类型:确定你的组织优势和缺陷",Jerry Greenfieldde的"提高Ben和Jerry公司员工与顾客忠诚"以及Gary Bosakde的"塑造和维持Sears公司的文化"等议题。

20世纪90年代初,随着国外组织文化研究成果的输入,国内也相应地出现了组织文化的研究热潮,主要可以分为两个研究方向。一是组织文化的理论研究,主要集中在组织文化概念界定、组织文化的功能、组织文化的运行研究以及在中国文化环境下如何构建组织文化框架等。新华出版社1991年出版了一套"组织文化丛书"(共10册)。人民出版社1994年出版的百卷本《经济全书》中就包括组织文化的内容。此外,全国很多省、市和地区如北京、天津等地也纷纷立项并投入研究经费对组织文化进行研究,出现了一大批具有影响力的研究成果。二是组织文化理论在实践中的应用,国内众多企业的管理者开始关注组织文化的建设问题,把塑造组织文化作为一种主要的管理手段。

20世纪90年代中期以后,国内学者的研究热点主要转向组织文化理论的本土化研究,在以下三个方面取得了较好的成果。一是组织文化研究开始与中国企业实际紧密结合,对组织文化理论进行了深化和完善,比较有代表性的研究者有张德(2001)、刘光明(1999,2000)、秦在东(1995)、贾春峰(1995)、罗长海(1991,1995)等;二是运用组织文化的有关理论和方法探讨在具体的管理实践活动中如何开展组织文化建设,如陈春花的《组织文化塑造》(2001)以企业的文化实践为基础对这一问题进行了探讨。三是通过实证研究的方法来探查中国企业特有的文化价值维度。所采用的主要方法是通过与国外学者有关组织文化维度的研究成果进行对比,进而发现和总结中国企业所独有的文化维度。研究所采用的工具主要是借鉴国外学者研发的各种文化量表工具,并结合中国企业的实际情况进行改良和修正。组织文化研究在其发展期已经成为了包括管理学、组织行为学等学科在内的多学科的研究热点。

1.3.2 国内外的研究现状概要

组织文化的定义多指一个群体共享的价值观、规范、假设等,其中对组织文化是共享的价值观的论述隐含在大量的文献中,但是也有一些文献在运用这一概念时并不一致,比如 Kangas(1999)等在论述中将组织文化和工作环境混用,Wilson(2005)等将组织文化和组织气氛混用。因此,在某种意义上可以将组织文化与组织氛围看作是同义词来使用。在研究组织文化问题时,研究者通常采用的是组织科学的有关理论,特别是 Schein(1992)的文化维度和层次理论。Van Maanen 和 Barley(1985)的子群文化与 Cooke 和 Lafferty(1989)的文化类型理论也是研究者们经常使用的理论基础。Shannon Scott Findlay 和 Carole A Estabrooks(2006)将目前国外组织文化的研究总结为现代视角、象征性解释视角和后现代主义三个主要视角(表 1-2)。

表 1-2　　　　　　　　　**国外组织文化研究的三种视角**
(Shannon Scott Findlay, Carole A Estabrooks, 2006)

属性	现代视角	象征性解释视角	后现代主义视角
组织文化定义	一种能用来提高组织内部成员获得满意的工作绩效水平的可能性的控制变量	组织文化是一种定义和解释的关系	作为传统或惯例的组织文化不能简单地用和谐的、共享的或充满着冲突来描述。确切地说,组织成员共享某些价值观,或是反对某些观点不影响其他成员的价值判断
主要假设	文化是组织的一种属性	文化是一种在社会中构建的事实,组织是文化,文化就是各种社会关系的总和	在组织的生命周期中,不确定性是不可避免的
文化认知	采用客观的态度去研究	文化的意义只能在特定的文化系统中才能存在和理解	对多种事实、现实和不确定性的接受

续表

属性	现代视角	象征性解释视角	后现代主义视角
核心关注点	组织被看作一种具体的存在,可以通过客观的、具体的研究来揭示	描述组织的实体如何在社会层面上构建起来	关注在解析知觉产生过程中组织文化的动态性、不确定性和不协调性
视角	文化产生于组织中同事之间的共享	完整的经验和解释系统在全体文化成员中共享	组织文化的边界是模糊和不明确的,用社会方法和推论方法构建的对组织的理解并不等同于我们所看到的实体组织
目标	开发一种一般的、具有普遍适应性的、能够应用于不同背景中的知识	构建能够被文化成员所认识的模型,从内部理解特殊的组织文化	通过对组织本体和事实的解析获得有关知识、观念,这是关键的、解释性的、无因果的、多样化的和具有相关性的

　　学者们对于组织文化的基本认识一般并不明确,只能从他们在研究中所采用的方法和他们对于文化是否可以测量的观点进行分析。大量的研究文献采用了现代的概念化模型,诸如 Wilson(2005)等的研究大量且频繁使用定性和定量的方法来搜集数据,测量组织文化。Coeling 和 Wilcox(1988,1990)、Grau 和 Wellin(1992)、Manley(2000)、Conway 和 McMillan(2002)、Yamaguchi(2004)等则试图通过各种设计来获得有关组织文化的更详细的、多面的透视。Newman(2000)等则认为组织文化本身不能加以量化测量。

　　在组织文化的测量方面,大多研究者们将组织文化看作是一种变量,由此认为它可以被测量。部分研究人员采用了定性研究方法,如 Wilson(2005)等主张利用对于工作参与度和满意度的观察工具来测量组织文化,并采用了员工满意度问卷来进行组织文化的测量。其他常用的组织文化测量分析工具如 Cameron 和 Quinn(1994)的竞争性价值观框架,Cooke 和 Lafferty(1989)的组织文化状态研究框架等;目前出现的一些跨越传统组织研究边界的研究范式已经逐渐被大家所接受(Schultz,Hatch,1996)。

　　在跨文化研究领域,大体上有文化维度研究、文化层次研究以及文化对行为的影响三个方面。在文化维度研究方面,Dorothy E Leidner 和 Timothy Kayworth(2006)以价值观为核心,全面梳理和总结了包括民族文化、组织文化以及从属单位文化在内的不同层次的文化中涉及价值观的跨文化理论,并从中归纳、整理出 20 多位代表性学者和 40 多个文化维度。在文化层次研究方面,Elena Karahanna、J Roberto Everesto、Mark Streto(2005)的研究比较具有代表性。他们将跨文化研究按照不同的文化层次划分为超民族文化、民族文化,以及职业文化、组织文化和群体文化五个层次,并将个人行为因素整合到这个研究框架,由此提出了一个"文化关联层次"模型,强调跨文化研究必须运用整合性的文化视角。在文化对行为的影响研究方面,以卡罗汉纳等的研究比较具有代表性。他们在对 Fishbein 和 Ajzin 提出的"理性行动理论"以及 Triandis 提出的"主观文化"理论进行整合的基础上,提出了分析文化、个性与行为之间关系的理论模型。

近年来我国各类学术期刊上关于组织文化方面的文献数量的增长速度降低,但是对组织文化深入研究的高质量文献却相继出现,在研究方法上也有很大的突破。如表 1-3 所示,从文献检索来看,用关键词"组织文化""企业文化"检索(剔除重复文献),从 2000—2002 年共有期刊论文 14 711 篇,硕、博士论文 137篇(1994—1999 年仅 1 篇);2003—2005 年共有期刊论文 22 488 篇,硕、博士论文 590 篇;2006—2008 年 11 月共有期刊论文 24 817 篇,硕、博士论文 1325 篇。在硕博士论文中定性分析和定量研究方法得到了广泛运用。

表 1-3　　　　1994—2008 年国内有关组织文化研究的文献发表情况[①]

起止时间	关键词	文献数量(篇)	
		中国期刊网	硕、博士论文
1994—1996		4979	0
1997—1999		6551	1
2000—2002	组织文化、企业文化	14 711	137
2003—2005		22 488	590
2006—2008		24 817	1325

2006 年 9 月,中央编译出版社出版了由中国企业文化促进会编写的《2006—2020 年中国企业文化建设发展规划纲要》对我国企业文化建设的意义、指导方针、发展目标、发展重点、实施阶段的时间安排及其各项措施、企业文化建设的保障措施等方面进行了全面的概括与规划。第一,国内研究重点开始从对企业外部的宏观经济、文化环境的分析与研究转向对微观企业本身的研究;第二,研究的范围开始呈现扩大化的趋势,最初的组织文化研究主要是国有的大中型企业,但是目前的研究对象已经扩展到各种非国有的经济组织形式,甚至随着当代网络与信息技术发展而出现的虚拟企业也被纳入研究视野;第三,早期的组

---

① 有关组织文化的研究绝大部分以企业样本为研究对象。2008 年国内数据截至 11 月底。

织文化研究主要是关注如何通过组织文化来塑造企业形象,但目前的研究不限于此,而是向企业的审美文化、知识资本以及人力资本等方面逐步深入;第四,从研究方法上来看,目前的组织文化研究大量采用了定量研究与定性研究相结合的方法,且定量研究的比重越来越大,同时,从以往比较单纯的案例分析开始转化为通过建立各种模型来进行实证分析。具体来说,在以下几方面都取得了比较有代表性的成果。

组织文化基本理论与研究方法方面:组织文化概念、构成要素的层次与维度的分析,如杨刚的《现代组织文化学》(2007),邢以群、张大亮的《组织文化建设——重塑企业精神支柱》(2007),魏杰的《中国组织文化创新》(2006)等。组织文化的意义、组织文化与人文管理等方面的研究,如石伟的《组织文化》(2004),张德的《组织文化建设》(2003),魏杰的《文化塑造:企业生命常青藤》(2002)等。组织文化建设方面的研究,如罗长海、陈小明、肖春燕的《组织文化建设个案评析》(2006),王吉鹏的《组织文化建设——厘定组织文化落地的方法和途径》(2005),赵凯的《对策:突破组织文化建设的难点》(2005)等。组织文化与企业效益和企业发展的关系研究方面,如万君宝、刘明顺的《组织文化竞争力》(2007),吴文盛的《企业核心竞争力的文化根源》(2006),陈春花、赵曙明的《高成长企业的组织与文化创新》(2004),李桂荣《创新型组织文化》(2002),林平凡的《组织文化创新》(2002),贾春峰的《文化力启动经济力——21世纪企业战略新思维》(2001)等。组织文化测量诊断和评估研究方面,如陈维政的《转型时期的中国组织文化研究》(2005),王吉鹏、李明的《组织文化诊断评估理论与实务》(2005),王国顺、张仕璟、邵留国的《组织文化测量模型研究——基于 Dension 模型的改进及实证》(2006),雷巧玲、赵更申、段兴民的《组织文化的测量及其对企业绩效的影响研究综述》(2006),赵世刚的《中国商业银行组织文化测度研究——基于中国银行北京市分行的实证研究》(2007)等。跨文化管理的深入研究与实践方面,学者主要着眼于中日文化、中美文化以及中西文化的对比研究,如葛存根的《中国企业的跨文化战略思维——文化融通》(2006),马春光的《国际企业跨文化管理》(2004),唐炎钊、陆玮的《国外跨文化管理研究及启示》(2005),赵曙明、张捷的《中国企业跨国并购中的文化差异整合策略研究》(2005)等。

目前的组织文化研究大量借鉴和使用社会学、人类学、心理学、组织行为学、文化学、管理学以及工程科学等多学科的基本理论、方法和研究工具,这极大地丰富和完善了其自身的研究体系。同时在研究中已经开始呈现出不同学科相互交叉、不同层次相互关联、不同的研究视角不断整合环境下的多元化、网络化以及系统化研究的发展趋势。在研究所采用的方法上主要运用了实证研究、严格规范的数理统计分析、比较研究以及综合研究方法,或是多种学科的不同研究方法相结合,定性研究与定量分析相结合,或是采用了各种测评、诊断与分析模型研究的方法等。总体来说,目前的组织文化研究已经从探索性和经验性研究逐步转向在科学的方法论指导下的、定性与定量研究相结合的科学之路。

1.4 研究框架及章节安排

本研究共分为 8 章,可以概括为四大部分:概述部分、理论分析部分、实证研究部分、总结与展望部分。

其中第 1 章为概述,主要介绍了研究的背景、研究意义、文献综述、研究框架、研究方法和主要创新点。

理论分析部分由第 2~6 章组成,其中第 2 章对与本研究相关的理论进行了系统的梳理与介绍,主要包括组织文化理论、文化资本理论和复杂科学管理理论。第 3 章主要在对文化、资本以及文化资本进行分析的基础上对组织文化资本进行了界定,阐述了组织文化资本的资源属性与知识属性。第 4 章主要对组织文化资本的内涵特征等方面进行了研究,主要包括资本的内涵分析,组织文化资本的内涵分析,组织文化资本的特征、结构与分类等问题的分析。第 5 章对组织文化资本的生成、积累、演化与转化的动因、过程与机制进行了探讨,建立了组织文化资本生成过程模型,描述了组织文化资本从投入到产出的三阶段的特点、表现形式与机制;建立了组织文化积累机制模型,探讨了积累的动态性、复合性和习得性特点与机制;建立了逻辑斯蒂方程模型和演化博弈模型,对组织文化资本的演化路径的复杂性及其选择机制进行了描述与刻画;同时,对组织文化资本向经济资本、人力资本和社会资本转化的内涵、影响因素和机制进行了分析。第 6 章对组织文化资本对企业核心能力的整合以及与长期绩效的关系等问题进行了深入研究,探讨了组织文化资本与企业核心能力的关系、组织文化资本与企业绩效和企业规模和边界的关系,刻画与描述了文化资本整合企业核心能力的动态机制。

第 7 章是本书的实证研究部分,本章基于企业核心能力评价的有关理论以及组织文化资本的有关特征对组织文化资本的识别问题进行了研究,提出了识别组织文化资本的基本方法和步骤。结合现有文献,运用复杂科学管理的有关研究方法建立了组织文化资本评价指标体系,并基于此指标体系设计了问卷。通过对武汉市 5 家企业的调研获取了数据,结合行业专家的评价结果,并运用 BP 神经网络对数据进行了分析,获得了关于组织文化资本评价的有益结果。

总结与展望部分由第 8 章组成,该部分对全书作了总结,并对未来的研究进行了相应的展望。本书研究技术路线见图 1-1。

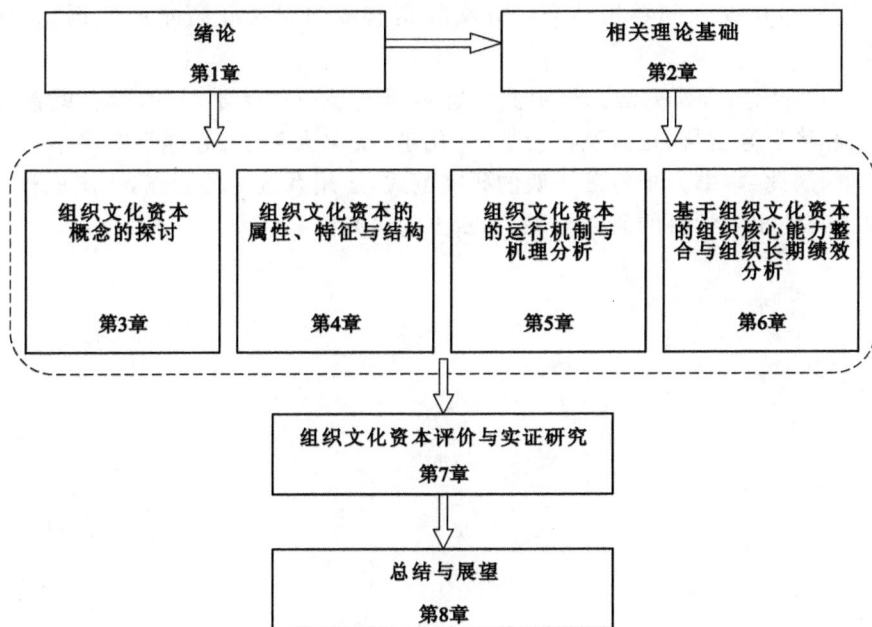

```
┌─────────────────┐      ┌─────────────────┐
│     绪  论       │─────▶│   相关理论基础    │
│     第1章        │      │    第2章         │
└─────────────────┘      └─────────────────┘
         │                        │
         ▼                        ▼
┌ ─ ─ ─ ─ ─ ─ ─ ─ ─ ─ ─ ─ ─ ─ ─ ─ ─ ─ ─ ─ ─ ─ ─ ─ ─ ┐
 ┌─────────┐ ┌─────────┐ ┌─────────┐ ┌─────────────┐
││组织文化资本│ │组织文化资本的│ │组织文化资本│ │基于组织文化资本│ │
 │概念的探讨│ │属性、特征与结构│ │的运行机制与│ │的组织核心能力整│
││         │ │          │ │机理分析  │ │合与组织长期绩效│ │
 │         │ │          │ │         │ │分析         │
││ 第3章   │ │ 第4章    │ │ 第5章   │ │ 第6章       │ │
 └─────────┘ └─────────┘ └─────────┘ └─────────────┘
└ ─ ─ ─ ─ ─ ─ ─ ─ ─ ─ ─ ─ ─ ─ ─ ─ ─ ─ ─ ─ ─ ─ ─ ─ ─ ┘
                        │
                        ▼
            ┌───────────────────────┐
            │ 组织文化资本评价与实证研究 │
            │        第7章           │
            └───────────────────────┘
                        │
                        ▼
            ┌───────────────────────┐
            │      总结与展望         │
            │       第8章            │
            └───────────────────────┘
```

图 1-1　本书研究技术路线

1.5　研究方法

基于实际情况,本书在研究中主要采用了以下研究方法:

(1) 文献研究法。本书主要通过对与组织文化、文化资本和资本理论、资源基础理论有关的中英文文献的收集、分析和消化,力图揭示组织文化资本作为企业特异性资源和能力的一般特征及其运动规律。

(2) 描述性研究与规范性研究相结合的方法。本书以理论研究为主要侧重点,因此在本书的研究中,首先强调通过对组织文化资本的一系列外在表象的分析来揭示和回答其"是什么"的问题,即描述性研究;然后对描述性研究的结果进行深入的逻辑分析和推断,以此来回答"应该是什么"的问题,构建规范性的理论研究框架,对相关概念及其关系进行阐释,即规范性研究。

(3) 理论分析与实证研究相结合的方法。本书坚持理论分析与实证研究相结合,以理论分析为主的方法。根据现有的理论,对组织文化资本与企业资源、企业核心能力、企业绩效和企业边界的关系进行探讨,通过对组织文化资本结构和功能的探讨,结合对有关理论和方法的梳理,以此为实证研究提供支撑。实证研究通过访谈和问卷相结合的方法收集有关组织文化资本的数据,并作出评价。

(4)系统整合研究法。组织文化资本研究是一项跨学科的课题,既涉及管理学、经济学等学科,也涉及社会学、文化学、文化人类学、心理学等多学科的研究成果,因此,本书力求打破一般的研究范式,运用系统论的观点,系统地整合并汲取了其他相关学科的研究成果,不断丰富研究内容。

2 相关理论基础

2.1 文化与组织文化理论

2.1.1 文化的概念、特征与分析维度

据统计,各国学者对文化下的定义有 200 多种。从研究者所属的学科来看,涵盖人类学、社会学、经济学、管理学等领域。法国启蒙思想家卢梭在《社会契约论》中指出:"文化是风俗、习惯,特别是舆论。"被称为人类学之父的英国学者泰勒(E B Tylor)在 1871 年发表的《原始文化》中给"文化"下了一个著名的定义:"文化或文明,是包括知识、信仰、艺术、道德、法律、习俗以及作为社会成员的个人而获得的其他任何能力、习惯在内的一种复合整体"。这一定义比较广泛地为人类学和社会学研究者所接受。美国的文化人类学家亨根斯、维莱等人将泰勒的文化定义修正为:"文化是复杂体,包括实物、知识、信仰、艺术、道德、法律、风俗以及其余从社会上学得的能力与习惯"(唐家路,2006)。

A L Kroeber 和 C Kluckhohn(1952)认为,文化是人类内隐的或外显的行为模式,它通过符号(语言文字)而习得并进行传递,构成了人类所拥有的独特的成就(包括各种具体可见的人工制品);文化的核心和精华存在于传统观念之中,尤其是那些存在于这些观念中的价值。一方面,可以将文化看作是行为的结果;另一方面,可以将文化看作是对未来行为具有决定性的重要因素。荷兰的文化人类学家 Geert Hofstede(1980)深入考察了不同族群的文化特征之后指出:文化就是那些能够与不同群体相互区别的本族人的思维方式的集合体。之后他又将文化定义为一个特定环境中的人所拥有的共同的心理程序,这种心理程序经由多年的工作、教育和生活而形成,因而在不同的群体、区域或国家中这种程序互有差别(Geert Hofstede,1983)。Fons Trompenaars(1998)则指出文化是一个人经过一生的学习所形成的思考、感觉和行为的模式。Throsby(1995)指出文化是对一系列活动的具体解释。从人类学或社会学角度来理解,文化是一系列的观点、习惯和信仰,是保证不同社会运行的基本要素。在要素意义上文化是一个特定社会的价值和风俗,它会随着时代和社会的变迁而演化。文化作为一

种要素,它的基本功能就是表达人们的行为在群体和集体方面的作用。一个"文化"概念会伴随一个"文化价值"概念。

在制度经济学的研究视野中,文化的一部分被看作是非正式的制度(软制度),如教规禁忌、社会习俗、习惯行为、道德规范、思想信仰和意识形态等(卢现祥,2004)。一般可以将非正式制度分为两种类型,一种是外部约束,它是一种个人所受到的由来自于外部社会群体的压力所产生的约束;另一种是自我约束,这种约束是由个人自我实施的。在非正式的制度中,习惯是一个非常重要的组成部分。因为一般说来正式的制度与规范不可能涵盖社会生活的所有方面,而此时在那些正式制度与规范无法发挥其约束功能的地方,惯例以及那些为大家所公认的行为模式就凸显出其对人们行为的规范作用。作为一类群体所选择的结果,非正式制度的产生总是带有某种集体的目的,因而其意识形态就成为了非正式制度的核心。人们常说的价值观、道德与行为规范以及各种风俗习惯往往都包含于意识形态之中,正因为如此,意识形态又成为了某种正式制度得以形成的前提和基础。由于文化惯性,某种正式制度的制定和实施往往也受到来自这种非正式制度的阻碍。

虽然研究者对文化进行了不同角度、不同层面的界定,侧重点也各有不同,但大体上对文化做了两种角度的理解。一种是功能角度,认为文化是一种对动态的过程和期望达到的状态的归纳和描述,即通过对人的品德、情操的塑造,使个体的价值体系和行为模式符合社会规范的要求,也就是"以文教化"。另一种是构成角度,可以从广义和狭义两个范畴对"文化"的概念进行归纳。广义文化是指人类所创造的精神财富与物质财富的总和,这一概念与自然财富(资源)相对。狭义文化则是指通过精神生产所创造的财富,如价值观、行为规范以及文学、艺术等领域的产出。

综上所述,文化是一定群体的人在生产与生活实践中所习得的为一个群体所共有并认同的价值观、思维模式和行为模式,其核心是价值观。文化又是一个通过实践不断完善和发展自身存在状态的过程,是人不断追求真善美的价值生成过程,是人的创造力的静态存在和动态存在的统一,是区分不同群体的重要标志。同时,文化也具有以下7种具体特征。① 文化具有习得性。文化并非是与生俱来的,而是通过个体在家庭、团队、组织、社会中的长期不断的学习和体验所获得的。因此,每一代人都要在继承和汲取前人所创造的文化的基础上不断将其发扬光大,文化因此也具有了鲜明的时代特征。② 文化具有共享性。文化产生于人类的社会生活之中,是群体的共同创造,因而它也必然为群体所共同享有。不仅历史传承下来的文化可以共享,现实中的文化也为群体所共享,获得某种文化,并不排除他人也能获得这种文化。③ 文化具有适应性。文化是人类对社会和自然适应和改造的结果。个人对他所认同的文化具有强烈的归属感,这促使他主动调节自己的行为来与群体文化相适应。④ 文化具有层次性。根据分类方法的不同,文化可以分为不同的层次。从地域的角度来分,文化可以分为人类文化、国家文化、民族文化、区域文化、组织文化等不同层次;从构成的角度来分,文化可以分为价值理念层、行为制度层和物质表现层三个层次。不同层次的文化对人的思维和行为的影响程度是不同的。⑤ 文化具有约束性。文化作为一种非正式的制度能够从内、外两方面对人施加强大的影响力,能够诱导期望行为的产生,同化或整合不同的观念和行为,并能防止个人行为发生变异,使个体与某种文化的基本导向保持一致。⑥ 文化具有群体性。文化的群体性可以理解为文化的异质性,不同的群体会拥有不同的文化价值取向。群体间的文化差异是学习与适应的结果,它使群体之间互不相同。⑦ 文化具有开放性。文化系统是复杂社会系统的一个子系统,文化系统是开放的,它不断与外部环境进行着各种信息与能量的交换,并以此来使自己保持稳定状态。

正因为文化具有习得性、共享性等特征,不同国家、不同组织、不同族群的文化会存在一定程度的差异。在对文化差异进行的分类研究中,Geert Hofstede(1980)曾经用权力距离、不确定性规避、个人主义-集体主义、男性化-女性化四个维度对国家文化进行了分类。在 Hofstede 和 Bond(1992)的有关研究中又将长期导向-短期导向这一维度整合进了国家文化维度模型中。权力距离是指在一个特定社会中,社会权力差异的程度和由这种差异而引起的社会成员对不平等待遇的接受程度。较之低权力距离的社会来说,高权力距离的社会更容易接受权力和财富上的差异。不确定性规避通常被用来衡量某种文化对风险的偏好程度。较之高不确定性规避的社会来说,低不确定性规避的社会成员对于模糊性和不确定性有着较高的承受力,相对的安全感较高。在个人主义倾向比较突出的社会中,人们对于自身的利益总是优先考虑;反之,在集体主义倾向比较突出的社会中,人们总是优先考虑集体的需要。男性化-女性化维度被用来衡量角色认知与行为方面的差异。一般在男性化程度较高的文化中,人们一般更加强调工作的目标,如收入和成就感等;而在女性化程度较高的文化中,人们一般更加强调个人的目标,如和谐友好的工作环境和氛围等。长、短期导向维度用来描述人们在生活中的决策是更加关注长远发展还是现实生活。与长期导向有关的价值观包括勤劳和节俭等;与短期导向有关的价值观包括个人的稳定性、顾全面子、尊重传统等。

Fons Trompenaars(1993)提出 7 维度国家文化模型,包括:个人主义-集体主义、普遍主义-特殊主义、中性关系-情感关系、特定关系-扩散关系、成就-归属、内部控制-外部控制、时间观念。前 5 个维度描述人际关系，后 2 个维度对人与环境和时间的关系进行描述。个人主义-集体主义维度与 Hofstede 的表述基本一致。普遍主义与特殊主义的区别在于普遍主义认为存在被大家普遍认可的好的东西或真的东西，即拥有相同的判断标准；而特殊主义则认为只有在特定的环境和关系中才能够判断事物的正误与好坏，并不具有同一的判断标准。中性关系-情感关系维度被用来描述不同文化在情感表达方面的差异，倾向于中性文化的群体对自己的情感会加以控制，特别是在工作场所；情感型文化群体则更加倾向于公开表达自己的情感。特定关系-扩散关系维度描述工作与生活之间相互影响的程度。特定关系的文化倾向于对工作和生活加以严格区分，人们通常比较开放且外向；扩散关系则倾向于将二者混在一起，表现出比较封闭和内向的特征。文化差异决定了在判断一个人身份或地位上的不同标准和价值取向。基于成就的文化一般通过对个人所从事的职业的表现进行评价，在重视归属感的文化中，人们通常根据个人背景、资历等属性进行评价。内部控制-外部控制导向主要描述个人行为是由内因还是外因决定的；时间观念主要用来描述尽可能在短时间内按照顺序完成工作任务和尽可能在短时间内同步完成任务两种工作方式。

2.1.2 组织文化的定义、结构与特征

关于组织文化的定义，目前统计的大约有 180 种。比较有代表性的定义见表 2-1。

表 2-1　　　　　　　　　不同学者对组织文化的界定

时间	研究者	定义
1982	Deal,Kennedy	企业文化是一个企业所信奉的主要价值观，是一种含义深远的价值观、神话、英雄人物标志的凝聚，企业文化的要素归结为五项：企业环境、价值观、英雄、仪式、文化网络。其中，价值观是核心
1985	Schein	企业文化指在一定的社会经济条件下通过社会实践所形成的并为全体成员遵循的共同意识、价值观念、职业道德、行为规范和准则的总和，是一个企业或一个组织在自身发展过程中形成的以价值为核心的独特的文化管理模式
1996	Schein	文化可以被视作组织中可感知的、思考的、可重复进行的公认、共享、默认的方式，是组织中最有权力和最恒定的操作力

时间	研究者	定义
1992	科特赫斯克特	企业文化指一个企业中各个部门,至少是企业高层管理者们所共同拥有的那些企业价值观念和经营实践。它是指企业中一个分部的各个职能部门或处在不同地理环境的部门所拥有的那种共通的文化现象
1995	Denison	企业文化是指组织成员所持有的基本信念、价值观和假设,以及表达出来的实践和行为。一些组织文化的方面,诸如个体行为和群体标准,是显而易见的。而文化的有些方面却难以观察,因为它们表示了不可见的假设、价值观的核心的信念
2000	Jackson,Schuler	企业文化是组织的假设、价值和规范等的独特分享模式,足以塑造组织的社会化活动、语言、符号、仪式和典礼
1999	罗长海	企业文化是企业在各种活动中,所努力贯彻并实际体现出来的以文明取胜的群体竞争的意识
2000	张德	企业文化是企业理念形态文化、物质形态文化和制度形态文化的复合体
2002	刘光明	企业文化有广义和狭义之分,广义的企业文化是指企业物质文化、行为文化、制度文化、精神文化的总和,狭义的企业文化是指以企业价值观为核心的企业意识形态
2003	黎永康、黎伟	企业文化就是一种以全体员工为中心,以培养具有管理功能的、系统的、完善的、适应性的精神文化为内容,以形成企业具有高度凝聚力和活力的管理思想制度和方法
2005	陈丽琳	企业文化是一个由管理者引导、全体员工分行并认同的,不断发展的信息循环系统,是企业在一定价值观基础上形成的群体意识与长期的、稳定的、一贯的行为方式的总和,是由企业思想内涵、信息网络、行为规范、企业形象等层次形成的系统构架

目前对组织文化的界定存在多种认识。对组织文化内涵的不同理解实际上体现了组织文化本身所具有的复杂性。总的来看,东、西方学者对组织文化的界定,大都指一个企业内形成的独特的文化观念、价值、历史传统、习惯、作风、道德规范和生产观念,并依赖于这些文化来组织各种内部力量,统一在共同的指导思想和经营哲学中。但是,上述对组织文化的认识仅仅反映了组织文化的内容,并未体现出组织文化的本质特征。Schein 则认为,组织文化从本质上来说是由一系列基本假设构成的模式,而这些基本的假设是由某个群体在探求和处理如何适应外部环境以及如何进行内部整合问题的过程中所发现、创造和形成的。如果这个模式能够正常运行,那么它将被认为是有效的,并且成为组织新成员在认

知、分析和感受问题时所必须把握的正确方向。

因此,组织文化是企业发展过程中所创造的价值体系的总和,包括物质文化、制度文化和精神文化三方面的内容,其本质是精神文化。物质文化和制度文化是企业精神的载体或物化形态,如企业设施、设备及产品等;精神文化则包括企业的价值观、思想体系、意识形态以及有关科学、技术、信息等知识。精神文化是企业精神创造力的表现和积累,是组织文化的核心。组织文化是一个价值体系,也是由一定层次构成的。组织文化结构是指组织文化系统内各要素之间的时空顺序、主次地位与结合方式,它表明了各个要素是如何联系起来形成组织文化的整体模式。本书采用组织文化的三层次结构理论。组织文化的三个层次:精神层、制度层与器物层。精神层是组织文化的核心和主体,也是形成其他一切文化形式的基础。精神层主要包括企业的价值观、使命、目标、管理与经营哲学、企业精神、企业道德伦理等要素。制度是具有某种强制性和约束力的行为规范,约束着全体企业成员的行为,并由此使企业正常的经营管理活动的秩序得以持续。制度可以分为一般制度和特殊制度两种类型。一般制度是为各个不同企业所共有的制度,而特殊制度则是为某一个企业所特有的制度。器物层是指那些承载着企业价值观的物质载体的总和,它包括企业的物理性设施、建筑、生产设备、各种标识物、纪念物、商标、品牌等有形的物品或无形的服务以及各种企业活动等。Schein(1985,1992)提出的三层次文化模型(图2-1)中,主要假设是最深层次的,也是最主要的。

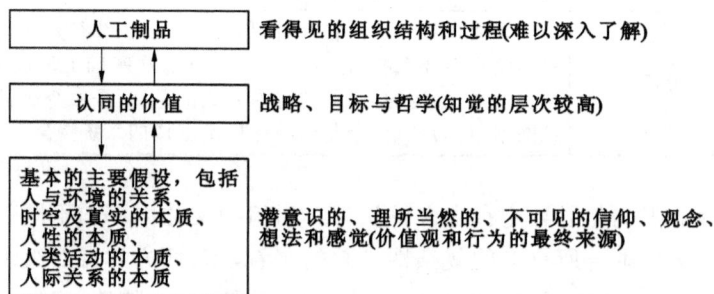

图 2-1　组织文化三层次模型(Edgar H Schein,1985)

Schein认为,正是因为基本假设的存在使组织对其存在的环境产生价值判断,并基于这种价值判断而产生外在的行为。外在行为作用于组织环境之后所产生的结果会促使组织对原先的价值判断加以支持或修正。在这个长期过程中,这种价值判断经由组织的内化过程而转变为组织的基本假设。此后,每当组织遇到新工作、新问题而又无前例可循时,组织通常会依据其价值理念来探索和设计能够解决问题的有效方案。但是,并非所有的价值理念都能全部转化为基本假设,只有经过长期实践被证明为有效的价值理念,才会被人们看作是理所当然的事情,并逐渐深入人们的潜意识中,形成具有自动性的惯性。这种价值理念使许多在人工制品层面上原本不可知的行为变得可以预测。人工制品层是企业价值观的载体,而且是组织文化结构中最具体,且可以直接观察到的部分,也是最容易被企业管理者所理解和接受的概念,它包括企业的厂房、生产和生活环境、语言、传说、仪式等载体。组织文化的研究者虽然无法直接观察到企业的基本假设和价值理念,但他们从组织可以看到和观察到的人工制品来进行判断和推测,因为这些物质或非物质的物品和行为总是反映了企业的价值和基本假设的内涵。

除了层次、维度等方面以外,组织文化还有其自身独有的一些特征。① 时代性。组织文化虽然在组织内部形成,但组织不能脱离社会环境而独立存在,因而它必然要受到组织外部环境的影响。在不同的历史时期,组织所处的外部环境具有不同的时代特点,组织文化必然要反映时代精神。② 人文性。作为组织文化载体的员工都具有社会性,他们都希望在一个和谐友好的环境中与其他团队成员和平相处,并希望通过人际交往获得自信与自尊。组织文化能够营造良好的人际关系氛围,因而具有人文性。③ 多样性。组织处于不同的社会环境和市场环境之中,每个组织都有自己独特的发展历程,组织管理者都具有各自不同的个性特点和管理理念,并且,组织成员的道德素养各不相同,这就使组织文化具有多样化的特点。④ 可塑性。组织文化是在组织生存发展过程中不断积累、总结和创新的结果。它虽然具有相对的稳定性,但并非是一成不变的。在组织成长发展的不同阶段,随着组织内外部环境的不断变化,当组织原有的文化特征与面临的现实情境不相匹配时,可以有意识地对组织文化进行重塑。⑤ 系统性。组织文化是复杂社会文化系统的子系统,它是由物质层、制度层和精神层三个不同层次的不同要素通过复杂的相互联系结合而成的有机体,各个组成部分之间互相依赖、互相作用,并与外部环境系统保持着密切的沟通与交换。

2.1.3 组织文化的功能及其作用机理

组织文化的功能具有双向性,即积极功能和消极功能。从积极方面来说,组织文化具有区分功能,它使得不同组织、不同部门相互区别开来;组织文化具有凝聚功能,它表达了员工对组织或部门或工作团队的认同和依赖,并由此将组织的各个部分黏合在一起,提高了组织的稳定性;组织文化具有导向功能,它使得员工不仅关注个人利益,还要全面考虑组织团队的整体利益;组织文化具有塑造功能,它通过为组织成员提供统一的言行举止规范,引导和塑造员工的态度和行为向着组织期望的方向发展,使员工行为具有一致性。从消极方面来说,组织文化在一定条件下会束缚组织发展,尤其是当某种文化不适应环境变化而需调整或重塑时,这种作用就表现得更加明显。当组织所面临的环境发生变化,组织需要进行变革时,既有的组织文化会因为惯性而产生惰性,从而阻碍组织变革与创新。同时,组织成员都来自于不同的社会文化背景,具有不同的价值观取向和态度,以及会有不同的行为表现。过于强调观念和行为一致性的组织文化会束缚文化的多样化发展。另外,不同类型的组织文化之间具有较强排斥性,在组织兼并和扩张的过程中,文化整合的失败往往是导致组织管理受挫的重要原因。

组织文化在组织内运行并发挥作用会受到一些因素的影响,并需要遵循一定的作用机制。在个体行为及其影响因素方面,生物体的生存方式通常表现为各种行为,而行为通常也影响着生物体生存的现实环境。通常可以将行为理解为各种生物体(包括人类)在面临各种环境时所产生的一系列反应。具体而言,在各种环境因素的影响下,有机体对其在生理和心理上所产生的变化作出的反应就是行为。美国心理学家 R S Woodworth 提出了一个行为分析模型,如图 2-2所示。

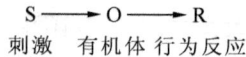

$$S \longrightarrow O \longrightarrow R$$
刺激　有机体 行为反应

图 2-2　个体行为产生的机制

作为一种客观的行动,行为总是反映了人的思想与动机。美国著名心理学家勒温认为,人与环境之间的相互作用的结果就是行为。他的这一观点为大多数西方心理学家所认同。一般认为,在不同的时间、地点、环境以及不同的生理和心理环境下,人类往往会产生不同的行为。通常可以将行为分为两种类型,一类是反应性行为,即一种生理的本能反应,诸如吃饭、睡觉等;另一类是操作性行为,这是一种有目的的反应,人在日常生活中所产生的各种行为基本上都可以归为操作性行为。操作性行为最主要的特点就是通过学习而获得。根据影响因素的来源不同,又可以将行为分为个人行为与社会行为两种模式。个人行为产生于个体与环境之间的相互作用之中,而社会行为则是由来源于社会的刺激因素所激发的行为,或者是其他的人或群体受到某个人的行为结果的影响而产生的行为,因而行为又具有社会性。同样,从行为的可视性角度,还可以将行为分为狭义的行为与广义的行为两种。所谓狭义的行为是指那些可以被外界感知、观察、记录或者是测量的活动,诸如言谈、举止等。而广义的行为所涵盖的内容则更加广泛,它不仅包括各种外显的行为,而且包括各种内隐的、难以观察到的行为,比如人的思想意识、态度、情感和动机等不可见的行为。个体行为虽然相对独立,但是个体的行为总是存在于广泛的社会关系网络之中,任何一个个体的行为都不能脱离与社会群体之间的联系。群体的行为通常是一种有组织、有分工的行为,不同的个体在群体中所起到的作用各不相同,群体行为往往对个体行为具有决定性的影响,个体行为也影响着群体行为的质量。一般说来,人的行为包括需求、动机,以及目标和结果等要素,而行为就发生于这些要素所构成的反应链之中,如图2-3所示。

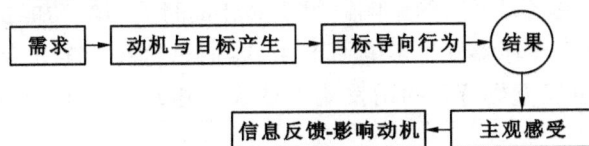

$$\boxed{需求} \rightarrow \boxed{动机与目标产生} \rightarrow \boxed{目标导向行为} \rightarrow \bigcirc\!\!\!结果$$

$$\boxed{信息反馈\text{-}影响动机} \leftarrow \boxed{主观感受}$$

图 2-3　个体行为链(孙燕一,2007)

组织文化对个体行为会产生什么样的作用呢?企业外部环境对组织中个体的影响通过两种途径发生。一是首先由组织进行过滤,然后在组织内的环境中影响个人;二是在组织外部的社会环境中对个人施加影响。关于这个问题,美国心理学家 Kurt Lewin 曾经提出了一个行为公式来进行解释:$B = f(P \cdot E)$,其中,B 是个体行为,P 是个人的各种特征,E 则是环境因素。这个行为公式表明:人的行为受到主观因素和客观环境因素的双重影响而发生变化。主观因素主要包括个体的心理与生理因素,环境因素则包括个体所在的群体、组织以及社会等因素。在不同的主客观环境下,人会表现出不同的行为。为了更加全面地描述个体行为,Lewin 用"心理的生活空间"这个概念来概括那些影响或决定个体某一时刻行为的全部因素,不仅包括环境因素也包括个人因素。在这一概念中所提出的环境因素并非单纯的物理环境,而是指为个体所感知的心理环境。个人的行为产生于个人与环境的相互作用之中。

C Morris 将影响和控制人的行为的因素归为四种(包括体质、符号、物质环境和社群环境,如图2-4所示),他认为,这四种因素相互作用,它们或单独或共同作用对人的行为产生影响和进行支配。这里的符号主要是指语言文字及思想等因素。他认为在人的生活中离不开这些符号,人的各种认知活动和价值观念的形成都是符号传递的结果,符号影响着人的行为。

综上所述,组织中的个人行为受到其个人的背景、组织外部环境和组织内部环境的影响。只有在受到激励的条件下个体才会采取某种行动,还必须将外部刺激内化为个体自身的心理活动。在没有心理动力的条件下,其他因素都不会起作用。推动个体行为的心理动力就是动机,个体的动机受到个体本身及其所

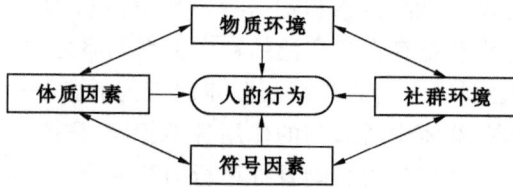

图 2-4　影响个体行为的因素及其关系(石国兴,史晓燕,2002)

处环境中的各种主客观因素的影响。组织文化的行为影响功能主要是对组织成员的个性心理与心理环境发生影响而产生的,通过这种影响机制诱发组织成员的动机,这种对组织成员行为的诱发能力取决于组织文化本身所具有的影响力的大小。

2.2　文化资本理论

2.2.1　文化资本的概念

　　布尔迪厄的社会学研究以场域为基本单位,而资本则是他用以将研究范围从场域扩大到整个社会的基本工具。他认为,社会是一种历史的积累,因而必须要将资本概念及其扩展与全部效应引入对社会的分析之中。同时,他还指出资本是一种累积性的劳动,这种劳动的积累有三种形式(物化形式、具体化形式和肉身化形式)。当这种劳动由私人排他性地占有时,其占有者就能够凭借对这种劳动(资本)的拥有而以具体化的形式占有各种社会资源;资本又是一种力量,这种力量镶嵌在主客体的结构之中。布尔迪厄认为资本可以分为三种基本类型:第一种是经济资本,经济资本可以很快地转化为货币,这种转化是一种以私人产权形式制度化的过程;第二种是社会资本,社会资本是由各种社会义务的联系所构成的,在特定的条件下也可以实现向经济资本的转化;第三种是文化资本,与其他两种资本形式一样,布尔迪厄认为文化资本在某些条件下也能转化为经济资本,各种文凭、作品以及学术头衔是文化资本的符号表达,而学位则是文化资本的制度化形式。在他的资本理论中,资本是作为一种社会成员之间不平等关系的凝结物而存在的,反映了各种资源在社会中的不平等分配,而且资本只能依据其在社会场域中的各种不均衡分布来发挥其效益。同时,他的资本概念是和权力紧密相连的,这里的权力包括各种象征、物质以及社会权力或文化形式。

　　布尔迪厄运用"场域-习性-资本"的分析范式研究了资本形成与发挥功能的

途径及其机制。但是他在阐释资本的概念时并非采用了经济学意义上的资本内涵,而是在隐喻的意义上从文化社会学的视角使用了资本的概念。在他看来,文化资本、社会资本等资本形式并不具有与经济资本相同的基本特征,它们只是具有与经济资本类似的性质而并非真正意义上的资本。资本在社会场域中并非均匀分布,它体现了社会资源的不平等分配,反映了社会成员之间不平等的关系。在关于文化资本的分析中,布尔迪厄认为个人特有的文化修养和教育经历是其在特定的社会场域中获得某种社会地位的依据,而合法的文化形式或是品位标准则是一种稀缺的、受到争夺的资源,这种资源即为文化资本。这种分析介于微观的个人与宏观社会结构之间,兼有舒尔茨和贝克尔等人所阐释的人力资本的特点,但又与马克思的资本理论并不相同,其讨论的关键是劳动者及其所获得的资本与市场之间的关系。

　　以布尔迪厄的研究思路和基本理论为基础,研究者在不同的方向上进行了拓展。目前有关文化资本的研究主要集中于文化资本与教育、文化资本与文化产业等相关领域,以下总结了部分研究者的观点,如表2-2所示。

表2-2　　　　　　　　　　　**不同学者对文化资本的界定**

时间	研究者	定义
1989	Bourdicu	文化资本一种属于文化正统的趣味、消费方式、社会属性、技能和判断的价值形成。譬如在教育场域里,是一种构成文化资本的学术资历
1999	David Throsby	文化资本体现一种资产的文化价值存量。这种存量可能反过来引起商品和服务——那些本身既有文化价值也有经济价值的商品和服务,随时间而流动。资产可能以有形和无形的形态存在
1992	Becker,Folke	文化资本指的是人类利用和改造自然环境的适应性能力
1995	陈燕谷	文化资本是对一定类型和一定数量的文化资源的排他性占有。社会资源只有在一定的条件下才成为资本,甚至才成为资源。资本(包括文化资本)总是在一定的社会空间之中构成的
2004	高波、张志鹏	文化资本是能为人们带来持续收益的特定价值观体系,它是决定经济增长的一种关键性生产要素和最终解释变量。每个人,即使他没有接受过任何正规教育所代表的人力资本投资,但是他一定习得了某种特定的文化或价值观体系,从生产的角度来看,这一价值观体系实质是一种文化资本。在人类的实践活动中,进行文化资本投资是普遍存在的

续表

时间	研究者	定义
2005	张意	文化资本是指一种标志行动者的社会身份的，被视为正统的文化趣味、消费方式、文化能力和教育资历等的价值形式。具体而言就是指通过对文化资源的优化配置所形成的文化生产、文化服务，以物质财富和精神财富的形式具体表现出来的文化价值的积累及其形态，文化资本通过市场生成经济价值
2005	姚俭建	文化资本是以人的能力、行为方式、语言风格、教育素质、品位与生活方式等形式表现出来的，包括文化能力、文化习性、文化权力、文化产品在内的文化资源的总和
2006	朱伟珏	文化资本是一个深受习惯和场域等因素影响、不断发生着各种变化，能够"转换"成其他各种形态资本的运动体
2007	陈青玉	文化资本是社会文化资源的一部分，是文化资源的提炼与升华。文化资本是那些可以对社会思想观念、行为方式和生活方式的发展起积极推动作用的文化资源
2007	施炎平	文化资本一般是指能带来价值增量效应的文化资源，或指以财富形式表现出来的文化价值的积累。它不是文化学的"文化"概念与经济学上"资本"概念的简单拼凑，而是两者的互渗融合。它既有经济学意义，又具有文化学意义；既有财富属性，又有价值属性，不应从单一的学科分类上加以理解
2008	刘双，李伟	文化资本是支持着身份和权利的合法性的知识或思想形式的财富，是经济上达到某种追求的凭借

基于以上研究成果，本书认为，文化来源于人类对自身和客观世界的改造过程中，是人类生活实践的基础，它支配着我们的认知、学习、协作等各种行为，不单为我们提供了相互沟通、理解的平台，也为我们提供了相互交往并参与社会生活的思维模式与行为规范。同时，被赋予了文化意义的产品以及在社会生活的各个领域和结构中所进行的文化实践和交流沟通活动都体现了或表达了特定文化的拥有者所处的层位，而作为对这种层位进行评价的人本身在作出这种评价的同时也确定了其在社会生活中的层位。因而在这个意义上，拥有文化资本的种类和数量标示了不同个体之间的差异，代表了不同的支配力和影响力，也正是这种力量使得文化成为了一种无形的资本。

文化资本的分类既受资源内容的影响，又受资本自身特性的影响，往往表现为二者的结合。比较普遍的是把它分为两类：有形的资本和无形的资本。David Throsby(1999)认为，有形的文化资本其资产存量存在于那些具有文化意义的建筑、遗址和场所等，以及作为私有物品而存在的艺术作品和手工艺品中。正因为这些资产的存在而引起了服务流量,而这些服务则可以作为能够直接进入最终消费的个人或公共物品进行消费,同时它们也可以用于未来商品、服务以及新的文化资本的生产。无形文化资本是一系列的思想意识、习惯、信仰以及传统价值的综合体,是凝聚一个群体的黏合剂,又是区分不同群体的识别器。同样,这些无形文化资产也可以引起服务流量,形成部分私有最终消费,也可以生产新的文化商品。

对文化资本的内涵可以从四个层次加以理解。第一层次,文化资本是一种能力,它体现了文化资本对资本占有者的依赖性。这种依赖从两方面表现出来,一是文化资本的占有者对文化资本的排他性占有;二是文化资本的存在依赖于其占有者的自然能力,如健康状况、寿命等。第二层次,文化资本是一种习性,它表现为一种活性状态。第三层次,文化资本是一种权力,它表现为一种社会的支配形式。第四层次,文化资本是一种产品,它蕴涵了与经济资本或社会资本不同的、普适的价值。同时,文化资本本身是不断运动的,在运动中融合、发展和增值。张丽云(2002)根据文化资本的性质以及在特定时空范围内与其他资本形式(权力、地位、经济利益等)之间的兑换率的高低而非文化资本的数量,将文化资本分为强势资本与弱势资本。文化资本总是具有向强势资本流动的趋势,当社会中某种文化资本为社会成员所认可并具有较高的地位和价值时就称之为强势资本,反之是弱势资本。

特定的场域和文化资本之间存在紧密的联系。当某个行为者本身所拥有的文化资本与其所处的社会场域中的正统文化相匹配时,他所拥有的文化资本才能发挥资本固有的作用。同时,某人所拥有的文化资本与社会正统文化之间的差距不能过大,否则将会使磨合的过程十分困难,而该拥有者本人也可能会面临认同危机或是被社会边缘化或抛弃。从本质上来说,文化资本具有价值性和可转换性。根据文化资本影响力和转换为价值的能力的大小可以对文化资本的转化效率加以区分。同时,文化资本并非一成不变,它随着社会文化和拥有者文化特征的变化而处于不断的运动和演化过程之中,并不断创造出新的文化资本,因而具有动态性和可再生性的特征。

2.2.2 文化资本的形式

布尔迪厄提出了文化资本存在的具体化、客观化和制度化三种形态。具体化的状态体现在人们心中根深蒂固的性情倾向,它是与人的身体直接相联系的,是可以转换为个人有机组成和个人习性的外来财富。它的获得过程比经济资本带有更多的隐秘色彩,因而决定了文化资本的特征和相互之间的区别,同时文化资本还依附于它的拥有者的记忆、生物能力等。客观化的形态体现在文化物品之中,这是一种物化形态的高品位的文化资本,其物质性或是合法的所有权是可以传承的,但作为这类物质性的经济资本来说,对文化产品的消费方式则表现为一种符号化的文化资本。制度化的形态体现在特定的制度安排上。这是一种通过制度确定而形成的资本,如文凭、职称等,从而使文化资本具有研究性、合法性和标准性。李全生(2003)将具体状态的文化资本称为文化能力,将客观状态的文化资本称为文化产品。他认为,文化能力以内化为前提。内化的过程需要学习和时间的投入,并且必须由习得者亲自参与而不能由他人代替。家庭中的早期教育必须包含在文化能力的获得过程之中。如果家庭的早期教育与社会需求相一致,那么它就具有积极的价值;但是,如果这种教育与其后期的社会需求相抵触,这种早期教育就成为了一种消极的因素。文化资本的客体化形式是文化产品,文化产品包含着一定的文化价值,这种价值是由产品中所内化的文化内容所赋予和决定的。体制化的文化资本是文化能力经过文化体制的资格授权后的存在形式。国家或具有社会公信力的机构通过对文化资本制度化来干预控制文化资本,使文化资本成为一种标签,使文化资本处于持续的被证明状态压力之下。因此,文化资本的存在形式可以概括为三种:第一种是以能力的形式存在,被内化了的文化资本,即与特定的持有者紧密相连的固定财富和组成部分,正如一个人的观念、意识那样,并不能通过赠与、买卖等形式在不同的个体间进行传递;第二种是以物质形态为载体存在的文化资本,它可以通过对物质载体的交易和转让来实现在不同个体间的传递,但是对物质产品的消费方式则体现出消费者本身不同的品位和取向,即体现出了不同的文化资本价值;第三种是以体制化(制度化)形式存在的文化资本,它是一种由社会公认的制度化程序加以确认的文化资本形式,这种种形式背后隐藏的是特定的权力(影响力),即一种"强迫"别人接受"社会公认性"的权力。

2.2.3 文化资本的积累

文化资本的获得、文化的生产都是通过文化资本的积累而实现的。资本积累是一个动态的概念,它是社会成员凭借一定的经济、文化、社会、符号等资本通过自身的活动使得资本增值的过程。文化资本积累与资本占有者的素质、能力和活动紧密相连。只有通过资本持有者以习得的方式将客观化于物中的文化资源具体转变为自身的一种获得性资源,才能形成事实上的文化资本积累。文化资本的积累遵循价值转换的逻辑,投资成为文化资本积累的必要条件。用于文化资本积累所投入的总成本等于投入的经济资本和投入的时间的机会成本之和。另外,文化资本离不开体制化了的学术资格或证书。姚俭建(2005)将文化资本积累机制总结为三个层面:一是市场层面。市场往往会通过某种自发的作用使文化资本流向经济资本丰富的区域,对于文化资本的供需进行调节的正是价格杠杆,这种调节机制影响着文化资本的积累。二是权力层面。权力在文化资本的累积过程中主要体现在宏观与微观两个层次。宏观上的权力是体制性的权力,微观上的权力则是一种知识话语权。通常某人如果具有较多的文化资本就能在社会中占据某一位置,并得到他人的承认,这就是象征权力(文化权威)的建构逻辑。三是教育层面。文化资本通常是通过某种能力、气质以及生活方式等形式展现于社会场域中的人们面前,如果一个文化资本的拥有者的文化能力很高并能够在社会场域中进行充分的表现,这就能使他获得更多的经济和社会的收益。文化资本积累最有效的手段是进行教育投资,接受教育的过程也就是文化资本积累的过程。不同的资本形式之间可以相互转换。文化资本的三种形式应该是统一的,但现实中这三种形式总是分离的,而且不断相互转化。在文化资本的各种形式相互转化的同时,文化资本也不断向社会资本和人力资本转化。进行文化生产以及获得文化资本都在文化资本积累的过程中实现,它是一个动态发展的过程,也是文化资本所有者凭借其文化资本并通过自身的一定的活动使之发生增值的过程。文化资本的积累与其持有者的能力、素质以及活动等有着密切的关系,持有者只有通过习得的方式将某种文化资源内化为其自身所拥有的资源才能形成文化资本的积累。同时,要实现文化资本的积累,投资是一个必要条件。

2.3　复杂科学管理理论

2.3.1　整体观论

武汉大学徐绪松教授(2005)提出的复杂科学管理理论认为,整体性是系统的本质特征。复杂科学管理理论的研究进一步证实,必须从整体上着眼,才能揭示和把握系统的整体特征和总体规律。整体性思维是系统思维方式的核心,它决定着系统思维方式的其他内容和原则。复杂科学管理中最重要的一个基本理论是整体观,它有三层含义。① 分析问题的新视角。系统应该是一个由各组成要素所构成的相互作用的综合体。② 非加和定律。系统的整体功能不能简单地等同于各组成部分的功能之和。③ 效用最大化。系统是一个由各个组成要素组成的综合体,看问题必须放眼于整个系统范围内,力争获得整体的"放大效应"。

2.3.2 整合论

复杂科学管理理论认为,资源建设的一项重要内容是资源整合,即对现有资源进行优化与重组。要对资源进行整合首先必须将资源看作是一个系统,通过对这个资源系统内的各个要素进行加工与重新组合,使它们之间相互联系与渗透,并形成合理的结构,达到整体的优化,从而实现整体的最大效益。整合不是简单的加和或聚集,而是基于价值链的创造和创新,即改变现有的资源、改变现有资源的创富能力、改变资源的产出。资源整合一般依据经济性、效率性、协调性、适用性等基本原则。在资源的整合过程中,必须做到:① 将企业的全部资源尽量纳入统一的规划、开发和标准之中,增强资源间的兼容与共享性;② 及时清理和筛选现有资源,不断改善资源结构,保持资源的新颖性和先进性;③ 打破分割垄断的局面,建立公平、灵活且多样化的共享机制和完善的管理制度,形成顺畅的资源流通渠道;④ 资源整合必须因时、因地制宜,精心组织和设计,讲求实效,节约成本,重视资源的产出,形成一种良性的反馈机制;⑤ 树立大系统观,从宏观上把握资源整合的基本方法和原则,对各种资源、能力加以整合,实现整体效益最大化。

2.3.3 新资源观论

复杂科学管理论的新资源观认为资本可以划分为有形资产和无形资产两种类型,知识资本作为一种无形资产必须得到充分的重视。新资源观认为,除了自然资源以外,各种社会资源以及文化、体制和人力、购买力等都是不同形式的重要资源;知识、智力以及信息是现代管理中不可或缺的新资源。复杂科学管理中的新资源主要包括社会网络、文化、顾客资本、体制、购买力、知识、智力、信息等新资源,它们都是无形资源、可再造资源和开放型资源。

2.3.4 互动论

复杂科学管理论的系统思维思想是一种环状看因果的新视野。它在观察一连串的变化过程时,从一个更大的循环看因果互动关系,而不是单向看因果关系。互动论改变了传统管理模式中的单向传导的管理方式,而代之以一种全新的、积极主动的、互动式的管理模式。互动论认为事物间都相互关联,它们之间并非是孤立的,其核心主要体现在两个层次:一是它是一种研究问题、分析问题的新视角,是一种创造性思维方式,这是互动论中最核心的内容;二是从在实际管理活动中加以应用的角度出发,可以运用先进的管理思想和管理技术,在社会系统中的各个子系统(个体)之间实现各类不同资源的智能互动、交流和管理,通过提升个体的价值,最终实现整个系统价值的提升。复杂科学管理互动论主要包括:因果循环的循环思维、信息流维系互动、动态协调互动。

2.3.5 无序-有序论

复杂科学管理论在描述事物之间与事物内部构成要素之间或者是系统的各种不同运动状态之间的关系时,主要运用了有序与无序的思想。所谓无序是指事物的不同构成要素或者是事物的各种运行状态之间的无规则、非线性及各种事物转化的无规则性。有序则是描述了不同事物内部及各种事物的运行状态之间的联系或转化的有规则性。复杂科学管理理念的有序-无序论具有以下五个方面的基本含义:① 从静态的角度看,组织是一个矛盾的复合体,它兼有有序与无序两种状态。一方面,组织的运行混乱、无序;另一方面,在这种混乱与无序之中包含着有序且有规则的因素。② 从动态的角度看,组织的演化是一个不断循环往复的过程,在这个过程中遵循无序-有序-无序的规律,在有序的运动过程中会产生无序,而在无序的运动过程中往往包含着更高层级的有序。③ 从运动的表现形式来看,微观层次的无序运动是宏观层次的有序运动的基础,但是,宏观层次的有序运动并不必然产生于微观层次的无序运动之中。④ 从方法论角度看,作为观察组织的一种视角和思维的方式,无序-有序论不但要求我们在认识问题时采用分析与还原的方式,更重要的是,它要求在认识问题时要依靠直觉与感悟来从总体上进行把握。⑤ 从组织持续生存的条件看,在无序与有序之间找到平衡是组织存在的必要条件。

有序-无序论包括三项内容:一是创新过程的有序性;二是有序与无序共存;三是无序的边缘状态对于创新的产生具有重要的促进作用。从本质上来说,组织的运行需要一定的结构、秩序与规则,但是如果结构过于严密,那么就会遏制组织的创造力;同时,如果过于强调无序也会产生负面的影响,最终会导致企业因混乱和无序而发生解体。当组织所处的未来环境难以预测时,为了对系统的适应能力进行培养,需努力让系统接近无序并处于远离平衡态的状态。同时,复杂科学管理的基本理论要求在管理活动中必须要对组织的智能加以激发和拓展,以此来保持组织旺盛的生机与活力,这也是产生创新的必要条件。

3 组织文化资本概念的探讨

文化资本是支撑组织的身份与权利的知识和精神意识形式的财富,组织凭借这种资本实现其差异化的竞争优势,并以此来实现某种经济上的追求。从本质上来说,组织文化资本是一种生产的投入要素,也是稀缺的、经过加工的并不断追求增值的要素,它通过市场获得经济价值。

3.1 隐形的文化创造有形的价值

3.1.1 文化是一只看不见的手

尽管学者从不同学科和视角对文化进行了界定,但是对文化内涵的核心理解始终还是一致的。概括起来,文化的基本核心包括两个部分:一个是经由一定的历史发展和选择而形成的传统,一个是与人有关的价值体系。从经济活动的角度来看,文化是指人们在长期的生产与生活历程中所选择与遵从的特定价值观体系,它是人们的主观思维模式。无论是进行生产、交换,还是分配、消费活动,总是需要一个特定的价值观体系来帮助人们作出判断和决策。事实上,习得特定的传统文化观念从婴儿时期就已经开始了。文化的代际传递被称为濡化,这是核心价值观形成和积累的过程,也是一种文化资本投资的基本过程,它贯穿于每个社会成员的一生。在这个过程中,人们学到和理解的文化给纷繁事物和各种行为赋予了意义,因此而做出具有特定文化意义的行为,并在此过程中人们形成了所在群体的成员所期望的思维模式、行为模式和价值观念。从文化心理学的角度来看,个体为了获得社会的承认总是通过各种类型的学习,将那些具有指导性和确定性的思想、行为的社会文化模型内化为自己的心理模型。一般说来,各种心理过程都内在地蕴涵着文化因素;任何一种理论,包括它所使用的概念、命题以及假设等也都是特定文化的产物,不同的文化背景会使人对同一概念或理论产生完全不同的理解。每个人都是在家庭以及学校、社会中接受教育,并通过观察与模仿而在大脑中建立起诸如"合理"与"不合理"、"应该"与"不应该"、"公平"与"不公平"等评价标准构成的价值观体系。但是,这种价值观体系与人类的本能有着较大的差别。正如饿了要吃饭、遇到危险要躲避是人类的本能反应,它并不需要人们作出更多的价值判断,但是怎么吃、怎么躲则是由人们的价值观体系来作出判断的。

马克斯·韦伯就文化对经济的影响问题进行了探讨,他认为无论是宗教的文化还是世俗的文化都会刺激经济的发展,文化不仅对人们的经济行为,而且对其他的社会行为以及社会结构都存在深远的影响。经济因素和精神因素是影响社会发展的两种因素。如果将经济因素视为一只看得见的手,那么精神因素就是一只隐藏在人们背后的看不见的手,虽然它是难以认识的,但它却对经济有着重要的影响。在《新教伦理与资本主义精神》中,韦伯曾经对当时欧洲信仰新教的国家和地区的经济增长速度高于信仰天主教的国家和地区的现象进行了探讨。他认为,新教徒所表现出来的理性主义来自于某种神秘的和宗教的力量,及其以之为基础的关于责任的伦理观念。文化价值体系是人类社会实践活动的基础,基于这一体系,不同的社会与不同的个体之间的相互交往、相互理解以及共同的实践活动便拥有了共同的基础和空间。同样,这种价值体系也是支配人们思维和行为的重要力量来源,人们在改造自然与自身的各个领域中所进行的文化实践活动以及各种符号的交流都体现了特定的价值取向和品位,并由此奠定了不同的社会行动者在社会结构中的不同等级和地位。因此,这种文化价值体系又表现为某种社会的支配权力。

在新制度经济学理论中,非正式制度主要包括价值信念、伦理道德、风俗习惯、意识形态等,而意识形态处于核心地位。文化作为一种非正式的制度,它对市场经济的主体具有重要的影响作用。其一,文化可以通过经济主体的反复体验与实践活动而内化于经济主体的思想和意识当中,实现对其行为模式的约束,并使之明确自身的责任、权利、义务以及如何建立和运用经济交换关系。其二,文化作为一种非正式制度,在特定历史时期和发展阶段的条件下可以有效降低制度变革与创新的成本,使制度变迁更有效率。各种研究表明,通常在那些正式制度安排比较匮乏的区域,非正式制度的自发创新活动往往是推动新的正式制度与规范出现的重要基础。同时,正式制度的创新是一个较为长期的过程,通常具有滞后性,而在这个过程中由于非正式的制度与规范的存在能较好地补充由于正式制度安排的不足而形成的空缺,并能以其独有的灵活性及实践性来降低正式制度创新所必须支付的成本。其三,文化的形成和发展具有积累性、延续性和路径依赖性等根本特征,从而使其具有相对的稳定性,这就使得人们可以从中获取有利于制度创新的各种新资源并将其应用于制度创新的实践之中,使之成为制度变革的推动剂和润滑剂。

3.1.2 文化价值的获得与组织差异

文化是有关人们认识自然、认识社会、认识自身并借以作出各种价值判断，指导人类各种活动的价值体系的总和。自出生以来，在家庭、学校以及社会等环境中通过各种方式所学习到的特定的价值观体系为每个人未来的生活、学习和工作提供了极大的便利，它能为人们的各种行为提供具有指导性与目的性意义的信息和规则，有效减少人们在每件事上都需要重复作出类似的分析判断所需要消耗的精力和资源，并提高行为的效率。因此，从经济意义上说，这种能够为人们带来未来收益的特定价值观体系就可以被看作是资本的一种存在状态，可以称其为文化资本。文化资本的积累帮助人类走出了无知与愚昧的状态，它也是每个人一生中开始积累的第一笔资本。通常人们认为文化是无形的、看不见、摸不着的，但是在现实生活中，无形的文化资本总是能够在人们的行为中得到体现。人必定生活在特定的社会环境之中，每种特定的环境都有其特定的运动规则和价值判断标准。可以想象，如果一个人缺乏必要的与特定社会价值取向及运动规则相适应的文化资本，那么在现实生活中他将难以长期生存与发展。因此，在人类社会中，进行文化资本投资就成为一种非常具有普遍性的行为，尽管一般看来这种投资往往不具有功利性，但事实上文化资本总是决定了人们在特定社会结构中的层位。家庭教育是人们获得文化资本的重要方式和途径，几乎从出生之日起人们就已经开始接受这种投资了，这种投资通过大量的有关行为模式、伦理道德以及观念信仰等方式被人们所获得。当人们进入学校，这种文化资本的投资形式则包括大量的由国家所要求强制输入的价值观以及意识形态；当人们走上工作岗位时，特定的组织文化和价值取向就成为人们生存和发展所必须具备的文化资本，也就是说同化于特定的组织文化中是真正成为组织成员的前提。

马克思认为资本是劳动的产物和经济活动的内在机制，并且作为一种生产关系和支配一切的经济权力，资本能够利用剩余价值带来新的剩余价值，这样资本的权力与作用就形成了一种经济活动的运行机制和一种以资本为中心的经济权力结构和生产结构。正如马克思所言，在社会和市场环境中，资本是一个重要的结构性因素，其不同类型和分布形式体现了社会的内在结构。就个人来说，特定环境里的人的文化素养和教育经历能够成为人们获得某种社会地位的凭借，合法化的文化形式或者是品位标准则成为特定环境中被争夺的资源。就企业来说，资本不仅是竞争的目标，也是竞争的手段，市场内的竞争遵循资本的逻辑，即一种以资本争夺资本的过程。企业在市场环境中运用各种方式来追逐不同的资本,驱动企业活动的动力都来自隐藏于企业行为背后的对稀缺资源的占有与控制的欲望。在现实的社会生产与经济生活过程中,企业往往承担着不同的角色并满足着人们各类不同的需求,企业所获得的认同程度及其收益与满足程度也都存在差异,这种差异的产生和表现都来源于它们所拥有的资本的质和量的差别。文化价值体系是特定的历史阶段的产物,也是不断投入和累积的结果,在不同的企业中并非是平均分配的,它依附于特定的主体,其积累与演化具有明显的路径依赖性,并表现为特殊的行为、思维方式与收益模式,因此它又具有排他性。文化价值体系的不同类型及其在特定市场环境中的分布结构和影响能力,体现了市场的资源分配方式和权力结构。文化价值观念是人类社会活动的一种重要产出,也是一种重要的投入要素,正因为其分布的不均衡性而决定了企业的行为在一开始就具有明显的差异性和排他性。

3.2 资本的多种表现形式及其本质

以前,通常所接触到的资本大多是实物资本、经济资本以及自然资本等有形的资本,当代的资本概念已经包括了诸如人力资本、知识资本、社会资本等一系列无形的资本类型。虽然资本的表现形式多种多样,但资本的本质不会因为表现形式的不同而改变。

3.2.1 以资财形式表现的资本

古典经济学的代表人物如亚当·斯密、杜尔哥和威廉·配第等都曾经对国民财富进行过探讨。在对资本进行的系统研究中,亚当·斯密(1972)的研究可以说具有开创之功,他研究的核心问题始终围绕着资本与财富之间的关系而展开。在他有关国民财富的研究中表达的一个基本观点就是必须要具备一定量的资财才有可能实现强国富民的目标,资财的集聚必须先于分工完成,否则就会导致生产者的生活与交换活动难以维持。举办产业的资财投入量的增加会带动一个国家产业数量的增加,并能促进产品产量的提高。关于什么是资财的问题,亚当·斯密(1972)写到"一人……的全部资财于是分成两部分。他希望将已取得收入的部分,称为资本。另一部分,则供目前消费,其中包含三项东西"①。资本

---

① 这三项东西:一是原为这一目的而保留的那部分资财;二是逐渐得来的收入,不论来源如何;三是用以上两项在以前买进来但至今尚未用完的物品,如被服、家具等。为目前的消费而保留的资财,或包含三项之一,或三项之二,或三项全有。

的基础和来源是资财,而资财进一步增长的源泉则是资本。亚当·斯密认为,一切财富的源泉都是劳动,因而对价值进行衡量的正确尺度应该是劳动。从理论意义上说,亚当·斯密对资本概念进行了具有普遍意义的诠释,不但摆脱了重商和重农学派的狭隘观点的束缚,对资本的四种用途进行了描述,强调了人的才能也是资本的一部分,同时他还对固定资本和流动资本这两个概念进行了区分,对货币的工具性也进行了论述。亚当·斯密的资财论将资本界定为可以带来收入的资财,从普遍的意义上解释了资本现象的部分本质。

3.2.2 以要素形式表现的资本

威廉·配第是最早的要素论者,他形象地描述了"土地是财富之母,而劳动是财富之父和能动要素",他的生产两要素论认为财富是自然物质和劳动相结合产生的物质产品,这为要素价值论奠定了理论基础。法国经济学家 Jean Baptiste Say(1803)提出了效用价值论。他认为生产并不创造物质而是创造效用,人们赋予物品价值是因为它有用,能够满足人们的某种需求。如果一个物品没有用,那么没有人会赋予它价值。价值的基础是效用,商品生产从根本上来说源于土地、劳动和资本三种生产要素。他认为资本作为一种并非自然给定的生产要素,具有与土地和劳动同等的重要性。在他的资本理论中资本的累积性和劳动的决定性得到了体现。英国剑桥学派创始人马歇尔(1983)指出"生产要素通常分为土地、劳动和资本三类。……资本是指为了生产物质货物和为了获取通常被算作收入一部分的利益而储备的一切设备。资本是财富的主要资料……是生产的一个要素,大部分是由知识和组织构成的"。他由此提出了生产要素包括土地、劳动、资本和组织的四要素论。无论是两要素论、三要素论或是四要素论,都将资本理解为劳动的直接或间接的产物。随着科学技术的进步和经济的发展,资本又被理解为能够产生价值的包括劳动、土地、资本、技术和管理在内的五种要素。

瓦尔拉斯的一般均衡理论将资本看成是具有生产性能的实物品,且每种具有异质性的资本品都是一种生产要素,相对于生产的特定产品,它们都有各自的技术性能。这种技术性能的改变程度依赖于技术发展。索洛的新古典模式认为技术变动与资本和劳动无关,产出的增长主要取决于技术进步,资本的增长所起的作用有限。奥地利学派则认为,资本并非一个独立的生产要素,而是由原始的生产要素如土地、劳动生产的产品。萨缪尔森则将土地和劳动等称为初级生产要素,并指出"资本一词通常被用来表示一般的资本品。资本是另一种生产要素。资本品是一种入量,又是经济社会的出量。资本品表示制造出来的物品,这种物品可以被用来作为入量,以便从事进一步生产,而劳动与土地仅仅是初级入量,这种入量通常不认为能被经济社会生产出来"(萨缪尔森,1991)。

3.2.3　以能力形式表现的资本

Jean Baptiste Say 认为资本"与创造出资本的物质无关,而与那一物质的价值有关,价值是无形的"。由此推论,对实物财富拥有量的大小并非是实际资本多寡的量度,因为实物财富仅仅只是存在有转化为财富的可能,而并未发生实际的转化。赫尔南多德·索托(2000)指出"资本是资产中抽象的潜能"。为了证明资本也是一种静止的价值,进一步研究资产中资本潜能的释放途径,赫尔南多德·索托以高山上的湖泊为例借用了能量的类推来描述了这一过程①。"我们从湖水中取得的附加值并不是湖水本身的价值,而是针对湖水的人为外在过程"。"这个过程不仅仅能使我们'看到'资产的外观,而且还能使我们积极地'发现'资产会变成什么样子;这个过程还能使我们把在资产中发现的经济潜能确定为能够用于获取剩余价值的形式"。赫尔南多德·索托认为真正具有使资产转化为资本的能力的途径是正规的所有权制度。

约瑟夫·熊彼特(1990)也在能力的意义上对资本进行了诠释,他指出"资本,无非是一种杠杆,凭借着它,企业家可以使他所需要的具体商品受他的控制,无非是把生产要素转用于新用途,或引向新的生产方向的一种手段。这是资本唯一的职能"。由此看来,资本在生产的过程中发挥着控制与导向作用,但是它本身并非工作的对象,也并不直接参与生产活动,而是担当着在生产开始之前必须完成的任务。约瑟夫·熊彼特认为资本并非是由特定的商品或一般的商品所构成的,而是"一笔购买力基金"。他认为这才是资本最重要的唯一不可缺少的职能,由于这一职能的存在而使得资本概念具有现实的意义。必须发挥其特有职能,否则资本就难以成为一种独立的要素。

人力资本可以看作是从资本的能力角度出发却又超越了传统资本概念的一种新的资本形式。亚当·斯密关于"社会上一切人民学到的有用才能"属于固定资本的有关论述可以看作是人力资本理论的起源,而这种"有用才能"在现代语境下则可以粗略地理解为"人力资本"。人力资本概念基于特定的历史背景,被

---

①　赫尔南多德·索托认为,高山上的湖泊除了能够划船和捕鱼以外,湖水由于水位的提高而具有了潜在的能量。这种潜在的能量一旦为人们所确认,人们就可以通过设计机器来加以提取,使湖水超越它作为水的自然状态,从势能转化为动能,再转化为机械能和电能,从而使湖水释放出无限种类的价值。

用来解释传统资本理论无法解释的"三个事实"①。舒尔茨（1992）将体现在人身上的技能和生产知识的存量定义为人力资本。他说："我们之所以称这种资本为人力的，是因为它已经成为人的一部分，又因为它可以带来未来的满足或者收入"。在这个意义下，人力资本可以看作是依附于自然人肉身本体的具有未来的获利能力的价值形态，它通过人的能力和素质表现出来。Johnson（1960）认为，劳动者因为掌握了具有经济价值的知识和技能而成为了资本家。劳动者的知识和技能使劳动者单位小时劳动的价值超过了不具有同样知识和技能的劳动者单位小时劳动的价值。这就意味着，因为具有了知识和技能，劳动者具有了可以要求资本家支付剩余索取权的能力。

3.2.4　以关系形式表现的资本

大多数经济学家对资本的认识都倾向于探讨资本的自然属性，而讳言资本的社会属性。事实上，资本的自然属性是资本的社会属性的前提和基础。因为资本能带来价值的增值，才需要对资本所有权进行界定，资本的社会属性体现了社会生产关系。马克思曾经对资本的形式、内涵、特点与规律等进行了全面而深刻的论述。他从生产力的角度出发，对资本的自然属性进行了揭示。首先，马克思认为，作为一种现实存在的"资本"一般表现出的是一种最简单的抽象，这种抽象适用于一切社会形式。同时他还指出，资本所具有的唯一一种生产本能就是通过自身的增值来获得剩余价值。其次，从社会关系的视角，马克思揭示了资本的社会属性。他认为资本并非一种物，而是一种时空状态下的以物为媒介的人与人之间的生产关系，通常在某一个物上得到体现，并为这个物赋予特有的社会性质。学者林楠（2001）认为，马克思是在分析资本主义生产过程中资本家和工人的关系时提出资本概念的，他认为资本是在商品生产和交换过程中通过剥削而获得的价值和利润，它体现了资本家和工人之间的社会联系。

如果说人力资本概念的出现突破了传统的资本理论的局限的话，社会资本概念的出现则为更加全面理解资本的非物质形式提供了更加开阔的思路和视野，它将总是容易被经济学家们所忽视的社会关系和社会结构纳入资本的范畴。继布尔迪厄正式提出"社会资本"概念以来，这一研究领域大体出现了以下几种主要观点。一种是以布尔迪厄（1985）、Lin Nan（1982，2001，2002）、边燕杰

---

① 　根据传统理论，资本-收入比率将随着经济的增长而提高，但统计资料却表明这个比率不断下降；根据传统理论，国民收入的增长与资源消耗的增长将同步进行，但统计资料显示的结果却表明，国民收入远远大于所投入的土地、物质资本和劳动等资源总量；第二次世界大战后工人工资有大幅度增长，它反映的内容是传统理论所无法解释的。

（2004）等为代表的资源观,这种观点认为社会资本是嵌入于社会网络的资源集合体。第二种观点是以 Portes(1995)等为代表的能力观,这种观点将社会资本看作是处于社会网络和社会结构中的人对于稀有资源的运用能力。第三种观点是以 Putnam(1993)、Burt (1997)、张其仔 (1997)、Podolny 和 Baron (1997) 等为代表的结构观。还有一些学者(边燕杰,2004,2005,2006;罗家德等,2006;赵延东,2006;张文宏,2006;胡荣,2005,2006 等)采用了网络观,他们将社会资本定义为一种特定的社会关系网络。正如边燕杰所指出的那样:"虽然存在多种定义,但社会资本的基本定位是清楚的,内涵是明确的,即社会关系网络"。社会资本与社会网络两个术语在很大程度上被研究者们视为同义词,并在不同的语境中相互替代。

3.2.5 以精神形式表现的资本

资本概念和内涵的不断拓展,反映了这样一个事实:人们对于资本的认识已经开始从传统的物质资本扩展到对人的精神的关注,并且认识到除了一般意义上的物质资本以外,人的知识、技能、社会关系乃至于价值观体系都同样具有资本的属性,都能创造价值。资本的研究对象逐步超越了单纯的对"物"关注的阶段,已经开始转向对人类自身精神领域的探究,出现从"个体劳动能力"到"群体文化意识"、由"物质"到"精神"的延伸趋势。资本本身具有生产性,这种生产性总是表现为一种潜在的生产利润的能力。例如,文化在人们的行为和信念体系中发挥着巨大的作用,作为一种精神生产的成果,文化同时反映了特定团队或集体的行为。通常,文化表现为一系列特定的符号系统,而这种符号系统在现实的社会生活中具有专属性,即某种具体形式的文化总是为特定的人或群体所拥有。这些个体或群体则因为其所占有的这种文化符号系统而具有了在社会中占有某种地位或拥有某种权利的权力——能够为他们带来未来收益的资本。不同的主体总是排他性地占有着不同的资本,而不同的资本特质和占有量则使他们在社会中居于不同的位置(地位与权利),社会也因此具有了结构性特征。文化资本的价值积累性特征总是以财富的形式具体表现出来,这种积累性带来了商品与服务的不断流动,在这个流动的过程中,文化被赋予在商品和服务之中,使其具有了文化与经济的双重价值。文化资本不仅体现了经济学意义上的资本内涵,同时它还内含有一种特殊的能够约束自己和他人的能力——文化价值观念,是一种特殊的权力表现形式。正因为文化资本具有这种特殊的价值,它也就成为了被广泛追逐的对象。J Coleman(1990)指出,文化因素对于如何有效地转化劳动、资本、自然环境这些物质资源以服务于人类的需求和欲望具有重要的影响,因此,称之为"文化资本或社会资本"。现实中的物质与精神正如一块硬币的两个面一样是不可分割的。在信息社会,物质与精神生产则很可能是相互同化而同体的,有学者提出了"精神资本"概念。这里所说的"精神资本"就是人的精神气质、心理素质、工作与生活的道德品行、对他人和环境进行判断的价值观的综合体,这些精神因素具有和物质资本类似的经济功能。因此,作为一种精神资本的文化资本同样是一种能够为人们带来利润的资本。

3.2.6 资本是带来收益的价值

在传统意义上理解资本,法国历史学家费尔南德·布罗代尔指出"资本"一词出现于商品经济和现代化最先起步的欧洲西南部。"在经济学家的研究论文中,资本一词具有'资金'的含义,它不仅指积累的金钱,而且指既往完成的一切可以被利用的劳动的成果……只有参加再生产过程的才是名副其实的资本。"在经济学中,一般将资本分为物质资本、人力资本和自然资本三种形式。物质资本是人们最早认识到的资本形式,它意味着真实商品的存量。古典经济学家如威廉·配第、魁奈、诺斯等一般将资本看作是除了劳动和土地以外的一切生产性物质资源。在新古典经济学的理论中,克拉克的边际生产理论、瓦尔拉斯的一般均衡理论和奥地利学派巴维克的资本理论均从技术关系的角度来界定资本,除了资本的物化形态外,他们将劳动和土地也纳入资本范畴。现实中对资本的研究与争论成为了人类经济生活的焦点。这种争论的主要原因就是资本在大多数情况下都是以无形的、抽象的形式而非有形的、具象的形式展现在人们面前的。正如马克思所言,资本不是一个纯物质的东西,它反映特定的经济关系。

对资本本质认识的飞跃性变化源自近百年来工业革命和知识革命的成果以及由此引起的社会日常基本经济生活活动所设立的价值准则的联系和变化。1960年,舒尔茨系统提出的人力资本理论使资本研究进入了一个新的时期。随着知识经济的发展,经济学家充分认识到了科技在经济发展中的作用,从对人力资本的考察转向对知识资本的关注。美国经济学家 L K Galbraith(1969)首次提出了知识资本的概念,他认为知识资本是一种知识性的活动,是一种动态的资本,而不是固定的资本形式。布尔迪厄(1989)提出的文化资本理论则使资本研究范畴不仅仅包括了通常意义上的经济资本、人力资本、物质资本,还扩展到了包括文化资本和社会资本在内的其他资本形式。

在本质上,资本是积累的劳动;在用途上,资本是再生产的条件;在归属上,资本拥有自己的主体;在功能上,资本能够创造利润。资本本身可以作为一种投入,也可以是其他投入要素的产出。资本也是可以产生未来收入的价值。经济学家费雪曾经对资本进行过最宽泛、最本质的界定。从资本价值的意义上来说，资本只是对将来收入的一种折现或者资本化。任何财产或财富权利的价值都是资本作为收入源泉的价值，这种价值通过对未来（预期）收入的折现来获得。从费雪的观点出发，可以将投资看成是一种在现时与未来之间选择何时获取收益的决策，做出这个决策就意味着放弃现时可以获得的收益或消费，将金钱、时间、智力、精力等资本要素投入生产、流通等过程中以获取未来某个时间的收益或消费。在这个意义上，放弃了目前的各种消费或收益来生产商品，学习各种技术和知识，建立各种法律、法规、制度和规范都是为了获得将来的收入和消费。因此，将各种有形的资本，诸如物质资本、经济资本，以及各种无形的资本，诸如制度资本、知识资本等看作不同的资本形式是具有合理性的。那么，人们从出生开始就不断习得和遵从的某种特定的文化应该可以被看作是一种最为普遍和一般意义上的资本形式，因为它也是人们为了获得未来的利益而进行的一项投资活动。

3.3　组织文化资本概念的提出

3.3.1　组织的人格化假设

组织在人的驾驭下运行，可以看作是一个有生命的机体，对内有生存、发展的主观需求和愿望，对外存在着提供产品和服务以及适应社会的客观行为，自然就可以对组织做人格化假设。组织的人格化问题包括"人"和"物"两个要素，具体到经济活动中是指对资源的获得、加工、分配、使用等经济活动和参与经济活动的主体。人格化的组织必然具有特定的文化价值体系，也必然会依据这种价值体系指导自身的行为。在现代社会中，每个单位都是有生命力的系统，各自都有自己的边界、自己的目标，但又都存在于一个更大的整体中。"人"总是要不断地在自身的价值体系与环境的价值体系之间发现差异并找到平衡，因为只有适应环境才能更好地生存，由此各个不同层级的"人"的价值体系之间就会彼此渗透（图 3-1），次级个体的目标必须与高级的个体目标相一致。

就具体的单位来说，组织的持续成长与发展是与它始终坚持某些价值观念相联系的。

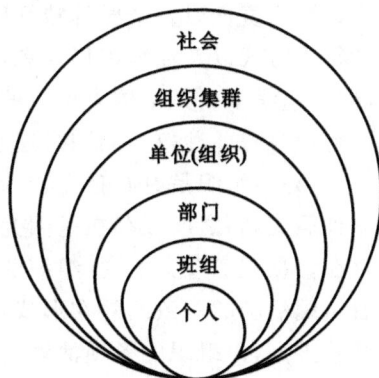

图 3-1　单位系统层级

这种价值体系是一套共同的价值观,是受组织成员所赞同的共同价值观,它使得组织成员将个人目标的实现建立在组织目标实现的基础之上。组织文化在单位与社会所构成的层级系统之中起到了联结作用,它是一个组织成员共有的一整套价值观、信仰、态度和道德观念,也是组织的思维与行为特有的"心理程序"。可以这样理解,对于组织而言,人是组织行为的主体,组织存在的目的、形成及发展的规律是以人的欲望和目的为逻辑起点的,也是人的经济活动和行为目的的归属。因此,组织是完全人格化的个体。

组织所具有的一系列人格表征可以从三个方面来理解。第一,组织是由不同的人依据各种关系和规范而组成的,这一特征决定了组织不但要考虑自身的利益,还必须同时考虑其内部成员的利益。组织内部的结构、管理与组织的外部行为实际上表现为一种追求效用最大化的组织行为和制度规范的实施,是人的意志的显现。组织成员在个体行为层面上具有独立性,但是从组织的层面来说,组织中的人是通过特定的规则与契约关系组合成的人的集合,具有整体性的特征。成为组织的一员就意味着每个组织成员的行为都要代表特定组织的意识、观念与价值。当然,不论个人加入一个组织是无条件的还是经过谈判达成一致的,组织都必须对经济与社会环境进行充分的考虑,而且还要将各种矛盾与冲突在组织内部加以解决。

第二,组织的运营、管理等活动都必须由具有一定组合形式的人的集合通过某种机制来组织和实施,因此人的意识、理念主导着组织的基本发展方向和行为模式。因为人的有限理性和社会环境的复杂性,组织的活动除了具有经济性的特征以外,同样具有一系列的非经济性特征,这就使得组织的行为在确定性中也存在相当的不确定性和复杂性。组织经济行为中所表现出的人的意识、价值、追求、道德、责任以及情感等特征则通过组织的计划、领导、协调、控制等方面的复杂行为方式以及在组织形式和产权关系中体现的人格化特征和表现传达出来。同时,组织不单是个体人构成的组织,它还是一个社会性的实体,因而组织在自由行使自身各种权力的同时还必须承担相应的社会责任。

第三,组织是具有独立行为能力和人格的法人。组织的法人资格只不过是一种假定,它之所以存在是因为法律或规定的存在,任何法人都不能先于法律而存在。在现实意义上说,组织的法人人格其实是一种制度拟制。法人人格维护着组织活动的一致的外在形式,法律通过对组织法人人格的确认来简化组织的对外关系,使组织的各项活动更为方便、快捷和顺畅。现代法人行为者是一个包括行动者、资源以及事件等要素,并能够导致某种事件后果的行动系统。现代法人行动者具有一些突出的特征:首先,它由各种不同的职位构成;其次,它拥有独立的权利,并独立承担义务;最后,从法律上说,法人在功能上可以实现对自然人的替代,并能够对自己的全部行为承担法律责任。因此,组织并非其内部成员个体的简单相加,在某个成员或团队与外部建立各种关系时,他们既是部门形象的代表,也是组织整体形象的代表,个人在这种建立关系的过程中充当的是法人的代理人。

3.3.2 组织文化资本的界定

马克思曾经指出"资本是能够带来剩余价值的价值",有形的资本和无形的资本都具有这种增值能力。无形的精神资本会随着社会环境和历史条件的恶化而改变或消失,也会随着条件的改善而重建,它可以为其拥有者带来剩余价值,但它无法与其所有者分离。无形的精神资本也是一种社会状态,是一种无形物,是财富的一部分,它附着并表现在组织的制度、规范和产出品之上,与物质资本形成了不可分割的统一体,可以积累,需要经营。无形的组织精神资本是组织人力资本与组织文化相结合的产物,也是人的智慧、知识、技能与时代精神和民族文化结合的产物,它具有专有性、民族性等特征。组织人力资本的拥有量和创造力与组织的精神、价值观体系和民族精神相融合,形成了组织文化资本。文化资本在某些方面和一定的程度上代表了特定的人群、区域和时代的特征,而且从某种意义上来说还必须具备对各种不同文化的兼容性和流动性。从内容上来说,其核心要体现出对自然、社会和人本身的尊重与爱护,以及以人为本、和谐发展的价值理念。文化资本不论从表现形式还是实践形式上都要能够为社会公众所普遍接受,都要反映出个人发展、社会和谐与文明进步的理念。特定社会历史条件下的文化资源(包括文化能力、文化习俗、文化影响力、文化产品等)总是有稀缺性。正因为如此,对这类资源的占有,可以使其占有者在一定程度上获取物质的和象征的利润。在这种情况下,文化资源就开始成为文化资本。当然,社会正在不断发展与进步,文化也在不断更新与演化,不同的时代、不同的组织,文化资本的形态会各不相同。

不论是组织还是组织的成员,每天都在做出这样或那样的决策,而决策的机制和结果本身就反映了个人的个性化价值取向和组织的文化价值判断。当个人与组织的价值取向达成一致的时候,就会在个人和组织之间形成紧密的情感关系或是联盟关系,容易实现共同价值的最大化,反之则不然。通常来说关注组织成员和社会网络成员的需求,并积极投入文化资本以塑造个人和组织共同价值取向的组织更容易取得成功,并能长期保持竞争优势。对一个组织来说,具有与组织价值观相匹配的价值取向的员工是宝贵的财富,他们已经成为了组织文化的一个重要组成部分,对于组织的核心价值体系的形成和稳定具有非常重要的作用。组织文化资本的不断投入有利于形成组织成员、组织社会网络成员与组织之间稳定持久的共赢关系,而这种共赢关系又能够在很大程度上提高组织文化资本的运营和增值能力。因此,组织文化资本对于构筑良好的组织文化生态具有重要作用。组织运营管理活动建立在一定的目标之上,这一目标对组织文化管理起着导向作用。不同的组织文化对实现组织运营目标的作用是不同的,组织文化与运营目标的匹配程度越高,就越有利于目标的达成,以这种文化为标准来同化或改造其他的文化就会越有利于组织的发展。从组织文化变革的角度来说,核心价值观一般难以在短时间内发生改变,而行为规范和物质层面的文化则相对比较容易发生改变。同时,组织文化资本模式的划分是一个相对的概念,在选择适合组织自身特点的文化资本模式时,需要综合考虑多种因素的影响,并根据各种因素的变化不断作出调整。

综上所述,组织文化资本是组织在长期经营管理活动中通过投入各种资源而形成的、凝结于组织本体的、高度结构化和抽象化的经验性知识和逻辑性知识体系,也是能够投资于经济活动中,为企业创造利润的异质性资源要素。组织文化资本镶嵌在组织的各种社会结构(包括内部和外部)之中,它支撑着组织形象和支配能力,可以通过有目的的行动来获得或流动,是资本的一种特殊"符号化"形态,其构成要素的内涵随着社会文化和组织文化的创新与演化而不断发生着变化。简言之,组织文化资本是组织的精神资本、制度资本与形象资本的集合。组织文化资本价值的大小取决于组织文化影响力(权力)的水平,这种影响力来源于利益相关者对获得这种资本所需付出的成本以及所能给自身带来的效用的主观评价。

4 组织文化资本的属性、特征与结构

4.1 组织文化资本的资源属性

资源是人类社会存在和发展的基础。在中文语境中，资源一般是指自然资源和物质资料的来源，即有形的物质和经济资源。《现代汉语词典》将资源解释为"生产资料或生活资料的天然来源"。《辞海》的解释是"资财的来源，一般指天然资源"。Giddens(1981)将资源界定为"改变事物的一种能力"。J Coleman (1990)则认为资源是那些能满足人们需要和利益的物品、非物品以及事件。

4.1.1 随着社会发展不断拓展的资源观

随着经济社会的发展，越来越多的资源要素已经进入了资源系统，传统的资源概念已无法完全涵盖这些内容。根据资源存在形式和功能，韦正球、覃明兴(2006)提出了"大资源观"的概念，它将资源分为既相互独立又相互联系的六大子系统：自然资源、文化资源、经济资源、人力资源、政治资源和制度资源。在其大资源观中既包括了有形的自然资源和经济资源，也包括了无形的文化资源和人力资源等。徐绪松(2005)提出的"新资源观"则认为自然资源、社会资源、文化资源、体制资源、人力资源、购买力资源等都是十分重要的资源，它们可以通过培养、创造来产生。杨文祥(2003)则认为资源是社会财富的来源，它包括物质财富和精神财富的一切来源。如物质资源、经济资源、信息资源、自然资源、社会资源、文化资源等。马昀(2001)认为企业资源是企业控制的所有资产、能力、组织过程、企业特质、信息、知识等，它是企业为了提升自身的效率和效益而用来创造并实施战略的基础。也有学者认为企业资源可以分为物质资源、人力资源和组织资源三种形式(Grant,1991;黄群慧,2003)。

随着网络经济的飞速发展，虚拟企业、虚拟运作不断兴起，一些研究机构和研究者们提出了虚拟资源的概念。在IT领域，虚拟资源指共享资源；在管理学领域，美国国家工业信息基础设施协议联盟(NIIIP Consortium,1996,1998)则将虚拟资源界定为可以借助的外部资源。周和荣、张金隆(2006,2007)将虚拟资源定义为企业外部存在的、通过合作可以为企业自身创造价值的一切有形资源和无形资源,包括与伙伴共享的资源和它们中能够参与协作以创造价值的那部分资源。现有文献中的资源既可指物质世界的资源,又可指信息、智力和精神方面的资源,还可同时兼指两者,在此基础上,资源又引申出手段、方法、谋略、能力等涵义。

在企业生产过程中,不仅需要投入自然资源,更需要投入人们的体力、智力以及精神、意识等无形的资源要素,各资源要素之间既相互独立又相互影响、相互制约,从而使社会资源形成了由物质资源、精神资源等不同性质的资源形态构成的复杂系统。同时,各种资源要素可以经过人类的劳动被转化为多种形式的社会财富,这种财富既是物质财富也是精神财富,既可以用来消费也可以用来作为更高层次生产的投入。在推动社会发展和经济增长的资源要素中,智力要素、精神要素在生产活动中的投入比重不断增大,它们正在逐步取代有形的经济与自然资源在整体资源系统中的核心地位,成为当代人类社会的基本资源。企业的经营和管理活动如战略管理、组织结构调整、流程再造、人财物管理和信息管理以及客户关系管理等活动都是基于特定的价值观体系对资源进行分析、识别、优化、配置和利用的过程。正如人们看到的那样,企业的资源已经不仅仅包括企业内部的物质资源、人力资源等有形资源,以及企业的行为方式、观念、服务等无形的资源,还包括企业外部的各种可控和不可控资源,即那些对企业的价值创造具有显在或潜在影响的所有要素。

4.1.2 纳入新资源范畴的组织文化资本

战略管理领域始终关注的一个焦点就是竞争优势的创造和维持(Rumelt,1954;Porter,1955;Barney,1991)。波特(1980,1985)认为企业所处的产业环境是决定企业经营绩效好坏的关键因素。他重在分析外部环境对企业竞争优势的影响,弱化了对企业内部所拥有的特异性资源禀赋对企业竞争优势的影响的分析(Barney,1991;Teece,Pisano,Shuen,1997)。因此,Barney(1995)提出,基于外部环境的分析模型只是企业竞争优势分析的一半。要对企业竞争优势有一个完整的认识,必须对企业内部优势和劣势进行分析,只有这样才能更加深刻地理解企业是如何取得竞争优势,又是如何对它加以维持的。"资源基础论"主要从企业内部所拥有的资源角度来探究企业竞争优势的来源,并以此来阐释企业间业绩差异的原因。企业内部所拥有的资源禀赋差异是不同企业经营业绩差异和竞争优势差异的根本原因(Penrose,1959;Wernerfelt,1984;Dierichx,Cool,1989;Conner,1991;Peteraf,1993;Barney,1991,1995,2001)。资源基础理论认为,企业从实质上来说是一个资源实体(Penrose,1959;Wernerfelt,1984;周和荣,王辉,张金隆,2007;杨荣,张岳恒,2008),每个企业都可能以其独特的资源禀赋形成持续的竞争优势,有效建构、掌控和善于利用独特的资源是企业获得超额收益的基本保障。

从狭义上来理解企业的资源,一般将资源等同于企业的资产,但不包括企业运营这些资产的能力,或者将资产与能力看作是并列的两个概念。基于这一观点可以将企业资源概括为与人有关的资产、与财有关的资产、与物有关的资产、与关系有关的资产、与组织和知识有关的资产等五类。从广义上来理解企业资源,则将企业的资源看作是企业所拥有的、可控制的资产与企业运作这些资产的能力的复合体。资源是由企业所拥有的有形资产和无形资产构成的(Collis,Montgomery,1997;Hall R,1993;Hitt,Ireland,Hoskisson,1995;Libert,Samek,Boulton,2000)。有形资产是指那些能够看得到、摸得着的资产,包括那些企业专有或实际控制的实体资产,如地理位置、自然环境、土地、设施设备、房产、财务资产(如流动资金、银行存款、现金、应收账款、各类投资、债权)等有形的传统资产,它们在企业的财务报表上一般都能够得到精准的反映。无形资产形成于企业长期的经营管理活动中,通常包含两方面内容。一是由组织资产、社会资产构成的结构性资产。组织资产包括企业所拥有的品牌、商标、标识、知识产权,以及发展战略、实施计划、组织架构、管理制度、知识经验等。社会资产包括企业的商誉、顾客的忠诚度、营销、物流与售后服务网络、代理或经销商,以及企业的员工、供应商、合作伙伴等关系性资产。二是由企业建构、获取、配置资源的能力所决定的能力性资产,它是企业的资本、员工与投入产出过程的有机结合。能力性资产包括两个方面的内容:个体能力资产和组织能力资产。个体能力资产主要指企业成员个人所拥有的智力、经验以及员工与管理者的阅历和分析判断能力、专业技术能力、管理能力、企业成员之间以及企业成员与外部环境之间的非正式关系的维护能力等。组织能力资产主要包括企业的信息获取能力、运营掌控能力、技术创新能力以及组织文化与管理哲学的影响和塑造能力、企业内部的正式报告结构、各种正式与非正式的规划与调控系统等,它是一种内生的、难以模仿的、稳定的、持续改善企业绩效的能力。简而言之,企业的资源是能够投入于产品生产以及服务生产过程中的各种要素及其整合要素的能力的集合。投入生产与服务生产过程中的要素是资产,对各种投入要素进行整合的能力是组织能力。有形资产和无形资产都是企业创造价值的基础,但是无形资产特别是能力性资产却是最难以被模仿的资源,也是常常被忽略的能够为企业创造持续价值的主要因素。

　　具体到独立的企业来说,虽然掌控和拥有一定量的诸如自然资源、物质资源和人力资源等传统范畴中的资源,对于维持和提升企业在市场环境中的相对竞争优势固然重要,但是在市场的资源配置机制能够发挥作用的前提下,这种相对的优势在一段时间内就有可能被取代。企业如果要获取持续的竞争优势,就必须要在传统资源以外发掘、培育和提升自身独有的、难以被外部模仿和学习的、具有相对稳定性的新资源、新能力。如前所述的,在组织能力资产中,嵌入在组织结构、制度体系、社会网络以及员工观念、企业形象中的文化价值观体系以及知识等呈边际收益递增趋势的新资源,这类资源在管理活动中的有意识投入和利用,对于形成和保持企业核心能力,提高企业资源的配置和使用效能具有强大的推动作用,而且对于同类市场活动的竞争者来说,获得这类资源需要满足较为特殊的限制条件,因此对其他竞争者来说,它还具备不完全可模仿性和不完全可替代性等特征。组织文化是企业所拥有的重要的无形资产,从创造价值的角度来看,静态的文化价值观体系在管理动态过程中转化为文化资本,从而能有效提升企业管理效能,促进企业价值提升,成为构成企业特异性的持续竞争优势的新的重要资源。

4.2　组织文化资本的知识属性

　　在当今这个充满变革与挑战的知识经济时代大背景下,学界普遍将知识看作是具有战略意义的、异质性的并难以通过市场交换而获得的资产。研究者从各自不同的角度对知识进行了分类,目前,比较具有代表性的且被广为接受的是 Ikujiro Nonaka、Polanyi 和世界经济合作与发展组织(OECD)对知识进行的分类(表 4-1)。

表 4-1　　　　　　　　　　　知识的不同分类

分类方法	类别及其说明
按应用分类	世界经济合作与发展组织(OECD,1996)在《知识经济》中,将知识分为 4 种类型:Know-what(知道是什么的事实知识)、Know-how(知道怎么做的技能知识)、Know-why(知道为什么的原理知识)、Know-who(知道谁有知识的人际知识)。查尔斯·萨维奇增加了两种知识的分类:Know-where(空间感,即做事的最佳场合)、Know-when(适时把握时机、节奏感),这对 OECD 的分类进行了有力的补充

分类方法	类别及其说明
按表现形式分类	Polanyi、Ikujiro Nonaka 的分类：隐性知识、显性知识
按共享程序分类	个人知识、组织共享知识、组织受控知识、社会公共知识
按重要性分类	发展中知识、核心知识、基本知识和过期知识
按供需分类	员工知识、流程知识、企业记忆、客户知识、产品和服务知识、关系知识、知识资产、外部知识

4.2.1 组织文化资本的知识构成

柏拉图将知识定义为"经过证实的正确的认识"。Sveiby(1997)认为知识是行动的能力。野中郁次郎认为知识是企业获得持续竞争优势的源泉，他把企业理解为能够有效创造知识的组织形式，并强调通过持续的知识创造来获得竞争优势。Spender(1996)则更侧重于分析知识应用对企业的重要作用，他强调企业要通过知识应用来创造竞争优势。Daventpont 和 Prusak 认为知识是一种有组织的经验、价值观、相关信息及洞察力的动态组合，它所构成的框架可以不断地评价和吸收新的经验和信息(冯之俊，1998)。本书采用此定义。

按照知识的存在和表现形式进行分类可能更有利于直观地对知识进行分析和理解。Polanyi(1958,1966)最早提出了隐性知识与显性知识的概念。从字面意思理解，所谓隐性知识就是看不见、摸不着的知识，也就是俗话说的只能意会不可言传或共享的知识。人类绝大部分的知识都是隐性存在的，其本质就是一种对事物的理解能力、感悟或是经验，一种融会贯通、自由驾驭的能力。举例来说，一个部门同时招进两个背景和资质相当的员工，并让他们接受同样的培训，从事相同的工作，但一段时间以后往往会发现其工作绩效存在一定差异。这种差异出现的原因在于员工对知识的认知层面上的不同。众所周知，精神与心理方面的无形能力是一种高度主观化、个人化的能力，它无时无刻不对人们的思维和行为产生着主导性的作用，直接影响了人们对显性的文字、符号、图标等信息背后所隐含的逻辑关系或是特殊含义的理解。这种隐含的信息经过高度个人化的编码就成为具有主观特征的隐性知识。它是一种来源于长期经验积累并具有自身特殊含义的知识，主要包括信仰、直觉、思维模式以及各种诀窍等。这些知识几乎不可能用文字、数据、公式或语言完整地表达出来，因此也难以采用规范的、都能被理解和接受的方式共享，即人们常说的"看事容易做事难"。显性知识则指那些可用程式化的、规范的系统语言或符号来表述,并可以用各种数据、公式等形式共享的知识,通常比较易于加工、存储和传播。由此,组织文化的三个层次可以分为显性知识和隐性知识两种类型。组织文化核心层,即组织的基本假设体系,它存在于人的潜意识之中,无法看到,只能通过企业的信念、思想、知觉和感受等方面表现出来,是企业价值观和行为模式的根源,也是一种默示性知识。组织文化的价值规范层是隐性知识与显性知识的结合体。其一,组织的规章制度、行为规范等方面可以通过各种载体以清晰的符号方式表达出来,这是一种显性知识。其二,组织成员的价值观念则以隐性知识的形式存在,成为组织内部成员共同遵守的不成文的道德标准、行为规范以及对问题进行判断的标准。组织文化的最外层是显性的知识。在这一层中,各种设施、设备、产品包装等方面的知识均可以通过直接观察而获得,属于显性知识。

从理论上来说,文化是可以被组织成员分享的、共同学习的产物。可以这样来理解文化作为知识的几个特点:文化是可以被分享(共享)的,这种共享是在特定的组织内部发生的,每一个组织成员都有均等的享有获得它的权利,也不排除社会(团队)其他成员获得某种文化。文化是共同学习的产物,而学习的产物就是知识和能力。因此,文化本身就是一种知识和能力的结合。文化来源于群体互动的过程之中。广义地说,知识是人类在不断适应自然、改造社会并改造自身的实践过程中所获得的经验、技能、价值观念以及其他各种认识的总和,也是人类自身思维和行为的结果。它能够意会、言传、存储、扩散、更新,是一种特殊的价值存在形式。人类社会处于不断发展的进程之中,外部环境也在不断发生着变化,在这个持续变化的过程中,人们认识问题、分析问题和解决问题的思维方式、逻辑体系和行为方式都在不断发生着变化,这种变化的结果会导致某一群体的基本假设的变化,最终引起群体价值观和行为规范的变化。也就是说,群体的文化价值体系也处于不断的更新和发展之中。

根据知识的定义,可以简要地对知识的特征进行描述。首先,感悟、经验、诀窍、价值观抑或是洞察力都很难与其持有者截然分开,也就是说知识在很大程度上与其所有者难以分离,特别是对隐性知识来说,它具有强烈的对主体的依附性。当然,在生产和生活过程中每天都会产生大量的新知识,这些新知识的产生很大一部分来源于人们对既有知识的学习、积累、更新和创造。同时,知识是一个开放的系统,新知识的汇入和既有知识的更新过程在这个系统中可以并存。在这个过程中,并不妨碍和排斥其他人学习和利用既有的知识。知识产生于生产和生活实践,知识的创新源于知识的累积和共享。组织中对某种意义理解的知识通常集中于组织的核心价值观、组织理念、行为规范、英雄模范以及各种仪式之中,能够通过各种知识载体和符号来进行传递。

知识经济时代,人们对知识的依赖程度越来越高,获得有用的知识对人们来说比以往的任何一个时代都要重要。举例而言,互联网时代的大数据、云存储、数据挖掘等技术为人们的管理决策节约了大量的人、财、物力,而其效率和准确性更高。因此,知识对组织所拥有的其他形式的资源具有很强的替代性。另外,要实现知识的传播和共享,单纯依靠面对面的教学或交流效率会很低,需要通过一定形态的载体和学习方式才能确保这种无形的资源得到有效的存储和交换。组织中的知识可以通过组织成员的互动来实现共享和创新,这些知识将被存储于组织的实践过程之中,成为组织的群体意识。在组织成员之间传递和积累组织所形成的独特的整体知识,将对组织产生恒久的独特价值。

从组织层面来说,组织的文化资本实际上可以看作是由精神意识方面的知识、有关行为方式的知识以及如何实施行为的知识等方面的知识构成的多层次、多元素的复杂知识集合。基于萨伊的组织文化三层次结构,富立友博士(2004)建构了一个组织文化的知识构成模型,如图 4-1 所示。

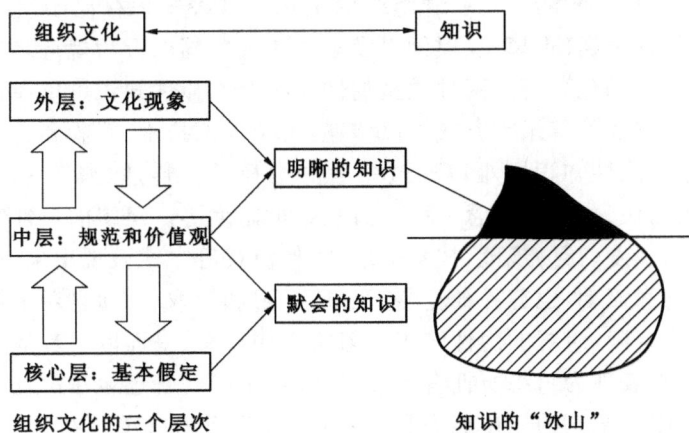

图 4-1　组织文化的知识构成(富立友,2004)

精神意识方面的知识,从其作用对象来说主要是在精神层面发挥其功能,它包括组织的价值观念、愿景、目标和使命、经营理念、领导与决策方式以及整体的思维模式等方面的内容,体现了组织成员业已形成的、具有相对稳定性的价值判断方式与逻辑、态度与心理倾向等理念。有关行为方式的知识以及如何实施行为的知识的作用对象主要集中于有形的层面,但二者之间也存在差异。有关行为方式的知识代表了一种人与物之间的关系,主要作用于静态的物质层面,一般包括有关产品生产与制造方面的知识、有关产品质量和技术的知识、有关生产经营管理方面的知识等。而有关如何行为的知识则主要是有关人与人之间相互关系的知识，是一种具有动态性的知识，主要包括有关组织制度与规范方面的知识、有关管理风格与管理流程的知识以及日常工作流程的知识等。它涵盖了组织内部与外部的各种行为关系，并在个体与个体之间、个体与群体之间、群体与群体之间、群体与外部环境之间建立起了互动性的网络关系，将各个成员黏合在一起。从本质上说，组织文化资本就是由关于组织成员如何思维、如何行为的知识以及如何运用这些知识的知识所构成的高度抽象化和结构化的知识和能力体系，它具有知识的一般特征。

基于知识的表现形式，组织内部的知识可以用个人知识和组织知识两大类来加以概括。个人知识通常存在于组织内部成员的头脑之中，一般表现为个人的技能、诀窍、价值观体系等方面。它是组织成员个人拥有的知识，会随着组织成员的流动而发生转移。运用这种知识，组织成员可以解决其生产与生活中遇到的各种任务或问题。组织知识一般分布于组织成员之中，为全体成员所共享，并依附于组织成员而存在，代表着组织的记忆。这种知识存储于组织的各种规则、工作流程、程序、管理模式、惯例以及全体成员共同的行为规范之中。个人知识或是组织知识都包含着这两种类型的知识。个人显性知识可以通过个人的言谈、举止、各种书面的记录等方式加以传递，与个人的技术、经验和为人处世的方法有关；而个人隐性知识则难以通过一般的途径进行传递，属于一种默会性知识，诸如个人的诀窍、价值观念、道德意识、处世态度等。组织的显性知识则一般通过各种规章制度、行为规范、技术标准、工作流程等方式表现出来，这种显性的知识易于编码和流动，也容易被竞争对手所学习和获取，因而它对于构建核心竞争能力的作用有限；组织的隐性知识一般难以用口头、书面以及其他载体来存储和表达，它通常表现为组织所拥有的技术技能、生产和管理运作过程中的经验诀窍、组织内部团队之间的协作能力和方式，以及为组织成员所共有的心智模式、价值观体系和愿景。组织的隐性知识是组织拥有的异质性知识，它难以编码或无法进行编码，因而其交流和转化的能力和速度相对较低，而转化的成本却很高，因此它不易为竞争对手所获取，成为核心竞争力的重要来源。

4.2.2 组织文化资本的知识内涵

自然知识来源于人类改造自然和自身的活动过程之中，它是一种对自然和人类自身的认知以及对自然和人类自身进行改造的经验的集合。人是社会性的个体，社会性是人的主要特征。在改造自然和人类自身的过程中，人们总是通过各种社会关系(包括血缘、亲缘、地缘等关系)联系在一起,分工协作。在人际交往和分工协作的过程中,人们逐渐积累起关于人际互动的规律、准则、逻辑等方面的社会知识。在社会知识和自然知识有机结合的基础上,人类社会逐渐形成了为全体成员所共同接受并遵守的、适应自然环境的各种不同的风俗习惯和规范自身行为的制度规范。随着人类社会的发展,这些知识也在不断地丰富完善,并从一代人传递给下一代人。最终,这些知识被高度抽象化和结构化,成为群体共有的精神、意识和一种行为和思维习惯,并转化为群体的价值观念、思维方式与行为模式。因此,文化就是关于改造自然和人类自身的各种经验性知识和如何与社会成员友好交往、分工合作的逻辑性知识在群体内部的高度抽象化和结构化的概括,它是人类所掌握的关于自然和人际互动关系的规律方面的知识、解释自然现象的知识和阐释人际交往的社会知识的体系或集合。

从系统论的观点来看,组织文化系统是社会文化系统的子系统,因而它具有社会文化系统的一般特征,包括为组织成员所共有的价值理念、思维方式与行为模式在内的高度抽象化和结构化的知识体系,这种知识体系被组织的全体成员所共享,并能够通过教育、培训、人际交往等途径传递给新的成员。因此,组织文化是关于组织成员以共同认可的方式分享各自的经验,并依据一致的规范采取行动的知识,是组织成员所共同拥有的知识。从本质上说,这种知识是组织成员对组织的情境以及行为方式的正确理解,组织成员对他们自身所感知到的工作经历所赋予的意义决定了他们的行为。依据知识的属性和传递的难易程度,OECD对知识进行了划分(表4-2)。

表4-2   **OECD对知识的分类**

显性知识	隐性知识
Know-what(知道是什么的事实知识):可以观察、感知或以数据呈现的知识,如统计、调查等。对企业来说就是那些关于企业事实的知识,如企业的员工数量和主要产品等知识。是一种记忆性知识	Know-how(知道怎么做的技能知识):有关技术或者怎么做事的技术。如研发人员解决问题的技术和经验以及工程师维修设备的技术和经验。它是一种实践性的知识,需要在长期的实践中摸索、体会和总结才能获得
Know-why(知道为什么的原理知识):包括自然原理或法则的科学知识,对于企业而言就是研发、生产、销售等方面的方法和规律,比如为什么选择某种材料或开发某种产品,是一种理解性的知识	Know-who(知道谁有知识的人际知识):有了这种知识,员工在工作中出现问题时就能很快知道应该请教谁,是一种能力性的知识,也就是运用别人的知识来解决自己的问题

知道是什么(Know-what)、知道为什么(Know-why)两种类型的知识是指通过图书、报刊、电子媒体以及数据存储设备等为载体,并能够以语言、文字、数字、图表等加以记录和清楚地表达的知识,这类知识易于编码和存储,便于传播和共享,属于显性知识。知道为什么(Know-how)、知道谁知道(Know-who)两种类型的知识由于包含了诀窍、能力、感悟,要靠实践和体会来获得,是一种不易用语言表达、难以编码和传播的高度个性化且内隐于个体或组织中的经验类知识,通常表现为思维模式、心智模式、信仰价值体系、习惯和直觉,以及某些难以表达的经验、技艺、专长及团队默契和组织文化等,属于隐性知识。显性知识和隐性知识就像海上的冰山,看得见的部分只是一小部分,而看不见的部分却大得惊人。

美国经济学家 J K Galbrainth(1969)是最早提出知识资本概念的学者,他将知识资本看作是一种知识性的活动和动态的资本,而不是固定的资本形式。企业员工所拥有的知识和技能、顾客对企业的忠诚以及企业的文化、制度规范和运作流程中所包含的集体性知识都是知识资本的集中体现。知识资本基本上涵盖了所有可以被视为资产的非物质资本。知识资本能够通过各种途径而获得、重新整合并可以转化为其他形式加以开发和利用。Edvinsson(1997)与 J K Galbrainth 的观点趋同,他将知识资本看作是存在于知识企业中由企业的物质资本和非物质资本组合而成的资本形式,员工的知识、技术和能力、顾客对企业的忠诚以及企业的文化、制度规范和经营惯例运作流程中所包含的集体知识,都是知识资本的外在表现。众多学者们从知识的有效性出发并将指代知识的有效性归类为知识资本的基本观点表明了一种趋势,那就是对资本特征理解的现实化,即将所有能够投入生产过程的要素都看作是资本的趋势,也表明了知识在其基本内涵和运作方式上与其他形式的资本(如物质资本等)具有极大的相似性。很多学者都对知识资本进行了界定,并对其特征进行了描述,如表 4-3所示。

表 4-3　不同学者对知识资本的界定(Alison Dean, Martin Kertschmer, 2007)

研究者	定义	特征
Edvinsson, Malone (1997)	公司的市场价值与其金融资产(公司股权的账面价值)的差额; 结合两个部分:人力资本(培训的价值)和结构性资本(知识产权、业务流程、产品观念与顾客忠诚)	在信息技术、业务发展和人力资源上能够有效地衔接

续表

研究者	定义	特征
Stewart (1997)	集体脑力；可规范化；能够获取和均衡人力资本；人的知识和技能 结构资本：专利、程序、数据库和网络等 客户资本：与客户和供应商之间的关系	将原料转换，使之更有价值； 失重：运送实物资产的成本和支出被消除； 不竭：利用没有限制的知识资本的能力
Nahapiet，Ghoshal (1998)	社会集合体的知识和认知能力； 四个要素：个人显性知识、个人隐性知识、社会显性知识、社会隐性知识	在组织水平的界定；社会和前后相关的嵌入知识大于公司内的单独个体所拥有的知识；与创造和保持较昂贵的社会资本密切相关
Ulrich (1998)	员工的承诺和能力（知识、技能，或适用于该组织宗旨和目标的能力）	企业唯一可评估财富
Granstrand (1990)	无形资源； 知识产权：专利、数据库、技巧、执照、商业秘密、商标、设计、软件、著作权、特许权； 内容/外部关系的善意与权力"关联的"（信任、激励）和"组织的"（能力）资本； 人的能力：管理的、技术的、商业的、金融的、法律的	研发密集：作为一种生产的方式占支配地位； 所有权利是集中的：唯有智力资本可以被获取、联合、转化和开发的时候，智力资本的资本化价值才被确定
Dzinkowski (2000)	智力资产；知识资产；公司拥有的以知识为基础的总股本； 三个组成部分：人力资本（包括知识、技能、创新能力），组织的（结构）资本（知识产权及基础资产），客户（关系）资本	固定的（如专利）或弹性的（如人的能力）；价值创造过程的投入与产出；知识转化的最终产品；人力资本-组织资本-客户资本
Teece (2000)	无形资产：知识、能力、知识产权、品牌、信誉和客户关系	公用性：一方的使用不妨碍另一方的使用； 折旧：没有耗尽，但通常会迅速贬值； 转让费用：难以标准化（随隐性部分而增加）； 产权：有限的（专利、商业秘密、版权和商标等）且模糊的； 实施相对困难

　　理论界从不同角度对知识资本的内涵与外延进行了辨析，虽然在看法上各有差异，但是总的来说，对知识资本的内涵具有以下几点比较趋同的认识：①　知

63

识资本对传统的资本概念的范畴进行了有效的扩展,特别是将对资本的认识由传统的物质资本拓展到了非物质资本的领域;② 知识资本包括各种经验、技能、诀窍、创意以及创新等内容,对组织的知识尤为关注;③ 知识资本非常强调那些与组织结构和流程相关的能力,特别是对人力资本的能力更为关注;④ 知识资本成为了联结企业竞争优势、企业价值与企业无形资源之间的关键纽带。

　　同时,基于对企业知识资本构成的有关研究,很多研究者认为组织文化资本是存在于企业知识资本结构中的一种重要的结构资本(表 4-4)。

表 4-4　　　　　　　　**知识资本的构成与组织文化资本的归属**

研究者	知识资本与结构资本的构成	说明
Edvinsson, Sullivan (1996)	知识资本＝人力资本＋结构资本;结构资本＝顾客资本＋组织资本(创新资本＋流程资本)	人力资本(未编码的知识);结构资本(已编码的知识资产和经营性资产);依据结构资本存在于组织内部或外部,将结构资本区分为顾客资本及组织资本,再将组织资本细分为创新资本及流程资本
K E Svbiey (1997)	知识资本＝雇员能力＋内部结构＋外部结构(E-I-E 结构);内部结构＝专利＋式样＋计算机＋行政体制;外部结构＝品牌＋声誉＋与顾客和供应商的关系	内部结构为雇员知识和技能在组织内的传递提供支持;外部结构则保证企业知识资本的最大化
Roos(1997)	知识资本＝人力资本＋结构资本;结构资本＝关系资本(与外界互动)＋组织资本(提供内部动作效率)＋创新及发展资本(与未来密切相关)	结构资本应细分为与外界关系、组织、更新与发展;外界关系包括与客户群、上下游顾客群、上下游供应商、其他投资人、股东、联盟企业的关系,其成功的关键在于依赖长期信息与商品的流量;组织代表企业的市场价值,包括基础设施(结构配置、专利、商标、品牌等)、生产程序(能让整个组织结合在一起动作)、企业文化(能够描绘出整个企业形象的事务,包括仪式、象征、标识、规范,是长期互动与演化的结果,能够为了组织成员提供行为遵循的依据)

研究者	知识资本与结构资本的构成	说明
Edvinsson, Malone (1997)	知识资本＝人力资本＋结构资本；结构资本＝流程资本＋组织资本	流程资本是工作程序、特殊方法，以及扩大并加强制造或服务效率的员工计划，为一种连续性价值创造的实用知识； 组织资本是公司针对系统工具，以增加知识在组织内流动的速度和知识供给与传播渠道的投资。其中，创新资本则是指革新能力和保护商业权利、智慧财产，以及其他用来开发并加速新产品或新服务上市的无形资产和才能
Edvinsson, Sullivan (1996)	知识资本＝人力资本＋结构资本；结构资本＝不依附于企业人力资本而存在的所有有形的因素＋无形的因素	无形知识资本包括信息技术、用户数据库、经营流程、战略计划、企业文化和价值观等； 有形的部分则包括财务资产、设施和企业资产表中有价位的所有项目
Stewart (1997)	知识资本＝人力资本＋结构资本＋顾客资本（H-S-C结构）；结构资本＝组织结构＋制度规范＋组织文化等	人力资本指企业员工所具有的各种技能与知识，它们是企业知识资本的重要基础，以员工态度、离职率和新产品产值率来衡量； 结构资本指企业的组织结构、制度规范、组织文化等，以数据库和置换成本、销售率、管理费用以及营运资本周转率来衡量； 顾客资本指市场营销渠道、顾客忠诚度、企业信誉等经营性资产，以用户满意度、品牌、留住用户的比率来衡量
Hubert (1996)	知识资本＝人力资本＋结构资本；结构资本＝系统＋结构＋策略＋文化	系统是指组织的流程与输出处理； 结构是职责与任务的安排，或是组织成员间的职位与关系； 策略是组织的目标与如何达成目标的方法； 文化是指组织中个人的见解、分享、价值观与规范； 这四个组成部分彼此关系密切，需要相互协作才能发挥功效

研究者	知识资本与结构资本的构成	说明
Annie Brooking (1998)	知识资本＝市场资产＋知识产权资产＋人才资产＋基础结构资产	市场资产是公司所拥有的、与市场相关的无形资产潜力,其中包括各种品牌、客户、社会关系和客户的信赖、长期客户、备用存货、销售渠道、专利专营合同协议等; 知识产权资产包括技能、商业秘密、版权、专利和各种设计专有权,以及贸易和服务的商标; 人才资产是指群体技能、创造力、解决问题的能力、领导能力、企业管理技能等体现在公司雇员身上的才能,以及在特定情况下(如集体中或在压力下)个人会如何表现的心理测试数据; 基础结构资产是使企业得以运行的那些技术、工作方式和程序,这其中包括企业文化、评估风险的方式、管理销售队伍的方法、财政结构、市场或客户数据库等

综上所述,虽然每种分类方法中各种要素的组合方式可能有所不同,但是可以将企业的知识资本概括为三大部分。一是企业的人力资本。企业的人力资本主要包括企业成员的教育水平,生产技术,个人能力,经验诀窍,与职业有关的各种资格,与工作有关的各种知识、心理素质,对工作的满意度、工作热情与努力程度、创新意识、应变与反应能力以及可塑性等方面。二是企业的关系资本。企业的关系资本包括企业成员之间的关系、企业成员与工作团队之间的关系、企业成员与企业之间的关系、企业成员与外部环境之间的关系、企业与外部环境之间的关系等方面,具体表现为企业成员对企业的忠诚度,企业的客户对企业的忠诚度,企业的品牌、名称,企业与外部的各种合作关系、合同协议、物流及分销渠道,企业与供应商之间的关系等。三是企业的结构资本。企业的结构资本可以包括企业的智力资本和基础性结构资本两类。企业的智力资本主要包括企业的各种技术专利、版权、商标与服务标识、商业秘密、产品外观与设计等;企业的基础性结构资本则包括企业的价值观体系、经营理念、企业愿景、管理哲学、管理流程、行为模式、制度规范、信息网络、沟通渠道等。由此可见,在大多数学者的分类中,企业的价值观体系、经营理念、企业愿景等文化要素都被归纳为企业的结构资本范畴。

4.3 组织文化资本的特征

4.3.1 组织文化资本的知识特征

文化是知识,但是又区别于一般的知识,因为它不但为人类改造自然、改造社会提供了方法和武器,它也在潜移默化地改造着人类自身。从知识的特征上来理解组织文化资本。本书认为,组织文化资本是企业特有的一种以隐性知识为主体的知识体系。可以将其特征归纳为三个方面:传播扩散性、动态变化性和路径依赖性。

人类创造的文化不断延续发展,世界文化的不断融合本身就表明了作为知识的文化具有传播与扩散的特征。文化产生于人际间、群体间的互动与学习,因而具有典型的社会性。同时,人际间的交流与互动网络也为文化的传播与扩散提供了渠道和对象。组织文化资本的整合、同化与激励功能的发挥又需要在不同主体之间实现隐性知识的交流和传播。Nonaka(1995)在其 SECI 模型中就曾经指出隐性知识通过社会化与外化过程实现交流与传播。文化通过传播实现知识的共享,由此才能使文化在更大的范围内被组织成员认识和接受,"他们会受到这种信息的影响,或对这些信息加以使用,或是对这些知识提出质疑、加以修正,或是提出自己的新的观点和认识,从而使得知识的价值在这个过程中得到不断提升"(Slater,Narver,1995)。

组织文化资本是组织所拥有的一种被结构化和抽象化的、以特有隐性知识为核心的知识体系,自组织创立开始这种知识就开始存在并发挥作用。组织文化资本的演化从根本上来说是核心价值观的形成和演化的过程,也是关于组织与社会、组织与员工、组织与自然界之间关系与行为方式的基本看法和取向的知识的高度结构化和抽象化的过程。作为知识和能力的组织文化资本并非一种静态的存在物,而是具有生成性的动态知识交流网络,它包含着企业思维和行为方式的生成机制与解决问题的基本取向。组织文化资本具有自发的扩展机制和内在的成长逻辑,它并非是一成不变的。随着对自然、社会和人际规律的深入认识和学习,组织内新的文化不断形成,它可能是淘汰、更新旧的文化,也可能是对旧文化的补充和延展。组织文化资本的动态变化过程必然是由于知识的大量更新而造成的,没有知识的不断创新,就没有文化资本的演化与更新。

组织文化资本与组织特有的历史和发展路径紧密相连。从知识的角度来理解组织文化资本,发现组织所拥有的文化资本的更新与拓展总是以现有的知识为基础的,它不可能超越组织发展特定的历史阶段与文化能力而独立发展,也离不开组织成员在现实环境下不断的学习与实践。演化经济学的基本理论认为,组织的知识以及使用知识的逻辑与规则具有路径依赖性,因而作为组织独有的理念性知识、操作性知识和协调性知识的组织文化同样具有这一特征。著名演化经济学家 Hodgson 认为从以下三个方面可以体现出知识的路径依赖性:一是核心技术;二是惯例集合;三是知识基础。知识基础是一种与企业当前的核心技术和主要用户紧密相连的知识,由"共享的心智模式和基本设计概念组成"。企业的知识基础是企业拥有的一种核心资产,它能够帮助企业有效地应对外部环境的根本性变革,促使企业成员通过不断学习,逐渐形成个人的观念、习惯以及行为方式和能力,并有意愿将其自身所拥有的各种知识在企业内部共享、传播,由此形成企业全体成员所共有的知识、信息、习惯与行为模式。惯例的集合则是维持企业正常运营的一系列行为方式,它是由高度抽象化的知识长期作用而产生的一种无意识的行为选择路径的集合。知识基础为企业内各种知识的选择与使用提供了规则,与惯例集合和核心技术间相互依赖、相互影响,它们集中反映了知识变革与发展的路径依赖性。组织文化资本是企业内部知识的高度抽象化的升华,因为具有历史性和原发性,它对新的文化和新的知识具有很强的排斥性,即使是在文化资本的同化与整合吸收的过程之中,也具有强大的选择、过滤和屏蔽功能,表现出了明显的路径依赖性。

4.3.2 组织文化资本的能力特征

企业是市场经济中最具活力和生命力的核心组织,也是最基本的活动单位。企业生存与发展的前提是必须处理好与其利益相关者之间的关系,平衡兼顾股东、员工、顾客和社会的利益。在这个意义上,企业所具有的功能已经超越了单纯的经济功能,它作为一个服务于人的目标、具有特定结构的组织,明显具有复杂社会人文系统的特点。帕特南认为文化是存在于对社会群体的产出能力有影响的人们之间的一系列"横向联系",它包括公民约束网络和各种社会准则。科尔曼则认为文化资本包括那些对人类行为产生指挥作用的整体准则与社会结构。而在一般的意义上,文化则包括那些使得各种行为准则得以发展,并对社会结构起着决定作用的社会与政治环境。组织文化资本是员工、企业、外部利益相关者之间达成的一种共识,它在一定程度上是产生凝聚力、认知力和共同意志的社会纽带。它也是企业各种关系网络的集合,是界定成员行为准则、身份、明确企业和评价行为的标准。动态地看,企业作为一个由众多成员构成的、具有特定文化价值体系的、拥有独立思维和行为能力的"人",它就是一个文化资本的集合。组织文化资本在企业内外部环境中发挥着独特的功能,彰显着企业的身份、地位和权力。

Penrose(1959)曾经将能力界定为社会中的某个主体(包括组织和个人)对周围的客观世界所发挥出的作用力。这种作用力可以理解为个人或组织所具有的能够将资源改变形式,或是将资源转化为社会财富的作用力。能力在很大程度上与服务的过程有关,它总是以一种流量的形式在活动之中得到体现;企业能够拥有更好的资源可能并不意味着它能够获得更好的收益,而在于企业是否具有更好地利用这些资源的异质性能力。Mahoney 和 Pandian(1992)则认为企业将潜在资源转为活动就是能力。Grant(1996)将能力界定为用以完成一定的任务或活动的一组资源所具有的能量。他又指出,不能将企业的能力简单地看作是某种禀赋或是信息,能力代表了各种组织内部资源之间的相互作用,具有十分明显的惯性和企业专有性。同时,能力又是学习的结果,它总是在解决现实问题的过程中发生着改变。能力并非单纯的资源集合,而是形成企业内部的人与人之间、人与各种资源之间的相互协调与影响的复杂模式。

作为一种无形精神资本的存在形态,组织文化资本是企业在长期经营管理活动中通过投入各种资源而形成的,凝结于企业本体的、高度结构化和抽象化的经验性知识和逻辑性知识体系。这种知识绝大部分是隐性知识,难以被模仿,并具有价值性特征,它是能够投资于经济活动中,为企业创造利润的异质性资源要素。Langlois(1995)用竞争性与非竞争性来概括企业的资源或要素。竞争性要素是指那些在生产中可以从其他企业和外部市场获得的生产要素,也是为企业之间所共有的一种能力。非竞争性要素则是指企业在生产中所获得的且不能通过市场获得的资源或要素,它主要指企业的核心知识和能力,是企业竞争优势和差异化的根源。企业之间及其内部组织专业化生产活动的核心优势来源于企业内部长期知识和能力的积累。组织文化资本产生于企业的经营管理活动之中,具有积累性、对企业主体的依附性、价值性等特征,镶嵌在企业的各种社会结构(包括内部和外部)之中,成为联结企业成员、企业与外部环境之间的纽带和构建现代企业的文化基础,成为区别于其他企业特有的资源和能力的集合体。它长期潜移默化地对企业成员的精神意识产生着影响,形成积极的导向和促进作用,不断驱使企业成员完成或实施企业所期望的行为。它是重要的精神驱动力量,也是企业所拥有的最难以被模仿的非竞争性要素。

4.3.3 组织文化资本的共性特征

作为一种资本的表现与存在形式,组织文化资本具有资本的一般属性。这种一般属性主要表现在以下几个方面。

资本的生产性在于它可以直接作为一种生产要素投入到生产领域来实现价值的增值,组织文化资本也可以作为一种生产要素进入生产活动之中,给企业创造收益。但作为生产要素的组织文化资本必须通过此前的生产或投资活动产出,要经过长期的积累。

资本是能够增值的价值。组织文化资本作为一种显在的或潜在的资源集中,能够给企业带来超额的价值。通常来说,企业生产出的产品或提供的服务就具有经济价值,这种经济价值一方面来自于它们能够满足顾客最基本的功能需求(即一种物质性的需求),而另一方面则来自于它们对顾客心理需求上的满足。因而产品或服务的物质性价值并不能代表它们全部的经济价值,商品本身所承载的文化价值往往会赋予其更多的经济价值。举例来说,在竞争性的市场环境中,企业所提供的产品或服务在基本的物质性功能上通常比较相似或相同,但是,由于某种商品具备特殊的品牌、外观等文化价值内涵,顾客通常愿意在获得一般性物质功能所需要的价格之上支付更多的溢价来获取此种商品。

资本是能够在运动中实现增值的价值,运动性是资本的一项重要特征。企业的文化资本不单是一种生产的投入要素,也是一种产出的价值,这种无形的价值与有形的产品合二为一,也就是说企业的产品是被赋予了文化资本的产品。因此,市场中的商品流通带动了组织文化资本的流动,它们会在流动的最后阶段被消费掉,但是这种消费的结果往往意味着新的商品和服务以及新的文化资本需求的产生。并且,无形的组织文化资本本身就是一种与特定的集体(如企业成员)的价值观念、信仰、思维与行为模式等相吻合的价值体系,不同个体对特定组织文化资本价值的追逐往往也会带来商品或服务的流动,同时带来新的产品或服务。

相对于消费者多样化的需求来说,资源总是有限的。组织文化资本作为一种能够创造预期价值的资源,同样具有这一特性。随着社会文化的不断变迁,人们对商品和服务所蕴含的文化价值的需求也在不断变化,反映出一种从低层次需要向高层次需要不断演化的规律。组织文化资本的形成需要企业的资源投入,受到成本的约束,因而相对于这种不断变化的需求来说,它总是稀缺的。

4.3.4　组织文化资本的个性特征

组织文化资本的形成、积累和转化需要企业投入时间、精力以及其他各种资源和劳动,是企业不可分割的组成部分。正如布尔迪厄所说"文化资本的积累不能超越个别行动者及其表现能力,它随其拥有者(生物的能力、记忆等)一起衰落、消亡,因为它与个人及一切生物特性有着无数种方式的联系""在物质的媒体中被客观化的文化资本,在其物质性方面是可以传递的,但是,可以传递的,只是合法的所有权,而不是组织文化资本本身的创造力"。组织文化资本所具有的这种个体依附性也可以理解为一种排他性或者专有性,即组织文化资本一定表现为某个企业主体劳动的积累,在所有权上是具有排他性的。在现实中,具体的组织文化资本与其负载者在生命周期上同样具有局限性,因此,必须将组织文化资本从精神形式转化为其他资本形式来加以确认才能保证其延续性。但是从根本上说,企业的核心价值体系永远是个性化的资本。

组织文化资本是有形资本与无形资本的组合。从现象学的角度来说,"文化资本是一种经济现象"(戴维·思罗斯比,2004),组织文化资本的客观存在性可以理解为文化是组织的实践活动,即生产劳动的过程及其结果。组织文化活动是一种企业精神生产,精神生产过程是客观存在的社会活动。从这个意义上说,组织文化资本存在于被赋予了文化意义的商品或服务之中,它是客观存在的;从虚拟性的角度来说,企业的价值观体系是无形的。组织文化资本是在对企业劳动(包括企业的各种精神和智力活动)的高度抽象化概括的基础上界定的,它是一种存在于各种实体(包括企业的利益相关者、产品、服务和企业结构)中的无形的资本。组织文化资本具有一定的物质化表征与现实的载体,有形的产品或服务所具有的经济价值源于其物质性,但是正因为有了无形的组织文化资本,商品或服务才会被赋予更多的经济价值。

组织文化资本的积累性表现为企业自主的生产、经营与管理活动,这是一个长期的过程。这个过程可以从两个方面理解,一是企业通过学习、培训、教育等将不同形式的资本,如金钱、时间、各种结构性和逻辑性知识等投入转化为企业成员的共有价值观和行为规范,并具体化为企业自身的一种获得性资源。这种从投入到获得的过程很难在短时间内完成,需要较长的时间来进行积累。二是企业只有不断地投入才能使自身的文化资本持续增值,这种积累行为会一直持续到企业的生命周期终结为止。组织文化资本积累的收益就是企业所拥有文化资本的增量。在这个积累的过程中,企业所拥有或获得的经由国家机关以及公认的第三方机构或组织认证的各种制度化的资格或证书起到了重要的作用。正如布尔迪厄所指出的"这种证书赋予其拥有者一种文化的、约定俗成的、经久不变的、有合法保障的价值"。文化资本的积累是一个动态的历史的过程,这就是文化资本投资或积累的实质,是价值观体系的不断扩展。随着这种价值观体系的不断扩展与包容、扬弃,文化资本得以不断积累与增长。

组织文化资本的共享性可以从其来源和特征两方面来理解。从来源的角度来看,一方面组织文化资本是企业各种资源投入的转化,从一般的意义上来说,它是劳动的产物;另一方面,组织文化资本又是企业家和企业成员劳动的投入和产出,每个主体都是组织文化资本的创造者和接受者。从特征来看,组织文化资本在本质上是一种高度抽象化和概念化的结构性、逻辑性知识体系。知识的获取和运用具有非竞争性,某个人获取某种知识,不排除他人也能获取这种知识,企业的利益相关者增加某种知识的消费,一般不会引起企业边际成本的增加。另一方面,组织文化资本的产生和功能的发挥来自于利益相关者之间的交流与互动。在这个过程中,受益方获得了一定的效用,虽然这种效用因受益者的能力、修养及其文化背景的不同而产生较大的差异,但这并不影响组织文化资本对其所有者所具备的效用。

组织文化资本与经济资本、人力资本、社会资本之间是可以转换的。这种转换可以从内化与外化两方面来理解。内化可以从价值构成的角度来分析:组织文化资本的形成与积累来源于企业在时间、金钱和其他资本要素的投入、各种产品(服务)的累积以及各种制度形式对其的确认,因而它是由其他类型的资本和价值形式在企业价值体系内的积淀与内化。外化则可以从具体的表现形式来理解:组织文化资本是由其他形式的资本转化而来的,因而它的形成必然不能脱离对其他资本(包括文化资本和其他形式的资本)价值的吸收和转换。同样,企业经济资本、人力资本以及社会资本等也都离不开文化资本的转化。比如赋予了文化资本的商品与服务能够为企业创造更高的经济收益,同时由于文化资本的存在,企业能够培养出更高水平的人力资本并培育出良好的社会资本。这就意味着组织文化资本与其他形式的资本可以互相转换。组织文化资本具有多层次的内部结构。通常企业价值观、经营理念、伦理道德、风俗习惯等因素都归属于文化范畴。作为一个企业所拥有的文化资本,同样是由众多价值观子系统所构成的复杂结构。这些价值观子系统用于处理各类不同的事务,但是它们之间是相互联系、存在一致性的。

4.4 组织文化资本的结构与分类

4.4.1 组织文化资本的结构

　　事实上,组织文化资本是区别于企业物质资本的一种精神生产能力和功能,以价值、理念、领导魅力、创意、风格等隐性的知识形态出现,表现为企业的经营宗旨、凝聚效应、人事氛围和目标导向。李丽、宁凌(2006)认为,文化资本对企业发展的经济意义主要体现在两个方面:一是效率功能,优秀的文化价值能够培养出诚信合作的、有进取心和创新精神的员工;二是成本功能,在同一文化环境中,人与人之间交往的交易成本会减少,经营风险会降低。

　　简言之,组织文化资本是企业所拥有的一种柔性生产能力,这种柔性的生产能力体现在组织文化的积累、价值观体系的不断创新以及企业的战略、愿景对企业经营管理活动产生影响的过程之中。组织文化资本是企业产品与服务的文化内涵与文化价值的综合体现,同时赋予了企业经营方式、管理风格、人事关系及独特的文化品位。组织文化资本对于确定企业的经营宗旨、发展目标,创造企业和谐的人际氛围具有重要的引导和促进作用。由于组织文化资本的存在,企业能有效实现经营管理活动的内部协调、合作以及外部的差异化竞争,并能通过增强企业凝聚力和归属感来降低管理成本,提高管理绩效。组织文化资本在市场上的表现就是企业的名称、商标、标识以及品牌等所蕴含的价值以及其他各种与企业形象有关的无形资产。企业文化资本的结构如图 4-2 所示。

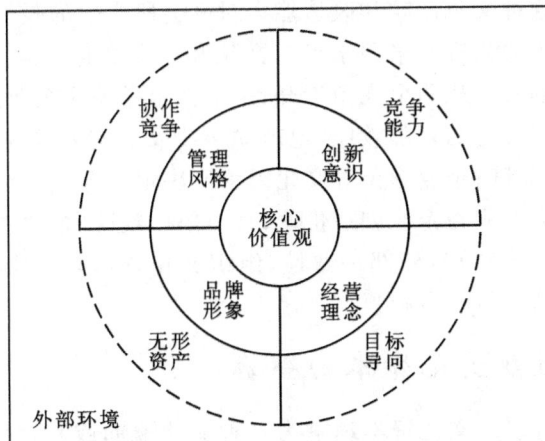

图 4-2 企业文化资本的结构

在图 4-2 中,组织文化资本以核心价值观为第一要素,是企业凝聚力、向心力的根本来源。它们体现于企业的管理风格、创新意识、经营理念和品牌形象之中,包括一系列与既定人群相符的思想、信念、传统和价值,它的特征决定了组织文化资本的增值能力。

企业的管理风格是企业中以人为本(尊重人、爱护人、培养人)以及积极进取、不断超越的价值理念的体现,能够在企业中创造出积极、友好、和谐的管理氛围,充分满足作为社会人的企业成员对企业归属感的需求,还能为企业营造积极协作、公平竞争、不断进取的良好内部经营环境。

企业的品牌形象向外界展示了企业的品牌理念、产品与服务品质,即对企业优质产品与优质服务的文化认同与积累,它表现在企业所拥有的、经特定制度体系确认的、特征化的标识以及商标、品牌等方面,是一种依附于企业产品和服务而存在的符号化资本形态,它对社会利益相关者所产生的影响力(或吸引力)体现为社会利益相关者对企业的好感度、信任度与忠诚度,如商誉等无形资产。

企业的创新意识是企业核心竞争力的主要来源,它主要包括产品、服务、经营、管理以及组织等方面的创新;企业的经营理念形成企业的目标导向,即企业经营方式的价值宗旨,是企业价值规范在经营活动中的集中体现。

决定企业经营管理活动成败和长期存续发展的主要因素固然与企业自身有关,但最关键的在于市场这只无形的手,在于市场客体(如消费者等)对组织文化的认同而产生的长期信任和消费忠诚。企业不仅为社会提供产品与服务,满足自身内部和外部社会个体的精神与物质生活需求,而且通过自身的文化活动来满足社会成员的需求与培育社会成员的审美取向(需求—动机—行为—满足需求—新的需求),这种文化影响和改造能力对社会所产生的吸引力表现为企业的文化资本。企业的文化资本来源于组织文化和社会文化的互动,这就是说对组织文化资本的理解必须从两个视角展开,一个视角是关注企业内部的文化;另一个视角是关注组织文化的外部效应,也就是组织文化对社会文化的影响、改造,以及由企业商誉、品牌、企业形象等文化因素所决定的企业的社会地位和社会话语权。组织文化资本能为企业创造价值,其内部一致性(企业主导的核心价值观与员工价值观的一致性)与外部一致性(组织文化资本与社会主流文化的匹配度)程度越高,则其增值能力越强。

4.4.2 组织文化资本的分类

不能简单地将组织文化资本理解为一种文化取向或是消费模式,也不能单纯地将它看作是文化素养或是教育经历等依附在个体上的文化。组织文化资本基本上是无形的,但它又不能与"无形资产"混同。组织文化资本是一种组织文化集合,它包括了组织领导者的个人文化资本、组织内部优秀成员的文化资本以及经由这些优秀组织成员推动、全体组织成员共同参与所形成的各种制度文化和物质文化。它不仅包括无形的信誉、社会知名度、公关营销渠道、企业精神等,而且包括有形的注册商标、包装外观、广告形象、技术形象、工艺配方、设计图纸以及由此产生的社会认知。

组织文化资本是企业独有的异质性资源,它作为企业在竞争中的一种武器或某种利害关系而受到关注并被用来投资。企业正是凭借其文化资本在市场中不断地竞争来展示自身的力量,并收获自己的利益。企业竞争力与其所拥有的文化资本成正比。根据组织文化的结构层次和组织文化资本的价值特性(是否直接与人的思维和行为相关)可以将组织文化资本分为三个层次,即精神资本、制度资本和形象资本(图 4-3)。

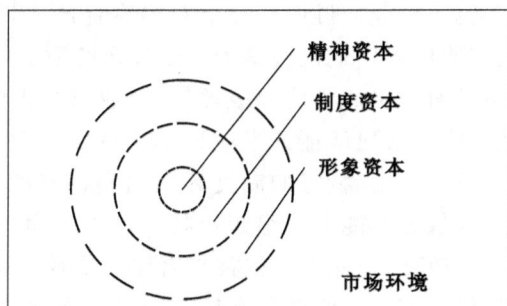

图 4-3　企业文化资本价值结构

注:图中虚线间隔越大代表稳定性越弱,越容易随外部环境变化而发生改变。

企业精神资本是组织文化资本的核心,即企业的核心价值观,主要包括与企业价值观相关的企业使命、经营哲学、企业宗旨、作风、管理风格等。它能够指导员工的工作思维与行为,是依附于企业而存在的,并为企业所独有的一种核心资源。它在企业家的主导下通过企业长期的经营管理与社会活动逐渐积累,具有极强的稳定性,短时间内难以发生改变,使企业发展具有强烈的路径依赖性。精神资本总是一种从属于继承性的并且被掩盖的传承过程,因而比经济资本带有更多的隐秘色彩。它在一定条件下能够转化为企业的习惯,不但给其他文化资本形式赋予了意义,还决定了它们的特征和企业间的本质差异。

企业制度资本是一种制度化形态的资本,体现在特定的制度安排上,如企业领导体制、企业组织结构和企业管理制度,是人与物、人与企业运营制度的结合部分,是一种规范和调整企业和员工行为的知识和能力体系,包括企业内部的治理结构的知识、组织结构的知识和与之相适应的一系列制度规范知识,以及这些知识的运用方法。它既是精神资本的产物,又是精神资本的载体,它对企业的行为规范大体上可以分为两大部分:对内行为规范与对外行为规范。对内行为规范使企业的价值观理念得到员工的认同,以此来创造一个和谐的、有凝聚力的内部经营环境。对外行为规范通过一系列对外的行为,使企业的形象得到社会公众的认同,以此来创造一个理想的外部经营环境。

企业形象资本是由企业创造的以一定的实物形态(如产品、服务、企业创造的生产环境、建筑、设备、设施、广告、包装与设计、名称、品牌等)作为载体的文化资本。它主要是由国家权力机构以及具有广泛社会公信力的第三方机构通过制度或评价体系所确认的,如企业的工商执照、经营许可证、品牌、商标、资信等级、各种资格认证、证明等符号形式构成。如企业通过获得经营执照和许可确认了企业的产权、责任与义务;企业通过商标注册获得商标的专用权,并对其商品质量负责;标准普尔或穆迪氏等评估机构基于上市公司的财务状况、经营能力和表现出的管理能力等指标所做出的资信等级评价;企业所获得的"3C认证""GMP认证""ISO系列认证"等一系列认证证书或证明确认了企业在某一行业或某一市场结构中所处的地位,等等。特定的制度环境以其特有的方式赋予了组织特定的权力和能力。这些权力和能力使组织以特定的方式争取能动性和影响力,并使其所处的环境发生改变,虽然改变往往具有路径依赖的特性。从本质上说,这些经过确认的符号代表了与企业产品和服务有关的各种知识,使企业拥有一种文化的、约定俗成的、长期不变的、得到合法保障的权力和价值。

通常形象资本和商誉是作为一个整体来发挥其功能的,因为品牌和商誉之间存在着无法完全区分的联系。商誉的本质是顾客对企业名称、品牌以及形象等符号所包含的有关企业的知识的认同及其对满足自身需求的能力的价值判断。商誉的价值可理解为一个持续经营的主体与一个新建立的主体相比较,由于在市场已建立的关系、同政府部门和其他非商业组织已建立的关系、私人关系与客户之间的关系等因素所获得的经济利益,其价值源于一种垄断的权力。商誉的存在使企业对利益相关者产生长期吸引的习惯力量或权力,企业因此拥有了获得超额收益的能力。

4.4.3　不同资本形式的关系

宏观上,企业是复杂社会经济系统的一个基本单位;微观上,企业本身就是一个复杂的系统。组织文化作为企业系统的一个子系统,本身就是一个多层次、多维度的复杂价值体系。苏国勋、张旅平(2006)认为,文化是人类为了不断满足自身需要而创造出来的、所有社会的和精神的、物质的和技术的、价值的精华。从构成的角度看,组织文化资本的价值以其与企业整体运行的程度而分为三个层次:核心的理念价值、中间层的规范价值和外层的实用价值,分别对应于通常意义上的核心价值观、制度规范和物质层三个层次,保持着一种从内至外的统御、支配,以及从外至内的归属与服从的复杂关系。从功能的角度看,组织文化资本可以从信念与规范两方面进行理解:企业信念表现为符号或观念形态,它凝结着企业长期以来所积累的关于生产经验和管理智慧的知识,它不但具有自身的特异性,而且可以在不同的个体、不同的组织、领域和系统之间进行传播和共享,并具有吸收和同化其他文化成分的特殊能力,有利于企业建立良好的内外部社会网络,提高企业的资源获取与利用能力,在企业成长与发展中起着重大的推动作用。组织文化资本又是一套模式化的、秩序化的符号或思想体系所包含的知识,是一种衡量和评价社会事物的标准,这种知识也是对企业成员和企业本身的行动起指引和限制作用的规范,通过诱发企业成员的行为动机,指导并制约企业成员的行动,从而使人们的行动从基于意志自由的个体层面上的冲突与无序转化为集体层面上的和谐与有序,从而使企业保持有序的状态和稳定的局面。同时还能在企业行为与外部环境之间起到中介作用,在企业成员之间、企业与社会之间起到整合作用。因此,从本质上来说,组织文化资本是在企业发展过程中创造的一种独占性的知识和价值体系;从形态上说,它包括以物质形态为载体的文化资源和精神文化资源。前者是企业精神的载体或物化形态;后者包括企业价值观、思想体系、意识形态,是企业精神创造力的表现和沉淀,是组织文化资本的核心和主体。

5　组织文化资本的运行机制与机理分析

个人和组织都在不断追求自身效用的最大化。从个体来说,个人效用系统本身是一个复杂系统,由若干相互关联的不同层次和不同类型的效用元素构成,包括当前效用、预期效用,获得组织认可,取得成员资格以及通过信任、互惠等方式降低交易成本而获得的心理、物质等方面的满足等。个人在实施某种特定行为时所产生的总效用是多个不同的效用元素通过一定的规则加以组合的结果。文化资本本身具有稀缺性,正是其稀缺性和价值性引起了人们对它的追逐。从社会视角来看,组织文化资本对于促进全社会的文化消费、提升大众的文化品味和文化价值,进而为文化的传承与发展、民族的精神进步提供着必需的条件。从企业层面来看,作为在现实经济和社会场域中生存的个体,它们需要各种支持其发展的资本,包括文化资本,并希望通过自身文化资本的积累来实现其价值。

5.1　组织文化资本运行的动因分析

5.1.1　个体层面的动因分析

文化是一种非正式的制度或规则。哈耶克(2001)指出,规则是人们在探索性学习过程中发现的那些能给其带来满意结果的程序。通过不断的试错学习,只有那些能够给人们带来最优结果的规则才能生存下来。组织成员对于其自身效用的度量来源于其对各种潜在的或显在的制度、规范和行为方式的认同以及从运用这些文化规则实施行为的过程和结果中所获得的满足程度。组织成员本身就具有某种特定的价值理念或文化特质,当其进入某一组织,为了满足自身效用最大化的需求就必须选择组织主导的文化类型。在此过程中,组织成员为了获得和融入特定的组织文化要付出时间和努力,这种付出就是认知成本、认同成本;组织成员为了适应新的文化价值观念而放弃自身已有的文化价值观念必须付出极高的心理成本,这些成本的付出必须以获得补偿为前提。

市场中的企业作为核心的经济组织,它不仅为顾客提供产品与服务,还将企业的文化价值理念和道德伦理规范贡献给社会公众。无论是企业家还是每一个企业成员的价值理念和道德标准都通过企业的产品、服务、企业成员的整体素质等方面影响着不同的顾客。这种影响力和决定力的大小取决于企业的利益相关者通过消费某种特定的文化资本而获得的效用。效用价值论认为,消费者购买商品或服务是为了满足物质和精神的需求,商品价值由该商品的效用决定。效用是指物品能满足人们欲望的能力,价值表现是相对于人而言的。不论是商品、消费品还是资本,它的使用价值表现为物的有用性,即满足需要和欲望的能力。物品的使用价值既反映私人劳动转化为社会劳动的程度,也是需求者愿意提供的价格的依据。对于需求者来说,物品的使用价值越大,其愿意提供的价格越高;反之,需求者愿意提供的价格越低。企业的产品与服务是价值与使用价值的复合体,因为文化资本的植入而使企业的产品具有了独特的收益方式和能力。利益相关者具有获得某种文化产品或服务最大化自身收益的取向,因而它们会主动选择那些能够提高自身边际收益的商品或服务。

5.1.2 组织层面的动因分析

市场的需求和企业发展赋予了组织文化向资本转化的动因。企业投入一定的人、财、物进行员工培训、企业的制度体系建设、生产经营场所的建设以及各种经营管理活动的开展,一般是企业出于自身需要而采取的一种自发或自觉的行为。从另一个角度来看,是否需要投入、投入多少、如何投入、投入到哪些方向等方面的决策却往往是企业为了有效满足社会需求、提升自身的市场适应能力和竞争能力而不得不做的选择。一个企业如果要在市场环境中占据有利位置并获取更多的收益,它就必须尽可能占有或控制更多的稀缺资源,或拥有高效利用稀缺资源满足社会需求的能力,这就必然需要企业在具有较高价值创造能力,以及在相当的时间段内在保持稳定且难以被其他竞争者模仿的比较优势或资源把控上进行更多的投入。无疑,创造更多的文化资本、占有更多的稀缺性文化资源,以增强企业的竞争能力和社会影响力(权力)是一个重要的选项。同时,社会经济和文化的发展,使消费者的需求层次和内容不断更新,这也要求企业不断投入更多的资源、时间,通过研发和生产将文化资本融入产品和服务中,以期获得长期超额收益。

具体来说,企业的竞争优势具体体现在企业总的运行成本低、技术创新能力强、市场应变速度快以及企业长期收益最大化等方面。基于效用价值论的观点,只有当某种投入的潜在边际收益超过它的边际成本时,人们才会采取行动。组织文化资本不但是企业经营管理活动的产出,也是企业经营管理活动的投入。企业在进行投资决策时的一个基本标准就是每项投资活动都应该增加企业价值,换句话说就是企业通过投资获得的收益必须要大于这种投资的成本,持续而稳定的盈利能力是衡量投资效果的重要标准。企业是一种团队生产方式,由于信息不对称等原因和"搭便车"行为的存在,除了对委托代理人如职业经理人等进行监控、管束所支出的成本以外,委托人还要承担较高的剩余价值损失,从而导致企业存在较高的代理成本。组织文化资本的投入为改善企业的治理结构和成本结构提供了一个有效的途径,它不但能使经营者和委托者保持同一立场,而且能够激励经营者努力工作,为企业和股东创造财富,将企业的盈利能力和资本成本两方面完美地融合在一起。同样,在组织文化资本的形成、积累和转化过程中,企业投入大量的时间、资源和劳动等成本。在生产过程中,那些为了固化、维护或变革特定组织文化资本所产生的成本最终会反映在企业的总成本上。企业必然希望通过提高其效率和创新能力来改变企业的总成本状况。或者说,企业希望通过这种成本投入来影响员工的认知、心理、认同、信仰,并从这种改变所带来的收益中弥补投资成本并获得超出成本以外的收益。

组织中的每一位成员,在他们适应或融入某个组织的特定价值观体系时,会为此而付出一定的时间、精力或是货币等机会成本,特别是当他们为此需要调整或放弃自身原有的价值观时所付出的心理成本是极高的,组织必须通过持续投入对此类成本给予相应的补偿才能使这类观念或行为获得强化,因此企业的总成本中应该包含此类组织文化成本。由此,企业总成本公式可表示为:

$$TC = \sum_{i=1}^{n} C_i = C_1 + C_2 + C_3 + \cdots + C_n \tag{5-1}$$

企业总成本的高低决定了企业的市场竞争能力。假设企业总成本 TC 表示产品从生产到送达用户手中的成本,其中,C_1 为要素成本,包括原材料、人力投入、机器设备等;C_2 为产品在市场中交易所产生的交易成本;C_3 为组织文化成本,包括认知成本、心理成本、认同成本、信仰成本等内容。凡影响人们对待风险、信任、竞争、创新、权力及其他重要态度的基本心理模式,都决定着特定的组织文化成本。长期来看,随着经济全球化进程的不断深入,市场在资源配置方面所发挥的作用不断增强,全球物资流动、资金流动、人才流动、信息流动使得各种生产要素的分配日趋平衡,并且随着各国对知识产权的保护状况、法律执行状况以及税收、运输、通信等条件的不断改善,市场化与法制化水平不断得以提升,新的制度安排将有效降低行业内企业总成本结构中交易成本和要素成本的比重。因此在一个较长的期间内,企业在要素成本和交易成本等方面的成本优势并不会表现得十分突出,而此时组织文化成本就成为决定企业竞争优势的一个重要因素。因此从自身的利益出发,企业本身具有将文化资源转化为文化资本的动力。

5.1.3　领导者的主导与驱动

加里·贝克尔曾经指出"文化和传统是人类共享的价值和偏好"。组织文化资本的核心是共享的价值观,它体现了组织全体成员共同的价值取向。由于组织成员来自于不同的文化背景,其个体的价值取向存在差异,必须有一种力量将这种差异统一起来,而主导这种核心价值观形成的决定力量来自于组织领导者的推动。正如科特和赫斯克特指出的那样,"在组织文化力量雄厚的企业中,这些价值观出自公司发起人或企业初创时期的其他领导人士"。彼德·德鲁克认为,从一般意义上讲,企业家就是那些能够为企业谋取利润并为此承担风险,而且能够开拓新市场、引导新的需求、开发新客户的人。企业家是经济社会的重要组成部分,是现代社会中的一个特殊阶层,他们拥有与众不同的心态、价值观念和思维模式。作为企业家,在组织文化的培育发展过程中既是倡导者、提炼者、设计者,又是表率者、传播者、更新者,对于组织文化的形成,从内容到过程他们都起着主导的作用。本书通过构建一个简单博弈的模型框架来对这种理论进行解释。

模型的基本假设如下:① 企业创立伊始,企业成员拥有不同的文化背景,因而具有不同的文化价值观念,企业价值观呈现多元化状态,尚未形成被广泛接受的统一的价值观,每个人都有用自己的价值观影响他人价值观的偏好。② 从成员类型上分,企业内部存在企业家和员工两类人。企业家数量少,员工数量多。③ 企业家作为企业资产的拥有者或受投资者委托的代理人,拥有企业资产的经营管理权。企业家对企业的经营管理承担全部责任,并获得相应收益,因而他们更关注企业的目标和整体收益,员工则更关注个人的即期收益。④ 企业中持某种价值观的人数越多则此类人所获得的收益越大。价值观趋同的程度与企业成员在组织中引入自己价值观的努力程度呈正相关关系。⑤ 群体人数越多,"搭便车"行为就越容易产生;反之,这种行为就越容易减少。

根据以上假设可建立以下模型(表 5-1)。

表 5-1　　　　　　　　　　企业家与员工之间的博弈模型

	人数	"搭便车"的可能	拥有或管理资产的数量	对整体利益的关心程度
企业家	少	小	多	大
员工	多	大	少	小

由于企业家人数少,且企业家是企业资产的拥有者或者产权人(委托人)的代理人,他们的个人收益与企业的总体收益有极大的相关性,因而他们会更关注

企业的运营状况和实际收益,出现"搭便车"行为的可能性较小。员工人数较多,更关心个人的当期利益,对企业整体收益的增长和运营状况的关注程度相对较低。因此,企业家更有动力和条件将自己的价值观塑造或改造成为企业统一的核心价值观系统,而企业中的员工则更可能采取"搭便车"的策略,成为价值观的接受者。企业家的个人文化特质、文化能力、价值判断等因素主导了组织文化形成与创新的过程,在企业家的推动和资金、心智等要素的不断投入下逐渐形成以企业家核心价值观为主导的组织文化资本体系。

5.2 组织文化资本形成的机制与过程

5.2.1 组织文化资本形成的机制分析

文化资本是一种稀缺性资源、在现实的经济与社会生活中,人们总是希望通过资本积累,"建立社会联系或社会差别,以构筑自己在社会中的地位,通过消费文化的意义引申出身份价值"(郭景萍,2004),以求得社会对其文化资本及其文化"身份"的确认。企业是由具有社会性和文化特征的人所构成的人格化组织,企业成员群体的共同追求最终会表现为企业的价值取向。一般说来,人们的行为总是表现出一种使自身效用最大化的趋势,组织文化资本的形成同样遵循此效用机制。组织文化资本的生成是一种从投入到产出的循环过程,通过企业核心价值观,在企业内部员工之间的传播与渗透,以及文化在产品与服务中的集中体现来实现。在这个过程中,企业将核心文化价值观体系融入经营管理活动和员工队伍的建设中,并通过企业的产品、服务体现出来,提升客户的体验和产品的价值,也为社会经济文化注入新的内涵。

组织文化资本以全体组织成员所共有的价值理念为核心要素。任何组织成员要真正融入组织之中,必须首先实现文化的融合,只有这样才能有助于其自我价值的实现。新成员与组织文化的融合分为四个阶段:一是交流阶段,新成员将自己的文化价值观念带入组织,并在实际的工作过程中通过自身的言行举止将它们传递给其他组织成员;二是调整阶段,新成员不断学习并努力获取为组织所认同的,与其岗位、工作特点和日常行为相关的信息以及团队成员的文化特征;同时还要及时发现自己的那些不利于加强与团队成员之间合作的弱点和不足,并尽快予以修正和弥补;三是适应阶段,新成员尽快熟悉并接受组织有关分工协作、人际交往的制度与行为规范,以及组织的目标、愿景、使命方面的知识,并不断以此来更新自身的价值体系;四是融合阶段,新成员基本适应组织的工作和生活习惯,并积极与团队成员沟通,达成相互之间在工作与生活中的默契。员工与组织间的文化融合并不是组织成员个人文化资本的简单累加,而是员工与组织两种价值观体系的有机融合。这个过程始终伴随着社会环境不断地变化、领导和组织成员文化资本不断地更新、组织核心价值体系持续不断地修正与完善等过程,并要求组织必须持续提供有效的文化资本支持。

一般说来,企业的经营管理活动实际上是围绕资源的识别、构建、选择、配置以及加工、利用等过程展开的,组织文化作为生产要素在被投入生产的同时就实现了向资本的转化。而主导这一过程的正是人们基于一定价值取向与效用标准的价值判断与取舍的决策行为。文化资本既是企业经营管理活动的投入,也是这些活动的产出。当企业的经营管理活动能够自觉地以企业所倡导的核心价值观为中心而展开时,往往就标志着组织文化资本的形成。作为一种投入要素,在企业的运营系统之中,文化通过特殊的精神影响力和驱动力来引导企业的成员和消费者,让他们从主观上培养起一种共同的价值取向和审美标准,客观上形成一致的具有标志性的行为模式。以共同的文化价值理念为纽带,员工之间、员工与企业的各个层级与部门之间形成一种相互融合、共同进取的工作氛围,使企业得以和谐发展。同时,以文化为纽带,在企业与消费者之间建立起相互信任、互惠互利的良性互动关系,为企业建立起良好的社会关系网络。作为企业生产经营活动的一种重要产出,文化资本以其较高的增值能力受到人们的认同与追逐。

企业经营管理活动的基础是对各种资本和生产要素的选择性投入,这一过程存在于一定的社会文化环境之中,且受到特定市场环境的制约。企业家本身所具有的价值观以及基于这种价值观的行为方式将对企业的市场选择、人才选择、经营决策、组织结构以及团队管理方式产生巨大而深远的影响。那些与企业家所主导的文化价值理念相匹配的企业成员会持续不断地将自身的价值观和道德理念融入企业的经营管理活动之中,并将其附着于企业的产品与服务中。优秀组织文化内涵的不断丰富与广为传播能够对提升社会精神财富的质量和数量起到积极的促进作用,并能在市场中为企业赢得良好的商誉和树立良好的企业社会形象。随着产品的市场流通,企业具有的价值观与经营管理理念也得以在市场中不断扩散,在消费者心目中形成清晰、明确的,且能够为顾客所感知和接受甚至渴求的文化形象,这也就意味着新的文化资本的形成。组织文化资本的形成过程也是企业特有的隐性知识不断外化和内化的过程。

5.2.2 组织文化资本形成的循环模型

抽象地说,我们可以把企业的生产经营过程概括为投入阶段、生产阶段以及产出阶段三个不同的过程。在不同的阶段中,企业所面临的主要问题和工作重心存在着差异,因而组织文化资本的表现形态也自然不同。本书构建了一个组织文化资本形成的三阶段循环模型,具体如图 5-1 所示。

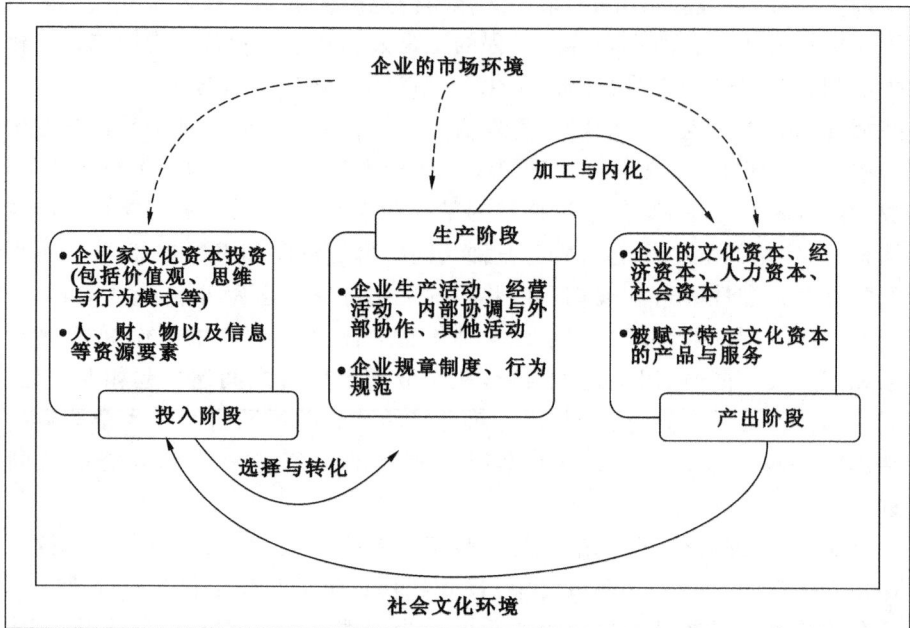

图 5-1 组织文化资本形成的三阶段循环模型

(1) 投入阶段。投入阶段是企业生产经营活动的起点,可以从两个方面来理解:一是企业初创期;二是再生产活动的开始。不论从数量上还是结构上,抑或是组合、利用的途径和方式上,初创期的企业对资源投入的需求都具有相当的复杂性。作为企业核心的企业家本身所拥有的文化资本状况以及在这种价值观体系指导之下识别、构建、获取、配置、管理和运营资源的能力直接决定了企业初创期各类资源,如经济资本、物质资本、人力资本等各种要素投入的种类、结构与数量,这也会对企业的资本结构和运营方式产生巨大而深远的影响。同时,在企业的再生产过程中,各种资源要素的投入还取决于企业对外部环境以及各种市场信息的综合分析判断和对自身资源拥有状况和能力现状的把握,体现了企业对各种理念性知识、操作性知识和逻辑性知识的整合与运用水平。在良好的市场经济机制下,企业所需的各类资源一般都可以通过市场渠道获得,但是竞争性资源需要在非竞争性资源的整合驱动下才能顺利地进入企业的生产活动中。因此,竞争性资源与非竞争性资源之间的匹配问题就显得十分重要。换句话说,企业经由市场获得的资源与企业本身所具有文化价值体系和能力相契合,企业能够运用自身的文化价值理念对各种资源加以取舍和整合,是企业能够获得一个协调的内部生产环境和良好外部市场环境的重要保障。因此,在投入阶段,企业家的个体文化资本特征,以及企业成员的文化资本水平与企业家文化资本特征之间的契合程度等,对企业的发展方向、发展模式以及企业的目标达成的程度和速度、成长机会的选择和把握都会产生深远的影响,它最终决定企业的核心价值观体系的内容,并制约着企业的再生产能力。

(2)生产阶段。为了确保生产环节的正常运行,企业会通过制定一系列规章制度、行为规范和标准等对员工的行为和企业的行为进行规范和约束,而这些规范本身就是一种有关价值判断的知识在行为中的外化和运用的结果,它们建立在企业的核心价值观及其主导的行为模式的基础之上,通过对企业成员的思维和行为的塑造和导向来影响企业的生产经营活动。此时,组织文化资本作为一种生产性资源和能力要素被投入企业的生产经营活动之中,转化为企业的管理制度、绩效考核标准、工作流程和企业内部组织结构安排等各种形式的规范性知识体系。由组织文化资本外化而来的这些知识的表现形式和运作模式是否与企业所主导的文化价值取向和行为方式相匹配,是否与企业的意愿相匹配或契合,以及这些知识运作效率的高低往往决定了企业生产经营活动绩效的高低。当这种匹配度和运作效率越高的时候,该企业的生产经营绩效就会越高;反之亦然。企业经营目标达成的基础和重要环节是生产阶段,这一阶段也是直接决定组织文化资本基本内涵的形成和变革方向的关键时期。

(3)产出阶段。企业的投入与生产活动最终会形成企业的各种产出。这种产出表现为两个方面,一方面是企业的产品与服务的产出,这是一种显性的物质性的产出;另一方面是文化资本的产出,这是一种隐性的知识与理念的产出。可以这样理解,企业的整个生产运作流程不但产出了产品和服务,而且企业成员在这个过程中还获得了为企业所认同和主导的文化资本,逐渐形成了企业特有的、与其他企业有着显著差异的核心价值体系和行为特征。企业成员在获得特异性文化资本的同时,还会通过各种方式将这种核心价值体系的知识附着于企业的产品、服务等载体之上将其广为传播,从而使在内部认同的文化资本转化为被广大消费者所共同认知的组织文化资本。这种对组织文化资本的认知通常是通过企业所提供的产品、服务以及企业员工形象、行为、举止等外在表象中所蕴含的各种与企业核心价值体系紧密相关的隐性知识表现出来,又是通过企业内部相应的制度、规章、规范等内在操作性知识要素实现。产出阶段所形成的组织文化资本可以表现为企业的品牌、商誉、产品或服务的品质以及员工素养等。

组织文化资本形成的各个阶段紧密相关,体现了一种投入—生产—产出—投入的周而复始、循环提升的动态过程,在本质上是一个知识与能力不断积累、循环提高的动态过程。每个阶段都是前一阶段运营的结果,同时在下一个循环周期中又成为了运营阶段的基础。同时,组织文化资本作为一个系统,它不断地与社会文化环境之间进行着交流与联系,社会文化环境的变迁会对组织文化环境产生影响,同样强势的组织文化资本进入社会环境中,也会对社会文化需求、文化品位的变迁注入新的活力。

5.3　组织文化资本积累的特点与机制

组织文化资本形成的过程,实质上也是积累的过程,这两种过程的动态重合实现了组织文化资本形成与积累的同步性和一致性。

5.3.1　组织文化资本积累的特点

马克思指出,资本积累就是"把剩余价值当作资本使用,或者说把剩余价值再转化为资本"。布尔迪厄认为,社会是一部积累的历史,而"资本是积累的劳动,当这种劳动在私人性,即排他的基础上被行动者或行动者的小团体所占有时,这种劳动就使得他们能够以具体化的或活的劳动形式占有社会资源。资本是一种铭写在客体或主体结构中的力量,它也是一条强调社会世界内在规律性的原则,正是这一点使得社会游戏(大部分游戏,包括经济游戏)超越了简单的碰运气的游戏"(何配群,2000)。文化资本积累是一个动态的概念,它是文化资本拥有者通过自身有意识的劳动实践活动使得资本增值的循环机制。因此,组织文化资本的积累是企业通过对相应组织文化资源的排他性占有,并将这种稀缺的、非竞争性的资源投入再生产过程而获取相应的收益的过程。组织文化资本的生产、再生产都依赖于文化资本的不断积累而实现,它是企业通过自身的经营管理等实践活动实现文化资本价值增值的基本逻辑。

组织文化资本的积累是精神积累与物质积累的复合体。澳大利亚麦克里大学经济学教授戴维·思罗斯比认为,财富也许是以有形或无形的形式存在的,有形的文化资本积累在被赋予了文化意义的人工制品之中。从这个意义上来说,企业有形的文化资本是以一定的物理形态为载体而存在的文化资本形式,它依赖于物化状态的载体积累起来,可以通过物质形式传递。无形的文化资本作为一种知识体系主要存在于深层次的价值观念、意识当中,通过组织行为体现出来,这种文化资本具有与其他资本形式不同的特点。它通过教育、培训、观察、思考、模仿等方式来积累,也可以通过分享、交流、仪式等方式加以传递和积累。组织文化资本积累实际上就是企业所进行的文化生产、创造与固化、更新,同时要求利益相关者接受某种特定的文化资本并在实践中加以应用和改造。这都需要企业发挥主导作用,营造有效的文化环境,并积极与企业外部环境进行互动。

组织的形成、成长与消亡是一个自然的动态过程,组织文化资本的积累同样不可能超越这个过程,并受到组织在此过程中的行动能力的制约,组织在此过程中的行动能力而存在。组织文化资本对资本的持有者——企业具有强烈的依赖性。一方面,组织文化资本是企业活动的投入和产出,具有非竞争性和稳定性,它不可能通过游离于企业经营管理活动之外的其他方式(替代、赠与、购买或交换)来积累。通过企业的不断投入并将文化价值体系内化为全体成员的共同价值,企业才能获得对文化资本事实上的排他性占有;另一方面,组织文化资本积累对企业自身的能力具有依赖性,即这种积累不可能超越企业的自身能力。企业对文化资源的识别、培育、配置和运用能力决定了企业只能在其自身水平上对文化资本加以掌握和运用,也决定了企业不能超越相应的成长和学习阶段而以较大跳跃的方式获取更多的文化资本。企业的存续状态是组织文化资本积累的前提,不同生命阶段的企业,其文化资本积累具有不同的形式和状态。

5.3.2 组织文化资本积累的机制

资本的形成一般都具有积累性和制度化的特点,诸如通过财产世袭、商品交换等方式,不断扩大资本的使用和收益规模来增加资本的存量。相比之下,文化资本的积聚方式更为隐蔽,它并不体现在金钱或实物上(当然这不排除有经济投入),主要是从强化文化技能学习、树立社会影响、建立各种社会关系等方面,完成文化资本的积聚。关于文化资本积累的机制问题,姚俭建和岑文忠(2004)认为可以从市场积累、权力积累和教育积累三个层面加以理解。李沛新(2006)认为文化资本的积累可以从固体文化资本、产品文化资本和流动状态的文化资本三个方面加以分析。罗生全(2008)则对课程这一特殊状态的文化资本的积累机制进行了分析。他认为,课程文化资本的积累机制主要有课程文化资本的权力积累机制、课程文化资本的学校积累机制以及具有辅助意义的课程文化资本的家庭教育积累机制三种形式。

组织文化资本是企业的规则、程序和组织,以及影响个人行动的价值观、态度和信念的总称。其核心是企业在长期的生存和发展历程中形成的,是为组织多数成员所共同遵循的基本信念、价值标准和行为规范。这是企业中最主要的、难以复制的隐性知识,它不仅体现在文字、符号或标志上,也弥漫于日常的经营行为中,不仅作用于企业内部,而且作用于企业外部的利益相关者。组织文化资本积累是一个包括内部积累和外部积累,并以内部积累为核心的互动过程,这个过程中存在教育和学习积累机制、合法性和影响力积累机制。

在组织文化资本积累过程中,精神资本和制度资本的积累是主要方面,它们的积累主要是在企业的内部完成,精神资本的积累是制度资本积累的前提;形象资本的积累主要是在企业外部完成,它是顾客资本积累的前提。精神资本与制度资本通过获得外部制度性的认同而转化为形象资本积累。形象资本有利于在企业与外部利益相关者之间建立良好的信任与合作关系,使企业在市场中获得相应的影响力,并由此实现形象资本的积累。

(1)教育和学习积累机制是组织文化资本积累的核心机制。教育与学习积累机制本质上是一种知识传递与扩散机制,主要作用于组织文化资本的内部积累过程,并决定了外部积累过程。"教育总是被他们所处环境的文化模式和生活方式所制约,无论何处,教育都意味着为个体能有效地生活于特定的文化中做的准备"(佛罗斯特,1987)。企业教育培训投入是文化资本积累最主要的渠道和常规方式。企业通过系统的、专门性的培训将组织文化资源进行有效集中,便于受教育者通过系统学习,将这些经过优化、萃取的组织资源理解、掌握、内化为自身的文化资本。这个过程即为组织文化资本显性知识的传递和积累。除了企业专门的系统化教育培训以外,企业成员更多的是通过非正式的方式,如"干中学""师徒制"以及其他一些隐形方式获得组织文化资本,即组织文化资本的习得过程。习得的组织文化资本一般是企业长期延续下来的、在日常经营管理活动中形成的文化价值观并内化在企业成员心中的文化素养和文化能力,表现为一种隐性知识的传递和积累。它是一个感悟、体会的过程,也是组织文化资本积累的最有效途径。文化资本积累的过程实际上是隐性知识与显性知识相互联系、相互影响、相互转化、不断更新的循环。企业提供了文化资本积累的有效环境,企业成员在通过教育与学习获得了文化资本之后,必然会通过企业的行为(经营活动、社会活动)、各种符号标识(品牌、商标)以及产品和服务将这种文化资本向企业的外部环境进行传递。当特定企业的文化资本符合其他利益相关者的需求时,或者说能够使利益相关者获得高于其他文化资本的收益时,他们会产生对组织文化的认同和忠诚,实现组织文化资本在企业外部的积累,但这种积累受到合法性和影响力积累机制的制约(图5-2)。

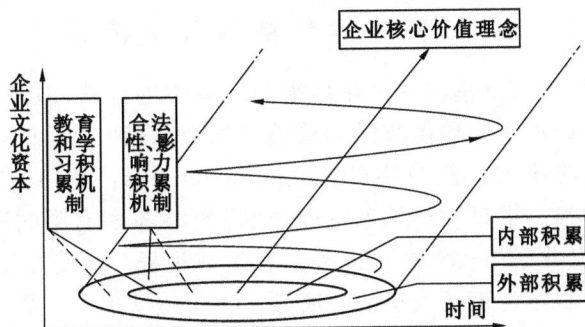

图 5-2　企业文化资本积累过程模型

　　（2）合法性和影响力积累机制主要作用于组织文化资本的外部积累过程。组织文化资本又是一种经过体制化方式加以确认的资本形式，这种确认的前提是符合法律和制度规范的标准，即所谓的合法性。组织文化资本常常与一定的权力体制相结合，这就给制度化权力干预组织文化资本积累带来可能性。某种体制会通过一定的符号权力或话语权力介入组织文化资本的积累行为。例如，企业必须按照法律法规办理相关注册等级手续才能开始正常的经营活动，或者必须达到一定的标准才有进入某一级别的可能。国家或具有法定权限的更高级别的组织通过对企业给予一定的资格或颁发证书，如注册商标、专有名称等，对其进行筛选、确认，以及持久的合法性支持，从而为组织文化资本积累提供体制保障。只有具备了合法性的基本要求，组织文化资本才能受到制度的保障和利益相关者的认同，文化资本的所有权和收益权才能得到有效体现。

5.4　组织文化资本演化路径与选择机制的复杂性

　　组织文化资本的演化具有强烈的路径依赖性。不同组织的文化资本存在着显著差别，这种差异事实上反映了特定组织的历史文化特征及其变革的路径依赖性。组织文化资本演化是组织所经历的各种历史和现实因素共同作用的结果，它以组织行为的模式来推进，具有累积性和路径依赖性。组织文化资本的变革在很大程度上是复杂的系统活动及对新环境适应的结果。当前的组织文化资本是由以往累积的各种因素所决定的，并且会影响它以后的演化行为。

5.4.1　组织文化资本演化路径的复杂性

　　众所周知,社会演化是在一个非均衡的环境中进行的,但是,以往社会科学研究中的数学模型都受到均衡范式的统治。如今,一种新的方法和范式已经在非均衡物理和化学中被广泛应用(Prigogine,Stengers,1984),它对社会科学的影响也将日益增强。数理社会学家将理论生态学中资源有限的逻辑斯蒂增长方程引入社会学,以此来描写大众传播等信息扩散过程。经济学家也可以把资源对人口规模的限制作为市场大小的量度(Ping Chen,1987)。逻辑斯蒂方程是经济学、生物学等学科中一个常见的模型。一般,若变量的变化率与现值、饱和值与现值之差都成正比,则这种变量就适合逻辑斯蒂方程。

　　逻辑斯蒂方程是由雷蒙·彼耶尔(R Pearl)在 19 世纪提出的,后来在生物、医学与社会学等研究领域得到广泛应用。虽然从形式上来看,逻辑斯蒂方程十分简单,但是其反复迭代计算以后所形成的轨迹却具有极其复杂的动态性特征,被称为"魔术般的递归方程"(傅琳,1992)。运用这一模型,可以模拟一个动力学系统从简单到复杂的各种演化行为。美国经济学家格里利切斯(Griliches)在 1957 年运用该方程建构了研究技术扩散的传染模型。美国生物学家罗伯特·梅(R May)在 1976 年将该方程运用到生物种群涨落的研究中。陈平(1987)运用扩展的逻辑斯蒂方程研究了单一种群的信息扩散模型和两个种群的学习竞争模型,并通过这两个模型对劳动分工和社会分化的问题进行了研究。该模型的基本思想:一个世代交替的生物种群是在一个受制约的环境中生息繁衍的。某种群的第 n 代数目(X_n)与第 $n+1$ 代数目(X_{n+1})之间有如下关系(陆卫,王友保,2003):

$$X_{n+1} = rX_n(1 - X_n) \tag{5-2}$$

　　式(5-2)即为逻辑斯蒂方程,式中,r 是控制参数,代表环境因素对种群生长与繁殖的制约程度。该方程能够用来描述某个生物种群的成长与演化的路径。令某生物种群的初始数量为 X_0,在某种环境控制条件 r 下,通过对式(5-2)的一次迭代演算,可以得到该生物种群在一代繁殖之后的数量 X_1;运用这一结果进行二次迭代,可以得到经过二代繁殖以后的生物种群数量 X_2,以此类推,经过反复迭代,可以得到该生物种群经过第 n 代繁殖以后的数量 X_n。环境资源对于特定生物种群来说总是有限的,因而,种群不可能无限制地扩张,种群的最大个体数量取决于环境的负载能力。令在一定的环境负载能力约束下,生物种群的最大个体数量为 K;某生物种群当前的个体数量为 N,则有:$X = N/K$($0 \leqslant X \leqslant 1$,在 $X = 1/2$ 时,K 达到最大值);r 一般在 $0 \sim 4$ 之间取值。种群增长的微分方程为：

$$\frac{\mathrm{d}N}{\mathrm{d}t} = rN\frac{K-N}{K} \tag{5-3}$$

式(5-3)的轨迹是一条"S"形的曲线，被称为逻辑斯蒂曲线。在有限的空间中，生物种群不断增长，但是，这种增长速度不是一成不变的。随着特定环境中某生物种群的个体数量不断增加，同种个体之间对资源和其他生存条件的竞争性也不断增强，从而使得种群的实际增长率不断降低，直至停止增长。当两个种群或产业竞争重叠的资源时，有如下竞争方程（Nicolis，Prigogine，1977；Murray，1989；陈平，2004）：

$$\begin{cases} \dfrac{\mathrm{d}n_1}{\mathrm{d}t} = k_1 n_1 (N_1 - n_1 - \beta n_2) - R_1 n_1 = k_1 n_1 \left(N_1 - \dfrac{R_1}{k_1} - n_1 - \beta n_2 \right) \\ \dfrac{\mathrm{d}n_2}{\mathrm{d}t} = k_2 n_2 (N_2 - n_2 - \beta n_1) - R_2 n_2 = k_2 n_2 \left(N_2 - \dfrac{R_2}{k_2} - n_2 - \beta n_1 \right) \end{cases} \tag{5-4}$$

式(5-4)中，n_1 和 n_2 分别是种群1和种群2的人口数或产出量；N_1、N_2 分别表示各自资源的负载能力；k_1、k_2 是它们的增长率；R_1、R_2 是它们的逸出率；β 是资源重叠系数（$0 \leqslant \beta \leqslant 1$）。引入有效资源负载量 $C_i = N_i - \dfrac{R_i}{k_i}$，式(5-4) 可以简化为（Lotka，1920；Volterra，1926；陈平，2004）：

$$\begin{cases} \dfrac{\mathrm{d}n_1}{\mathrm{d}t} = k_1 n_1 (C_1 - n_1 - \beta n_2) \\ \dfrac{\mathrm{d}n_2}{\mathrm{d}t} = k_2 n_2 (C_2 - n_2 - \beta n_1) \end{cases} \tag{5-5}$$

当 $\beta=0$ 时，竞争不存在，两个种群都能增长到各自资源负载所能容许的最大极限 N_1 和 N_2。当 $\beta \neq 0$ 时，两个种群可能共存，也可能由一个替代另一个。两个种群的竞争结果依赖于公式中的参数和初始条件。

变革总是开始于差异，也是创新的源泉。在效用最大化的前提下，组织文化资本变革的路径具有多样性、路径依赖性、特异性和根植性等基本特征。社会文化以及企业家本身对组织文化资本具有创造力与传播力，社会价值取向、企业家的素质、价值观都直接影响着组织文化资本的变革方向。组织文化资本的演化不能与社会文化以及企业经营管理活动等历史变迁的其他过程轻易分开，它作为一种惯例，在环境的作用下，通过搜寻、选择、扩散与建立等试错过程向不同方向随机变化。在其变革过程中，资源投入、文化环境都影响着变革方向。在组织内部，由于企业家个人价值理念的变迁会对企业的文化价值取向起主导作用，客观上它会影响企业的整体文化环境和文化氛围，同时，企业成员固有的文化价值观与行为模式会对变革的发生产生阻碍,使组织文化资本的变革路径多样化。

文化的变革是价值观体系的创新,在这个过程中存在新的价值体系与旧的价值体系的碰撞和竞争。变革总是由一些人首先发起的,并且它总是受到企业内部实际条件(资源)的制约。同时,文化作为一种知识体系,其变革总是源于不同群体对知识的学习。为了便于讨论,可以在高度理想化和抽象的基础上将企业成员所具有的文化特征分为两种类型,并用两个简单种群竞争演化的逻辑斯蒂方程对这一变革路径进行概念性的分析。

假设某一企业环境中存在 i 与 j 两种文化类型,环境系统对于 i 文化的容纳空间为 K_i,对于 j 文化的容纳空间为 K_j,两种文化形态相互竞争,相互影响。j 文化对 i 文化的影响系数为 β_{ij},i 文化对 j 文化的影响系数为 β_{ji},(β_{ij}、β_{ji} 可以理解为相互学习的难易程度);r_i、r_j 分别为 i 文化群体与 j 文化群体的增长率。N_i 和 N_j 分别为拥有 i 文化和 j 文化的群体的集合。构建文化群体的逻辑斯蒂竞争增长方程:

$$\begin{cases} \dfrac{\partial N_i}{\partial t} = r_i N_i \left[\dfrac{K_i - (N_i + \beta_{ij} N_j)}{K_i} \right] \\ \dfrac{\partial N_j}{\partial t} = r_j N_j \left[\dfrac{K_j - (N_j + \beta_{ji} N_i)}{K_j} \right] \end{cases} \tag{5-6}$$

分析式(5-6),可以得到以下四种结果:

(1) 当 $\beta_{ij} < \dfrac{K_i}{K_j}$ 且 $\beta_{ji} > \dfrac{K_j}{K_i}$ 时,

$$\frac{\partial N_i}{\mathrm{d}t} > \frac{\partial N_j}{\mathrm{d}t} \tag{5-7}$$

i 文化会逐渐取代 j 文化;

(2) 当 $\beta_{ij} > \dfrac{K_i}{K_j}$ 且 $\beta_{ji} < \dfrac{K_j}{K_i}$ 时,

$$\frac{\partial N_i}{\mathrm{d}t} < \frac{\partial N_j}{\mathrm{d}t} \tag{5-8}$$

j 文化会逐渐取代 i 文化;

在(1)、(2)两种情况下,有一种文化类型会占据主导地位,即当某种文化更容易被其他文化群体所学习和接受时,最终会形成以这种文化为主导的文化类型。

(3) 当 $\beta_{ij} < \dfrac{K_i}{K_j}$ 且 $\beta_{ji} < \dfrac{K_j}{K_i}$ 时,

$$\frac{\partial N_i}{\mathrm{d}t} = 0 = \frac{\partial N_j}{\mathrm{d}t} \tag{5-9}$$

i 文化与 j 文化共存,两种文化群体的增长率相等,任何一种影响力的消长都会打破这种平衡状态,使文化发生有利于某一方的演化;

(4)当 $\beta_{ij} > \dfrac{K_i}{K_j}$ 且 $\beta_{ji} > \dfrac{K_j}{K_i}$ 时,

$$\frac{\partial N_1}{\mathrm{d}t} \text{ 与 } \frac{\partial N_2}{\mathrm{d}t} \text{ 不一定相等} \tag{5-10}$$

两种文化群体发展不平衡,文化系统的变化状态难以预测。

从以上分析结果可以看来,在某种特定的初始状态下,两种文化类型在竞争能力和各种性态方面存在差异,竞争的结果正是由他们相互之间的影响系数(学习能力)及其环境的容纳空间来决定的。文化遗传的异质性与创新的路径依赖及主观选择使文化变革的路径呈现多样化的状态。也就是说不同历史、不同阶段和不同文化资本积累的企业,其文化资本演化的路径是不同的。在组织文化资本演化的过程中,企业家必须通过培训、教育等积极的手段营造良好的变革氛围,还需要从制度层面通过有效的安排来影响演化的方向,同时要考虑与社会文化价值观的匹配问题,保证组织文化资本向着有利于企业发展的方向进行演化。

5.4.2 组织文化资本选择机制的复杂性

组织文化资本的演化路径和结果还取决于成本约束,在其演化过程中受到包括外部社会文化冲击、企业家思想观念的变化和人们行为的不确定性等随机扰动的影响。人类的认知活动具有模仿性、归纳性和有限理性等基本特征,不同参与者的行动决策的最终均衡只能是每个参与者逐步调整其他参与者行动决策规则的长期动态过程的结果。人们根据自己的经验和对其他人行为的预期来调整自己的行为,博弈双方在交往中所形成的一致性的预期通过组织文化惯例的形式保持下来,产生一个"先例—预期—行动"不断循环往返的反馈的回路及适应性学习过程。组织文化变异呈现的多态变革方向在动态博弈中逐渐稳定。

根据演化博弈的原理,如果一种策略的收益比种群的平均收益高,那么这种策略就会在种群中发展,其增长率大于零。假设组织中存在 i 与 j 两种文化群体,双方的策略组合均为(变化,不变化)。x 为 i 群体中采取变化策略的比例($0 \leqslant x \leqslant 1$);$y$ 为 j 群体中采取变化策略的比例($0 \leqslant y \leqslant 1$)。令 Q_i 为 i 的收益,Q_j 为 j 的收益。P_i、P_j 分别表示 i 和 j 都采取变化策略所带来的超额收益,总收益 $P = P_i + P_j$。采取变化策略的成本为 C,对组织的影响系数为 $\omega(\omega > 0)$。表 5-2 则为组织文化资本选择的演化博弈模型。

表 5-2　　　　　　　　　　组织文化资本选择的演化博弈模型

		j 文化群体	
		变化	不变化
i 文化群体	变化	$Q_i + P_i\,;\,Q_j + P_j$	$Q_i - \omega C_i\,;\,Q_j$
	不变化	$Q_i\,;\,Q_j - \omega C_j$	$Q_i\,;\,Q_j$

i 文化群体采取变化策略的收益为：

$$U_i(C,S) = y(Q_i + P_i) + (1-y)(Q_i - \omega C_i) \qquad (5\text{-}11)$$

（S 为 j 文化群体采用的策略）

i 文化群体采取不变策略的收益为：

$$U_i(C',S) = yQ_i + (1-y)Q_i \qquad (5\text{-}12)$$

i 文化群体的平均收益为：

$$\overline{U_i} = xU_i(C,S) + (1-x)U_i(C',S) \qquad (5\text{-}13)$$

由式(5-2)、式(5-4)可知，i 文化群体选择变化策略的重复动态为：

$$\frac{\mathrm{d}x}{\mathrm{d}t} = x(1-x)\big[(P_i + \omega C_i)y - \omega C_i\big] \qquad (5\text{-}14)$$

同理，j 文化群体选择变化策略的重复动态为：

$$\frac{\mathrm{d}y}{\mathrm{d}t} = y(1-y)\big[(P_j + \omega C_j)x - \omega C_j\big] \qquad (5\text{-}15)$$

对式(5-5)、式(5-6)求解则有：系统存在(0,0)、(1,1)两个演化稳定策略(ESS)，(1,0)、(0,1)两个不稳定均衡战略和一个混沌区域：

$$x = \frac{\omega C_j}{P_j + \omega C_j}, \quad y = \frac{\omega C_i}{P_i + \omega C_i}$$

根据以上模型的结果分析可知，系统趋向于何种状态，取决于初始状态、环境因素以及各群体之间的互动。外部环境是影响超额收益的主要因素。当选择变化策略所获得的超额收益越大，系统趋于(1,1)的概率增加，各群体均会有越来越大的概率采取变化策略。当选择变化策略的成本增大时，系统的长期均衡会趋于(0,0)；反之，则系统的长期均衡趋向于(1,1)。

组织文化资本的形成与演化是一个复杂的自组织过程。外部环境和企业家的思想与行为作为推动组织文化资本形成和变革的重要因素。组织文化资本的特征会因为企业家价值观的不同取向而呈现不同的类型。企业家必须有意识地进行价值观领导，通过管理活动将价值观传递给员工和社会利益相关者，同时必须营造企业内外良好的信息沟通与反馈机制，构建美好的企业愿景，抓住变革的核心变量,因势利导,积极主导演化的方向。组织文化资本的创新与演化必须在继承组织文化传统的基础上循序渐进,通过多层次、多等级的方式实现。从短期看来,组织文化资本是由企业家主导的、以企业家核心价值观为主体的价值体系;从长期看来,组织文化资本的创新方向与结果选择必须与社会文化相匹配,或者说必须适应社会文化的发展方向才能使企业获得最大的收益。

5.5 组织文化资本的转化及其影响因素

5.5.1 组织文化资本转化的条件和内涵

秘鲁经济学家德·索托(2000)指出:"资本并非是积累下来的物化资产,而是蕴藏在资产中、能够开展新的生产的潜能。当然,这种潜能是抽象的。在我们把潜能释放出来之前,我们必须把它加工成实实在在的形式……正如我们看到的那样,资本的创造需要一个转化过程"。资本本身就具有增值的趋向和潜力,能够参与企业再生产活动并能够为企业创造超额价值或剩余价值的组织文化资源即为企业的文化资本。企业文化资本潜力的发挥要求组织文化资源具有某种资格或资质,即具备这种资质或资格的组织文化资本因具有某种稀缺性和价值性才能在企业的经济活动中实现增值和转化。现实社会中,每一个行为主体都会通过自己特定的实践而形成一定的习惯,并由此创造和积累出一种具有优势的资本,进而在高度分工的市场环境中获得一席之地。每一个进行着资本积累的组织都处于一定的社会环境之中,他们所积累的特定的资本形式可以在组织内部或与外部环境之间进行转化。

在当代,资本形式和内涵虽然获得了极大的拓展,但从本质上来说,资本是一般人类劳动的凝结和积累。这种抽象的人类劳动不但可以通过某种物化的形态表现出来,而且可以表现为某种潜在的或显的能力和价值观体系。也正是这种本质特征,使得各种不同的资本形式实现了在内在价值层面上的统一,这就是资本转化的前提。同时,现代市场经济的核心是建立在等价交换机制之上的商品经济,这种等价交换机制,使得各种不同形式(有形的和无形的)的资本之间可以实现相互转化。因此,市场机制是各种资本形式实现相互转化的核心机制,在"无形的手"的驱动下,"资本的转换成为运行自如的本然的社会现象,以至于主体间并不一定发动这种转换活动,各种资本彼此之间就自然而然地兑换出、标志出它的转换值域"(陈峰,2005)。

一般说来,组织文化资本的各个组成部分在本质上都统一于企业的核心价值体系之中,正是这种价值体系使组织文化资本在各种形式上达到物质与精神、形式与内容、价值与受益的统一。但在实际的企业内部和市场场域中,各种形式的文化资本总处于分离状态。例如,消费者购买了某一品牌的商品,虽然商品本身所内涵的企业精神和价值观念(精神资本)并未转化为消费者所有,但是它却实实在在地通过对该种品牌(象征资本)产品的占有而展示了自身品位、爱好等,并从对该种品牌商品的消费过程中获得满足。消费者在此购买过程中实现了经济资本向组织文化资本的转化,企业亦然。另外,具有某种精神资本的商品,如果不通过体制化的过程得到确认并获得象征资本,那么就很难在短期内被消费者所认可。这个过程通常涉及文化资本与经济资本、社会资本之间的转换。再如,组织文化资本必须通过人的活动实现其价值的增值或转换,这个过程也必然存在文化资本向人力资本的转化。

5.5.2 组织文化资本转化的关键性环节

具有稀缺性、凝结优势劳动量的组织文化资源要转化为组织文化资本就要通过一定手段将其激活。这种激活是文化资源资本化过程最重要的环节,它包括价值度量、产权确认。只有经过价值度量、产权确认,才能识别文化资本的内在潜能和增值额度,才能与其他的文化资本进行比较并在其主体之间进行转换,使资本潜能现实化为再生产能力。

价值度量:企业作为商品和服务的生产者和提供者,他们可以通过自身的产品或服务中所蕴含的文化资本去影响市场场域中利益相关者的精神建构,正因为利益相关者对文化资本的追逐才使企业产生了一定的权力或影响力。但是,这种权力或影响力要发挥功能则必须依靠企业的产品或服务来体现,因为只有产品和服务进入利益相关者的视野并成为他们获得收益或享受的凭借,这种影响力才能发挥出来。组织文化资本必须通过交换和转化,才能产生出真正的经济效益和社会效益。因此,交换、转化就是组织文化资本存在的基本条件,而这也是组织文化资本拥有者用以彰显其地位与权力的基本方式。企业的价值和地位不仅需要外界的支持,更主要的是依靠自己的个性化优势,通过不断推出的产品和服务在社会交换和消费中完成定位。在抽象的意义上,资本表现为一种劳动的积累,正是在这一层面,资本的价值可以得到度量,因而也赋予了不同的资本形式之间相互交换和比较的标准。因此,要选择一个标准来衡量组织文化资本,对组织为了获取文化资本而投入的劳动量进行核算应该是一个较为可行的方法。

产权确认:组织文化资本同其他资源一样具有实用性和稀缺性,这种实用性和稀缺性表现为供求之间的矛盾,表现出商品或服务有文化与无文化两种现象。秘鲁经济学家德·索托(2001)认为,资本的创造是隐藏在西方国家错综复杂的正规的所有权制度内的一个潜在过程。资本只能在正规的所有权制度中确认其存在,也只有在正规的过程、形式与法律体系中,才能对资本的经济特征进行明确地标记并对其使用和转让进行有效管理。组织文化资本具有独特的属性——无形性。对于无形的资本的所有权进行界定之后,其资本所有者就可以合法地拥有这一无形资本的有形载体。因此,对组织文化资本所有权的界定不能仅仅依托于组织对某一有形物的专有,而只能通过对组织文化资本控制权的确认来加以确定。对文化资本控制权的确认意味着其控制主体拥有了使用权、经营权,并通过文化资本获得收益的权力。

良好的市场经济机制:组织文化资本是企业所拥有的重要的无形资产,其转化至少包括三个基本过程,即文化资本通过研发、生产被赋予企业的产品与服务之中;被赋予了文化资本的产品或服务在流通中被转化为用于市场交换的商品;对含有文化资本的商品进行资本化经营。存在于这三个过程中的基本内涵就是:文化资本是劳动的产物,同时它又必须通过企业的劳动转化为能够被消费的产品;赋予了文化资本的产品最终要转化为商品,并实现由一般的使用价值到价值的转化;在市场交换的过程中以货币为媒介并通过有效的资本市场运作机制来实现其转化。事实上,在组织文化资本的转化过程中,一个十分重要的问题就是要提高商品或服务的文化内涵或文化附加值,其目的就是最大限度地向消费者让渡价值,通过提高企业的社会效益进而实现企业整体效益的最大化。另外,实现组织文化资本的资本化运作,就必须要依靠市场机制来对其进行优化配置。同时,在市场经济条件下实现组织文化资本的转化,还需要依托于大量的人才、技术等基础条件,其核心就是良好的市场运作机制。

5.5.3 组织文化资本向经济资本的转化

在当代经济生活中,货币资本、实物资本等形态的资本在企业发展和经济增长中的作用逐渐弱化,由文化资源和制度体系所构成的文化资本的功能正在逐步扩大。文化要素的不断投入及其投入规模的扩大对于独立的经济组织或是市场来说都是提升社会再生产能力的关键因素。组织文化资本正是在市场机制的驱动下实现向经济资本的转化。

从社会层面来说,科学技术及其相关知识、文化价值观念等对于经济发展具有非常特殊的意义。文化价值观念通过影响参与者的思维与行为来影响经济并发挥其作用,它主要包括企业家的思想、行为和从事生产过程中的人的思想和行为两个部分。一般说来,企业家的文化价值观相对稳定,可以将其看作一个稳定因素,而从事生产活动的人的价值取向则会因为其动机的差异而大体上分成两种类型,一类是经济活动的参与者对经济性因素的敏感程度。例如,对获得报酬的多少、对可能受到的经济性处罚的接受程度;另一类就是经济活动的参与者对精神性因素的敏感程度。例如,他们内心对获得的精神性奖励的满足程度,或是对预期取得成就的渴望和愿景的需求程度。这类精神性因素在社会管理活动中如果能有效加以培养和引导,将会使社会成员内心产生取得成就的高度渴望,使得他们在主观上出现积极向上的动力,客观上营造出良好的群体文化氛围,有效提升全社会的效能。当然,这种文化要素与社会主流价值体系和制度体系联系紧密,当社会价值系统和制度建设形成常态化、常规化并将制度化的价值系统内化为社会成员的个性时,所形成的合力将足以驱动社会经济生产并高效地完成社会所需的各种劳动。

从企业层面来说,组织文化资本作为一种价值系统,具有较长期的稳定性,对于提高经营管理水平、提升企业绩效、推动企业发展具有重要的驱动作用,能够有效降低企业内部管理成本和交易成本,从而在企业的内部管理过程中实现文化资本向经济资本的转化,这一观点在前文中已经进行了一些论述。同时这里还存在一个比较重要的问题就是组织文化资本中的道德伦理与社会责任意识同样能够转化为企业的经济资本。早在 20 世纪 30 年代,企业家的责任和企业家在道德伦理方面的作用就已经成为一项研究课题。企业领导者们都将在企业内部制定道德规范或是积极鼓励营造有利于良好生产行为的道德标准的氛围作为自己的一项任务。McGuire 在其所著的《商业与社会》(1963)中指出,一个组织不仅在经济和法律义务方面负有责任,而且在道德伦理方面也负有责任,企业在作出决策时应该重视在道德伦理方面的责任。Carroll(1979)曾经对企业的社会责任进行概括,并将其分为四类,即经济责任、法律责任、道德伦理责任及自由决定责任。Wood(1991)则将企业的责任分为三个层次,即制度层面、组织层面和人员层面。

其实,探讨企业的经济责任就是将企业作为社会的基础组织,它应该创造和提供消费者所需的各种产品与服务,从而获取利润。从法律责任的角度来说,企业应该遵纪守法。经济责任与法律责任均与在规定框架内的规范化行为及其活动密切相关。企业的道德伦理责任以企业所实施的并为集体所期待的行为作为道德义务,但道德义务不具有强制性,也非标准化的。在遵纪守法的前提下,企业履行何种道德义务只取决于公司的意志,社会的普遍行为标准和规范不再是唯一的参照,而且企业的某些行为会超出社会的期待。上述四类责任并不具有排他性,企业的每一个行为都可以同时涉及其中几项责任。在制度层面讨论企业的责任应以合法性为基础。社会既然将生产的权力赋予了企业,那么企业就应当遵循现有的经济、法律以及伦理道德准则。企业与一切能够对企业施加影响以及企业能够对其施加影响的个人或团体都存在关系。在组织层面讨论企业责任应以不违背公共责任原则为基础,企业不应对所有的社会问题负责,而应该将精力集中于生产领域。与企业责任有关的并不是企业在社会中所担负的组织角色,而是企业生产活动在所经营范畴中的地位。在人员层面讨论企业责任应以管理原则为基础,企业是一个由具有主观能动性的员工构成的实体,员工的选择并非完全取决于企业内部的决策过程,他们应该对自己的行为负责。Bowman 和 Haire(1975)曾经对企业的责任及其利润间的关系进行了研究,他们选择了 82 家食品公司,对这些公司的社会责任进行了评分,并将结果与各家企业年度报告中的盈利数据进行了比较,结果发现企业的利润与责任之间呈倒"U"形关系(图 5-3)。

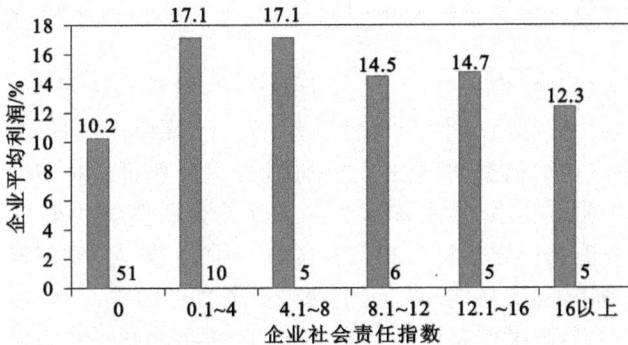

图 5-3 企业责任与利润的关系(Bowman E H,Haire M A,1975)

研究表明,企业采取符合伦理道德的行为一般不会降低企业利润。在选择的 82 家食品公司中,51 家社会责任指数为零的公司的平均利润率为 10.2％,但是另外 31 家责任指数不为零的企业的平均利润率却介于 12.3％～17.1％之间,全部高于社会责任指数为零的企业。同时他们发现,当企业社会责任指数大于某一个临界值时,企业的平均利润率就有可能开始下降了。由此他们得出结论,良好的企业责任行为有助于提高企业的利润,但是这种行为不能过度。

企业品牌、名称等无形资本作为组织文化资本的一种表现形态,这种标志、图形或文字作为一种符号化表征,代表了与特定企业紧密相关的知识和价值体系,它具有信息传导的功能。形象资本是企业核心价值体系的体现,也是企业间存在差异的重要因素,它能够使消费者付出较其他同类产品更低的成本获得有关商品的信息,并根据其自身的需求选择商品,同时还能区分出高质量与低质量的产品,市场经济活动中的优质优价原则在此得到了充分体现,这成为企业核心竞争力的重要来源。只有当这种象征资本包含并传递能够为消费者普遍认同并接受的有关商品信息时,形象资本才能真正发挥其功能。形象资本向经济资本的转换机制遵循价值转换的基本规律。古典经济学研究的基本假设是消费者都会在自身的成本约束下寻求效用最大化的商品组合,而并不关心商品的生产厂家和品牌。但是在现实生活中,这种假设的情况几乎是不存在的。不同企业的产品即使是同一种类型和型号,在外部与内部特征上都会存在差异,但由于受到成本约束,此时的商品事实上已经成为了一种"灰箱",消费者不得不在有限的信息条件下作出决策。如果某一品牌的商品在一个较大的区域内拥有较好的评价,那么处于这一区域的消费者就能够从较好的评价中获得积极的信息并由此形成对某一品牌的良好认知。通常情况下,消费者对拥有较好评价的该品牌商品的支付意愿将高于其他相近品质的商品,对某一品牌的良好认知会转化为企业的商誉。

假设在完全竞争性市场中,厂商完全同质化,没有形象资本的存在,那么消费者对于获得某种商品所支付的价格就等于生产某种商品的产业平均边际成本,没有企业能够获得超过此价格以外的溢价(超额利润),对于整个产业来说都是如此。在现实的市场中,形象资本的存在则使企业能够获得行业平均边际成本以外的溢价。消费者在选择某种商品的过程中,一方面,要获得商品本身所具有的核心功能,即某种商品能够满足消费者最基本的需求。例如,消费者购买一个杯子,其最基本的需求就是能够用来喝水,在这一点上所有的杯子都具有同样的功能。另外,消费者还需要通过对某种品牌的商品的消费来获得精神上的满足,即展示自身的品位、彰显自身价值等主观上的价值感受。此时某种杯子所具有的价值就通过品牌和名称表达,消费者愿意为这一部分的价值支付溢价。因此,象征资本通过消费者支付的溢价实现了向经济资本的转化,并且这种转化过程同样存在于企业兼并、转让或其他投资活动中。

企业形象的一个重要组成部分就是企业的品牌,各种品牌都是通过不同的商业符号来加以表达的,诸如企业的名称、商标和各种标识等。但是需要注意的是,这些商业符号仅仅是特定企业信息的负载物,它将各种与企业有关的信息黏合在一起,是企业信誉的一种特殊表达形式和载体。除此以外,在这种特殊的符号背后还隐含着"第二重含义",意味着友好关系、印象价值、声誉、知名度、名气等。正是形象资本这种经过体制化确认的资本形态赋予了企业社会公信力。如果在长期内商品的内在质量与体制化的形象资本相吻合,企业的影响力就会产生和扩大,随之消费者忠诚和长期的购买行为就会产生,从而使企业获得忠诚顾客,企业将从良好的商誉中获得超额的收益。商誉是一种"一贯性的承诺"或者是一种长期承诺(Philip Kotle,1997;张维迎,2001;崔鑫,2003)。商誉的存在使得当前的交易具备了某种特殊的"溢出"效应,并且它会引起一系列可能在未来发生的交易。而且一般说来,书面的各种合同、契约并不完整,仅仅只能对未来即将发生的各种行为进行部分约定,只能起到诱发某种行为的功能,而企业与其顾客之间的各种权利与义务关系更多地渗透在各种非强制性的隐性因素中,从而使得企业与顾客之间形成持续稳定的心理契约,这就大大增强了企业与其顾客之间所达成的各种契约的完整性和有效性。在此条件下,双方通过对相互之间各种友好关系的理解就能够阐明相互之间的"默会知识",即"默契"。因此,企业的生产经营活动必须着眼于市场中利益相关者的需求,根据满足顾客的需要进行调控,这种满足的程度越高,时间越持久,商誉的价值就越大。

从某种意义上说企业的产品也是文化产品或文化商品,因而它本身就要遵循文化价值规律和经济运行的规则,文化价值是商品的内涵,经济价值是文化价值的载体。当企业的文化资本符合社会文化需求时,它就能够在市场机制的运行中实现交易,以经济收益体现文化资本的价值。这种经济收益必然受市场机制的作用,只有这种市场机制体现文化资本的价值才能完成它向经济资本的转化,否则就会贬值。因此组织文化资本向经济资本转化受三种因素影响:一是市场机制、经济价值规律对商品或服务的文化价值与经济价值之间兑换率的识别;二是文化资本持有者将文化资本价值向经济价值转化的物化;三是顾客对文化资本的认知和需求。这些复杂因素的复杂作用,使组织文化资本向经济资本转化受到来自于不同主体的主观影响和社会机制的客观影响。因此,组织文化资本向经济资本的转化效率具有非确定性和随机性的特征。组织文化资本和经济资本都是人类一般劳动的积累,文化生产和经济生产都是社会生产的重要组成部分,文化需要和经济需要都是人类的共同需要。因此在特定的阶段和市场场域中,组织文化资本向经济资本转化的效率与它们各自所蕴含的价值呈正相关关系。

5.5.4　组织文化资本向人力资本的转化

舒尔茨指出"人类的一切才能都是先天所具有或是后天所获得的","我们把各种后天获得的、有价值的,并且能够借适当的投资而增长的人口质量因素视为人力资本"。目前,国内对于人力资本的研究主要存在两种观点,一种观点认为人力资本具有专属性(盖晓敏,2005;魏杰;叶蜀君,温俊艳,2004),就企业而言,人力资本指企业中的两种人,一是企业家,二是技术创新者,而除此以外的其他劳动者则被看作是劳动力,并不属于人力资本的范畴。另一种观点认为人力资本具有一般性(郑兴山,唐元虎,2003;付泳,郭龙,2005;刘铁明,袁建昌,2008),即人力资本就是通过投资获得的、凝结在人体中并能够产生价值增值的各种知识、技术和能力的总和。从企业的角度来看,无论是专属性还是一般性人力资本,他们都是企业投资的结果,企业进行这些投资的目的就是为企业创造未来的价值增值。哈比森(1962)曾经指出"人力资本形成是与对人的投资及其作为具有创造力的和具有生产力的资源的开发联系在一起的。"从这个意义上来说,文化资本与人力资本之间存在着紧密的联系。Robbins Derek(1991)就曾经对布尔迪厄的文化资本概念与经济学中的人力资本概念进行过比较,他认为这两个概念即使不完全相同也是非常接近的。同样,也有很多的经济学家,如贝克尔等将文化资本纳入他们关于人力资本的定义范畴。

企业人力资本是指企业为实现未来的增值,通过有意识的投资获得的、依附于全体员工身上的各种知识、技术、能力、健康、道德以及信誉等价值存量的总和。企业人力资本依附于企业员工而存在,但是并不等于员工个体人力资本的总和,只有那些能够为企业创造未来价值增值的人力资本之和才是企业的人力资本。阿尔钦和德姆塞茨认为,企业是一种团队生产方式,团队生产的核心问题就是监督与协作。企业人力资本是企业员工人力资本集体协调和合作的"整合"(席酉民、段兴民、张生太,2003)。企业要开发、生产人力资本,必然要有相应的机制。组织文化资本是依附于企业本体而存在的,企业本身也是人力资本与非人力资本之间契约的集合。组织文化资本与企业的成员有着紧密的联系,它的积累是在精神层面进行的,即企业采用教育、培训等形式向员工输入企业的价值观体系。这种价值观体系作为一种无形的精神资本一旦被企业成员所获得,它就能够迅速转化为个人的习惯与个性,成为人力资本的一个重要的有机组成部分。但是,这里涉及两个问题,一是人力资本的投资转化,即企业投入人力资本开发的资源如何转化为企业员工个体的人力资本,其关键是价值观体系的形成和积累,这主要是心理影响机制在发挥作用;二是人力资本所有者的努力程度,即人力资本的激励和约束问题,其关键是调动个体的主观能动性,这主要是行为引导机制在发挥作用。转化机制见图5-4。

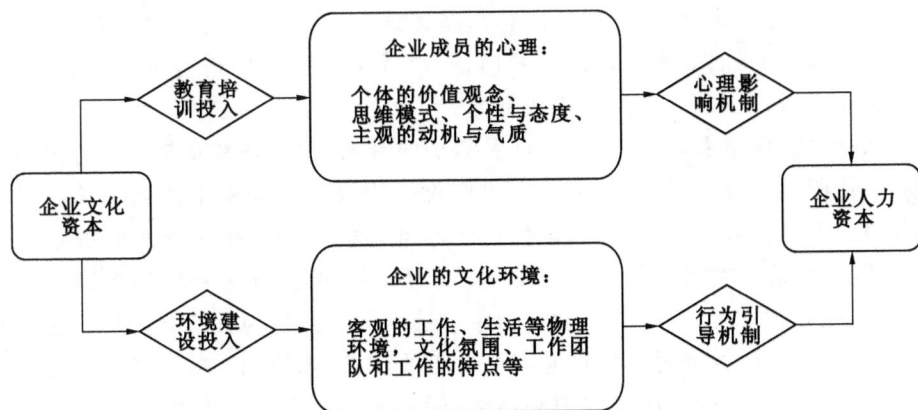

图 5-4　组织文化资本向企业人力资本的转化机制

一般说来,个体的心理包括个体的价值观、思维模式、个性特征、态度以及主观的各种动机与气质等因素,它们与文化的关系十分密切。文化资本向人力资本转化的心理影响机制主要是通过影响企业成员的诸如理想、信念、价值观、态度,乃至性格等方面,进而影响人的能力来发挥其功能的。个人的能力是一种特殊的心理特征,它是人们掌握和运用各种知识技能的一个重要决定因素。在个人能力形成与发展的过程中,所受到的教育、参与的各种实践活动、个人的兴趣爱好以及信念与理想等方面都会对个人的能力产生影响。同样,态度决定着个人的行为方式,而价值观则是隐藏于态度背后的深层次原因。在心理影响机制发生作用的过程中,企业的核心价值观体系不断积累,刺激个体产生行为的动机,对个体行为产生导向功能。企业在环境建设中的投入会给企业成员营造具有企业特征的工作与生活环境,营造企业特有的文化氛围与团队协作方式,长期工作与生活在这样的环境之中,人们会不自觉地融入这种氛围,表现出与环境相匹配的行为。人力资本的形成是多种因素共同作用的结果,其中教育是最重要的途径。企业一般采用培训、经验交流、训练等方式对员工进行教育。从目的上来说,教育是一个人与人之间互动的过程,是将文化赋予人力资本的关键环节。"教育的基本目的是文化的而非经济的,因为教育通过给予世间男女机会,让他们得以认识自己所特有的价值和鉴别他们对于生活的意义,来帮助个人发展成为有能力有责任心的公民"(舒尔茨,1990)。"教育总是被他们所处环境的文化模式和生活方式所制约,无论何处,教育都意味着为个体能有效地生活于特定的文化中做准备"(佛罗斯特,1987)。企业对员工进行教育和培训的目的首先是为了让员工的价值观、思维和行为模式等符合组织文化的规范。在组织文化传递的过程中,教育对文化具有选择性,将那些保证企业发展,适应社会需要的,符合共同价值取向的知识、技能、技术、习惯、态度等文化要素传递给每一个成员,这些是企业人力资本的一个重要组成部分。

从社会文化来看,学习不仅仅涉及知识内容的增长,还涉及与一些有关的价值和文化假设的结合,这些价值和文化假设是构成如何去教学和处理学习任务等方面观点的基础。思维方式、记忆功能和计划能力都产生于思想的框架和实际的情境中,这些在各种社会中是不同的。企业成员都处于特定的组织文化环境之中,他们的学习、思维方式和行为中必然会存在某种为其所处的特定文化所独有的文化因素,并通过他们针对某个对象的认识、知识和态度以及行为方式体现出来。人力资本的本质是知识和技能,学习则是获得知识技能的手段。一般来说,随着不断地学习和实践,人力资本存量会不断增长,其价值也会提高。人力资本增值的过程实际上是知识和能力不断积累的过程。学习是个体与文化相互作用的结果,是一个包含多个层面的复杂的过程。其影响因素包括个体的态度、动机、目标、风格等,它还受到人力资本所有者预先所具备的知识、技能的影响。学习是一个重新编排信息,将它们整合到自己的认知结构中,并对信息的整合体加以转换生成合意的最终产物的过程。在不同的文化中,这种整合加工信息的方式也存在差别。知识技能是在人与人之间、人与社会和自然间的相互作用中获得的。不同组织文化在其发展过程之中形成了符合自身生存发展需要的知识结构和内容。不同文化背景中的知识都有其内在的构成规则和存在的合理性,并且为拥有这类知识的人力资本提供存在的基础和发展的动力。学习的最终产物——知识、技能等必须符合组织文化的需要。

5.5.5 组织文化资本向社会资本的转化

Coleman(1988)认为社会结构的某些方面构成了社会资本,它们为行动者实现特定目标提供了有利条件,而与这个行动者是个人还是法人无关。Burt(1992,1997)以高科技企业为研究对象提出的结构洞理论也把社会资本的研究层次提升到企业层面。他认为,社会资本是存在于企业内部和企业之间的各种关系,它最终决定着企业竞争的成败。关于企业社会资本的研究可概括为三种视角,即资源视角、社会关系网络视角和能力视角,表5-3是不同学者对企业社会资本的界定。

表 5-3　　　　　　　　　　　　不同学者对企业社会资本的界定

视角	研究者	定义
资源视角	Koka，Prescott（2002）	社会资本是一种资源，它是社会行为者通过社会关系网络而获得的。企业是一个有目的的社会行动者，因而学者们将社会资本的逻辑拓展到企业层面是必然的
	Nahapiet，Ghoshal（1999）	企业社会资本是指那些潜在的资源，它们镶嵌在那些可被利用的资源或者是为社会单位所拥有的关系网络之中
	Leenders，Gabbay（1999）	企业社会资本是为企业所拥有的各种有形的或无形的资源，这些资源是通过促进目标达成的社会关系而获取的
社会关系网络视角	Seung Ho Park，Yadong Luo(2011)	企业社会资本是企业拥有的社会关系
	刘松博（2007）	一个企业所拥有的可以为其带来价值的内部和外部的非正式关系的总和
	边燕杰（2006）	虽然存在多种定义，但社会资本的基本定位是清楚的，内涵是明确的，即社会关系网络
	Putnam（1993）	社会资本是能够通过可协调的行动来提高社会效率的信任、规范和社会网格
能力视角	边燕杰、丘海雄，2000；张方华、林仁芳，2004；赵顺龙、谭湛，2007	企业社会资本是企业通过与经济领域中的各个方面建立起的各种网络来摄取稀缺资源的一种能力，而这种网络关系是建立在信任和规范基础上的
	Nick Bontis（1998）	关系资本表示一个企业获得的源自组织外部无形资产中的潜在能力
	Adler，Kwon(2002)	行动者的外部联结起着"搭桥"的作用，企业由此可获得关键性资源以加强其竞争优势；而企业内在的社会关系可以融合组织内部的行动者，起到成员间和部门间的"黏合"使用，为组织实现目标提供便利

由以上学者们的观点来看，他们都将企业社会资本的主体界定为企业而非企业中的个人，企业社会资本所涵盖的范围也已经大大超过了个人社会资本，个人社会资本的简单累加并不等于企业的社会资本。宏观来看，企业社会资本是企业通过社会关系网络获得资源的能力以及所能够获得的资源的集合。这种社会关系网络不但存在于企业内部，而且存在于企业外部。它既能够体现企业在经济活动中的主体地位及其通过各种外部的社会关系网络获取各种稀缺资源的能力，也能够体现企业通过其内部关系网络调节与改善组织内部关系并对稀缺

资源加以利用的能力与效率。

　　不论将社会资本看作是资源还是网络抑或是能力,它正常运行的基础则是来源于文化中的信任、互利、互惠与规范。Putnam(1993)认为由于信任与规范的存在,社会网络才得以正常运行。信任能够有效降低制度运行的成本,它通过对不确定性的预期和内部管理成本的降低、促进内部资源合理配置来提高组织的效能(郑伯壎,1995;Burt,Knez,1997;Kipnis,1996;Robinson,1996),并通过加强组织内部的互助与合作、目标协同以及提升团队的凝聚力等功能维持着组织的存续(Bradch,1989;Powell,1990)。Fukuyama(1998)对于作为社会资本基础的文化因素进行了着重论述,他指出文化因素在经济研究中应该得到更多的重视,并在信任的基础上构建了他的社会资本理论,从文化的角度对这一理论进行了阐述。信任是建立在全体社会成员共有的规范,抑或是深层的价值观,以及个体角色基础上的,组织或群体成员对相互间的诚实、合作等行为的一种期待。这种信任也许存在于最小的社会团体,如存在于家庭中,也可能存在于国家之中,或者存在于介于二者之间的各种群体之中。同时,社会资本通常是经由宗教信仰、历史传统、生活习惯等文化规范或机制建立起来的。

　　特定的信任关系产生于特定的文化传统之中,并由此生成了各种不同的社会资本,决定了社会中各种类型的经济组织的总体格局和社会经济发展的总体情况。因此,文化传统与社会道德伦理对促进社会经济发展至关重要,甚至对发展的全局具有决定性的作用。由此而言,组织文化资本可以通过确立企业内部的各种规范、规则以及企业对外的行为模式,为企业社会资本的产生搭建完善的社会关系网络。组织文化资本可以在企业与其社会关系网络中成员的接触过程中,实现后者的文化资本积累,从而使得后者显现它的社会资本。企业可以通过对商品、服务赋予形象资本,而提高企业的社会声望、扩大社会关系网络,从而提高企业的社会资本潜能。

6 基于组织文化资本的核心能力整合与组织长期绩效分析

　　企业总是在不断追逐效用最大化的过程中实现自身的不断成长与发展。从本质上来说，竞争的过程就是寻求差异的过程。影响企业绩效的因素是多层次的，在不同的假设条件下，人们所认识到的决定性因素并不相同。企业的生产经营活动是以资源为基础的，企业的经营管理活动、市场竞争行为及其在市场结构中的不同地位都受到企业资源占有状况和使用能力的制约。因此，从企业层次来关注企业异质性的企业资源观对长期竞争优势的解释力更强。企业核心能力作为一种以独特方式运用和配置资源的特殊企业资源，成为企业资源观的研究焦点。当从资源基础理论的视角出发，试图解开企业这个"黑箱"之谜时，人们发现企业核心价值观差异的存在，诸如经营理念、道德伦理、发展愿景等因素，决定着企业核心能力与绩效的差异。

6.1　组织差异的形成原因

6.1.1　外部因素

　　社会系统是由多种社会要素所构成的相互影响和作用的综合体，企业也是构成社会系统的重要单元。它不但有着自身的系统化运行模式，也与社会系统的其他单位之间进行着广泛的交流互动，受到社会系统的多方面影响。在当代以知识为基础的全球化竞争环境中，经济全球化、一体化的浪潮正深刻影响着各种经济组织的发展。但是纵观全球企业，却惊奇地发现即使是在有着紧密联系的国家和地区之间，其企业仍然基本延续着各自特有的运营模式而并未趋同，并且即使是在相同的产业系统内部，企业之间也存在着巨大的差异。究竟是什么原因造成了这种结果呢？

　　文化是思维和行为方式的集合体，因为文化的存在使得那些不同群体相互区别。荷兰的文化人类学家霍弗斯特德将文化定义为一个特定环境中的人所拥有的共同的心理程序，这种心理程序经由多年的工作、教育和生活而形成，因而在不同的民族群体、区域或国家中，这种程序互有差别。跨文化管理的研究表明,文化价值体系也是制度体系的基础,不同区域的文化差异正是造成企业差异的重要因素。Whitley R(1999)对具有不同文化和制度特征的企业系统的差异进行了研究。他通过经济活动组织整合的三条途径来对企业系统的差异进行描述。一是企业内协调,即企业在共同所有权下的经济协作活动。二是企业间协调,即企业在非共同所有权下的经济协作活动,例如联盟合作等。三是企业内部组织人、财、物等资源的内部管理模式。他由此归纳出六种典型的企业系统类型①,在分析这些独特的经济模式为何出现以及受到何种因素影响的问题时,他认为可以进一步将这一差异归因于制度和社会因素。

企业系统由企业及相关要素构成,存在于社会环境中,是社会系统的子系统。企业生存发展所开展的各种经济活动几乎都与资源的整合、优化与重组有关。如何对社会资源系统内的各种要素进行识别、构建、加工,使之成为彼此相互联系、结构合理的资源体系,或是改变现有的资源、现有资源的创富能力、资源的产出,使资源发挥最大效用,并能够被企业所掌控和使用,这是企业管理活动所必须面对和解决的关键问题。在解决这些问题的过程中,企业所处的制度环境以及社会文化环境都会对企业的决策产生根本性的影响。简而言之,一定的文化环境与制度环境在很大程度上决定了企业的存在形式、组织模式和对资源的处理方式。可以从以下三个层面来加以分析。就人们所看到的单个企业来说,它所呈现给外界的是包括所有权形式、组织结构、运营模式等在内的经营管理活动的集合。扩大到企业系统来看,人们还可以观察到企业间的竞争、协调、合作等相互关系。这一层面主要是资源的获取、配置和使用结果的外在表现形式。对现实的显在层面起到支撑作用的是制度与规范层,它决定了企业对资源的配置模式。这里的制度与规范是指以法律、规范等形式正式地表达出来具有强制力和约束力的正式制度。它们是由人所订立或设计的规约,用以塑造和规范社会成员的行为,并为各种社会行为划定边界,由一定的强制力来保障其得以实施。由此,企业的行为也因为正式制度的存在而被塑造,并随着制度的演化进步而不断发展。这一层面主要为企业资源如人力资本、社会资本、物质资本以及金融资本等核心资源的获取、改造、配置和使用提供依据。支撑着以上两个层面的是隐性的文化意义层,它由社会的价值观念体系构成,对所有行为提供非正式的制度约束。作为一种最基本的价值判断和假设的逻辑体系,它不但是正式制度形成的基础,而且有效填补了正式制度的空白。这一层面决定了一个企业对资源价值最本质的认知和判断。Redding(2005)从股东价值、专业化管理、科学

---

① 零散的体系、协调的工业区体系、块状分割的体系、政府组织的体系、协作的体系、高度协作的体系。

的应用、竞争强度等方面对美国企业系统的部分特征及其制度和文化根源进行了分析,并据此探讨了美国企业的优势领域。他指出,美国特有的文化价值理念,使得美国的企业在知识密集型服务业、系统控制型服务业和那些在高科技产业三大领域中表现突出,而在对员工技能要求较高或需要长期与客户之间保持密切关系的行业则表现一般。因此,在企业发展过程中,社会发展的独特历史过程和制度环境对企业的存续影响显著,社会的制度结构、社会的整体价值观念对企业系统的发展也具有极为重要的影响,甚至在一定程度上决定了企业的类型和特征。

6.1.2　内部因素

正如看到的那样,在现实的市场环境中,企业间的差异是普遍存在的。那么,除了外部市场因素以外,企业内部原因是否也导致了企业的差异呢?如果回答是肯定的,那么在内部和外部因素中,哪个因素更重要呢?因为企业竞争优势外生性理论存在解释力度上的不足,自 20 世纪 80 年代以来,众多西方学者将研究视角转向企业内部。Penrose 认为,服务(能力)只能产生于资源的使用过程中,这使每个企业的能力具备独特性、异质性。她的观点代表了企业竞争优势内生化的趋向,并由此发展出了资源理论(Wernerfelt B A,1984,1989;Peteraf Margaret A,1993;Barney,1986,1991)、能力理论(Prahalad C K,Hamel G 1990;Teece,Pisano,Shuen,1990)、知识理论(Barton D L,1994)等不同分支。虽然这三种理论分别从资源、能力和知识视角去阐释企业竞争优势,但是三者皆统一于资源基础理论之中,它们成为了竞争优势内生化的理论基础。企业能力理论把企业内生的知识和能力的积累看作是企业竞争优势的来源(Penrose,1959;Nelson,Winter,1982)。其中,对企业的竞争优势起关键作用的知识和能力被称为核心能力或核心竞争力(Prahalad,Hamel,1990)。企业获取"租金"的量和持续性就是由其特有的核心能力的状况所决定的。资源基础理论注重探讨影响企业竞争行为的内生因素,将企业的核心竞争优势归因于企业的内部条件(能力、资源和知识),这成为解释不确定条件下企业竞争行为的基础。

从系统论的观点来看,企业竞争优势的获得与企业的成长都要求企业必须是一个开放系统。因此在 RBV 理论(资源基础理论)的基础上探讨企业竞争优势问题就必须将其放在开放的系统框架中加以分析,"企业必须加入到与外部的交换中去,以获取资源"(Scott,1987)。开放的企业系统无时无刻不在与周围环境系统之间进行着信息与资源的交流,这种对资源获取的需要使企业必须基于信任、互利与互惠的价值理念与利益相关者(包括股东、管理者、员工、债权人、生产者、消费者、供应商及其他有关利益主体)建立有效的联结,以此来提高企业的开放性和其自身获取资源的能力。在重视利益相关者的组织文化中,企业会主动将利益相关者融入其自身的文化价值框架,由此获得"关系"这一重要资源。同时,长期的稳定协作关系带来的信任也成为企业所控制的异质性资源。

从企业内部来看,随着市场竞争的不断加剧,企业由于具有行业壁垒、制度许可等独特资源而获得的某种垄断地位将会逐渐消失,创新成为企业成长的主导因素。创新的根本在于充分提高人力资本的主观能动性和创造力。与物质资本相比,现代社会中的人力资本所起的作用要重要得多,因此人的因素必须得到充分的关注和重视。在倡导"关心人、爱护人、培养人、发展人"的以人为本的组织文化氛围中,企业将能够有效克服股东本位之下的经营者行为难以监督的难题,特别是在信息不对称的条件下,可以以相对较少的内部控制成本实现对企业的监督,从而减少交易成本。企业在追求利益相关者利益最大化的同时也创造了自身的独特资源,并且这种资源是富有价值的、稀缺的、不可模仿的和不可替代的。通过实证研究,Rumelt(1984)指出企业内部所具有的资源禀赋的差异是企业超额利润最主要的来源。Schmalensee(1985)曾经运用美国联邦贸易委员会(FTC)业务范围计划 1975 年的数据,进行市场因素对企业间总体业绩影响的研究,他们的研究结论是,被观测到的业务单元的回报方差中的 19.46% 可以用市场因素进行解释(Mehmet Barc,2003)。Wernerfelt 和 Montgomery(1988)采用了与 Schmalensee 相同的数据进行了进一步研究,其结论是,在影响企业整体业绩的所有因素中,市场因素的影响比重为 19.48%。他们由此认为,市场因素对于企业的差异具有重要影响。但是尽管如此,剩余约 80% 的未解释的业绩方差说明了在他们的研究中还存在着未被发现的非市场变量。紧接着,Rumelt(1991)将数据的时间范围延伸为 1974—1977 年并进行了分析,其研究结论是,市场因素对业务单元的回报的影响占 17%,在这 4 年的数据中,另外 83% 的未被解释的方差中有 46% 来自稳定的企业因素。"稳定的业务单元因素比稳定的产业因素的重要性高出 6 倍"(Rumelt,1991)。通过对一个包含有 1000 家企业的样本进行分析,Hansen 和 Wernerfelt(1989)发现企业总体的业绩方差有 18.5% 来自于市场因素的影响,而有 37.78% 来自于企业特定因素的影响,这一比例接近市场因素的 2 倍。Porter(1996)的研究对此前学者们的研究提供了支持,他的结论是总体业绩方差有 20% 可以用产业因素来解释。可见企业间差异是企业内、外部因素共同作用的结果,内部特殊的资源和能力相对更加重要,它产生企业的本质差异。

6.2　组织文化资本视角下的核心能力整合

6.2.1　核心能力研究的多元化视角

随着战略管理理论研究和实践的不断发展和深入,学者们对企业资源给予了越来越多的关注,他们从战略的高度对企业资源进行了重新的界定和阐释,并且认为企业战略管理最重要的原则就是企业必须要通过资源的积累与配置,赋予其所占有的资产以异质性,凭借资产的异质性获得持续竞争优势,即获得"持续租金"。资源基础理论更加关注资源的异质性与企业成长的关系。根据企业核心能力的研究状况,可将其概括为知识与技术视角、能力与能力构成视角、过程视角、产品视角四个方面(表 6-1)。

表 6-1　　　　　　　　　企业核心能力的不同研究视角

研究视角	主要学者	对核心能力的界定
知识与技术视角	Prahalad,Hamel (1990)	核心能力是组织中的群体学习,特别是如何协调各种不同的生产技能和整合不同的技术流
	D L Barton (1992)	核心能力是识辨与提供竞争优势的知识集体。其内容蕴藏于员工的知识与技能、技术系统、管理系统指导、价值与规范四个方面,主要发挥协调各种生产技术和整合不同技术的作用
	凯文·科因、斯蒂芬·霍尔、帕特里夏·克里福 (1997)	核心能力是某一组织内部一系列互补的技能和知识的组合,它具有使组织的一项或多项关键业务达到业界一流水平的能力
	魏江(1997)	从知识载体的角度,提出了技术能力的概念,认为企业技术能力是指为支持技术创新的实现,附着在内部人员、设备、信息和组织中的所有内生化知识存量的总和
	Vema Allee (1998)	竞争能力就是为了快速向市场提供新产品或增加竞争力而调整知识,核心能力是使公司能持续开发新产品和开拓市场的特性
	王毅、陈劲、许庆瑞(2000)	核心能力蕴藏于企业所涉及的各个层次(包括经营环境、企业、学科、技术、产品、核心子系统等)、由能力元和能力构架组成的、能使企业获得持续竞争优势的、动态发展的知识系统。其有四个含义:第一,核心能力是一个知识系统,由能力元和能力构架组成;第二,核心能力具有层次结构,即存在于企业所涉及的各个层次,包括经营环境、企业、学科、技术、产品、核心子系统等;第三,核心能力是持续竞争优势之源;第四,核心能力是动态发展变化的

续表

知识与 技术视角	郭斌(1998)	企业在市场竞争条件下,以企业技术创新过程为核心,通过企业战略管理、制造、市场营销,以及组织、界面管理过程的支撑和交互使用所具备的获取企业持续竞争优势的能力。这种能力的强弱在很大程度上受企业所面临的产业技术和市场动态特性的影响
能力与能力 构成视角	M H Meyer, J M Utterback (1993)	企业核心能力是指企业的研究开发能力、生产制造能力和市场营销能力;更大的程度上就是在产品创新的基础上,把产品推向市场的能力。核心能力分为四个维度:产品技术能力、对用户需求理解能力、分销渠道能力、制造能力,在企业核心能力和市场绩效之间存在因果关系
	Coombs(1996)	企业核心能力是企业能力的一个特定组合。这里所指的能力包括企业的技术能力以及将技术能力予以有效结合的组织能力
	Winterschied, McNabb(1996)	企业核心能力是技术能力、市场驱动能力、整合能力的组合
	Henderson, Cockburn (1994)	企业核心能力由元件能力和构架能力构成。元件能力是局部能力与知识,是日常解决问题的基础;而构架能力是运用这些元件能力的能力——以新的灵活方式把它们整合起来,发展新的框架与元件能力
	吴价宝、 达庆利 (2002)	企业核心能力是企业自身所拥有的、在其所从事行业中占优势地位的资源和能力。企业核心能力又进一步分为:企业在行业中的核心能力,指的是企业在所处行业中拥有的数一数二的优势竞争能力;企业在行业板块中的核心能力,指的是企业在行业的细分市场(战略板块)上进行竞争时所具有的数一数二的优势能力
	虞群娥、 蒙宇(2004)	企业核心能力,归根到底就是在企业内部借助一种高效率的机制,充分有效地调动各种资源并使其协调运行,通过提升输送到顾客手中产品的认知使用价值,从而实现企业在市场上超越同业对手,获得竞争优势的"合力"
	张纯洪、刘海英、 孙巍(2004)	企业核心能力是处于企业的核心地位,全面影响企业的竞争力。它存在于企业的技术、资源、知识、文化、管理等各个子系统中。它可以表现为某种具有竞争优势的核心技术,也可以是某种核心产品,还可以表现为营销策略、品牌价值、管理思想、企业独特的价值观与文化,等等
	踪程、都忠诚、 张炳轩(2006)	企业核心能力是指企业独具的、支撑企业可持续发展的竞争优势和能力。它是企业长期形成的,蕴含于企业内部的,企业独具的,支撑企业过去、现在和未来的竞争优势,并使企业在长时间的竞争环境中能取得主动的能力。核心能力在企业中处于主要地位,是影响企业全局的能力,是融于企业内部较长期存在的相对稳定的能力

续表

过程视角	Christine Oliver（1997）	企业对于资源选择和积累的决策是在基于有限信息以及因果关系模糊性等条件约束下所作出的最终经济有效配置资源的决策,不同企业对于获取关键性资源的决策和特定过程上的差异性构建了企业的核心能力
	周高平、梁德全、陈远祥（2005）	不同的企业,甚至同一企业的不同阶段,其核心能力是不同的。具体到某个企业,其核心能力可能是企业创新能力、市场能力,也可能是其下的某些具体子项
产品视角	Meyer,Meyer 和 Lehnerd（1997）	从能力到市场产品有三个层次,核心能力处于最底层,它是产品平台产生的动力与源泉;中间层次为产品平台,它是连结市场与能力的纽带,它以核心能力为基础,而自身又是各种市场应用产品的核心;处于顶层的是能满足各种市场需要的应用产品

基于对以上学者关于企业核心能力不同研究视角的归纳,发现每种不同的视角都有其不同的特点和侧重。从知识与技术视角来界定企业核心能力的学者一般认为企业的核心能力是企业所独有的知识和技术的集合,构成企业核心能力的知识和技术存在于企业各个层次和结构之中,它们是企业核心能力的关键要素。从能力与能力构成视角来研究企业核心能力的学者则将企业的核心能力与企业的资源、能力以及对这些资源与能力加以利用的能力联系起来,并将企业核心能力看作是多层次、多维度的能力,如技术能力、市场驱动能力以及整合与运作能力的有机结合而形成的竞争力。协调与整合能力是企业核心能力的关键,企业的核心能力并非各种资产、技术的简单集合,更多的是需要一种协调的能力将这些比较分散的资源和能力黏合在一起,才能发挥协同作用。企业的文化、价值观体系被纳入研究视野之中,成为企业核心能力的重要组成部分。从过程视角来研究企业核心能力的学者更多地将核心能力看作是在企业成长发展过程中所形成的一种独特能力。企业核心能力的差异来源于在制定决策和获取关键性资源过程上存在的差异,以及企业不同的历史和成长发展阶段。从产品视角来研究企业核心能力的学者则将企业的核心能力看作是支撑企业与市场之间联系的关键基础性力量。这一研究视角将核心能力研究拓展到了更为广阔的市场环境之中。王毅(2000)也曾对企业核心能力研究的不同观点进行了概括,将其分为整合观、网络观、协调观、组合观、知识载体观、元件-构架观、平台观以及技术能力观八种观点,并分别对这些不同研究视角的优点及其不足进行了分析。

虽然关于企业核心能力的观点各有不同,但是总体来说无外乎两个方面,第一个方面是关注企业核心能力的形态；第二个方面是关注企业能力的系统化整合。这类观点从宏观上对企业核心能力的性状进行了较为形象地描述，但从经营与管理的较为直观的操作性层面来看，企业核心能力由组织价值观体系、领导者的决策与领导能力、组织运营模式，以及组织的人力资本、社会资本和研发能力组成（图 6-1）。

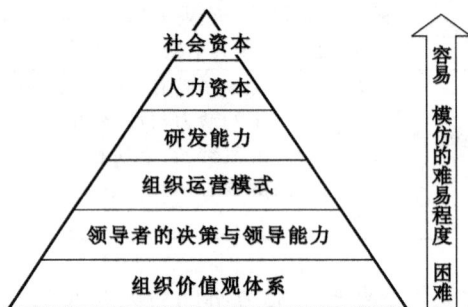

图 6-1　企业核心能力构成要素

简而言之，企业持续的核心能力以组织资源中最难获取和模仿的部分为基础，它们是指企业在经营管理过程中消耗大量资源所积累起来的、积淀在企业最深处的一系列不具备可竞争性的价值判断、惯例、模式等。企业领导者识别和整合资源的能力、决策能力也是企业核心能力的重要来源，具有领导者的个性化特质。这些部分往往是隐性的，与企业本体之间的依附性最强，也是市场机制最难起作用的部分。而那些较为显性的部分则会因为市场这只"无形的手"的作用，使技术壁垒、社会网络和人力资本等要素的差异性和竞争能力在一定的时间内较其他竞争者来说逐渐变得不那么明显。

6.2.2　核心能力的内涵与决定因素

以 Prahalad 和 Hamel 为代表的基于技术和技术创新观的核心能力观认为，企业核心能力的积累伴随在企业的核心产品（核心技术）的发展过程之中，是由企业过去的投资和学习行为所积累的具有企业特定性的专长。组织的学习过程涉及企业中不同生产技术的协调、不同技术的整合以及企业价值观的传递三个方面的内容。以 Dorothy Leonard Barton 为代表的基于知识观的核心能力观，是从知识能否为外部获得或模仿的角度来定义企业核心能力。这一观点将企业核心能力界定为具有企业特性的、不易为外界所获取的企业专有知识和信息。巴顿认为企业的核心能力是使企业区别于其他企业并能够为企业带来竞争优势的知识体系。它包括技巧和知识基础、技术系统、管理系统、价值观系统四个子系统,它们相互之间存在较强的相互作用。以 Christine Oliver 为代表的基于资源观的企业核心能力观,着重强调资源、能力对企业获取高额利润回报和持续竞争优势的作用。他们认为,企业获取和配置资源和能力的异质性决定了企业获得超额回报的可能。企业对于资源选择和积累的决策是基于有限信息以及因果关系模糊性等条件约束下所作出的最经济有效地配置资源的决策,不同企业对于获取关键性资源的决策和特定过程上的差异性构建了企业的核心能力。基于组织和系统观的企业核心能力观认为,企业的核心能力是企业所拥有的那些能够为企业提供特殊的竞争能力和竞争优势的各种技能、互补性资产以及运营机制的有机结合。核心能力的核心是企业的专有知识体系,它使得企业核心能力与众不同且难以被模仿。

事实上,虽然对企业核心能力的理解多种多样,但是总的来说,本书认为其内涵的本质就是企业独有的知识和能力。Prahalad 和 Hamel(1990)最初提出的有关企业核心能力的概念主要是指企业特有的知识和能力,他们将企业看作是一个知识与能力的集合,而核心能力则是企业获取持续竞争优势的重要来源。能力是对企业进行分析的基本单位,这种独有的能力不但存在于企业的战略和全体企业成员的素质之中,而且存在于企业组织的各种结构和文化氛围之中。这一观点比较强调对企业技术协调、整合以及价值观的传递,但是,在这个整合与传递的过程中,其核心能力却是以某种隐性的技能与知识表现出来的。在这里,他们并未对能力与资源加以区分,而将能力看作是具有特殊功能的资源集合——企业特有的知识。巴顿等着力分析了企业核心能力的知识内涵,他们认为知识是企业核心能力的重要基础,知识来源于学习,因而学习是提高企业核心能力的主要途径,学习能力则是企业核心能力的核心。企业核心能力的积累是一个长期的过程,它与企业特殊的成长路径和历史有关,时间是影响这种积累的重要因素。正因为如此,企业核心能力才成为难以被模仿的非竞争性资源,它构成了企业的竞争优势。企业所拥有的异质性资源是使之持续获得超常利润的基本保证,核心能力则是企业获得并拥有这些特异性资源的独特能力。从组织的视角来看,企业的战略和组织结构是构建企业核心能力的基础,其载体是企业中拥有特殊技术和能力的人。企业的核心能力涵盖企业各个不同层级的人员,并需要企业成员具有良好的沟通能力、参与意识以及能够跨越组织边界的共同视野和认同。

由此可见,虽然对企业的核心能力的内涵的理解各有侧重,但是其共性也是比较突出的,那就是企业的核心能力是企业所拥有的那些资源与能力,包括已经编码化的知识、未编码化的知识、各种技术能力、运作能力、价值观体系以及其他特有的资源组合等内容,它们存在于企业的组织结构、流程、员工以及环境之中,而企业特有的价值观体系则是为组织所独有的重要战略性资源,它起着重要的整合与协调作用。企业的资源来源于内外两个方面,外部资源的获取虽然受到市场的不完全性和资源稀缺性的影响而并不均衡,但是这并不影响企业获得某种或某些资源的权利,正是企业在知识和能力上的差异才决定了企业获取和运用外部资源的能力上的差异。指导企业作出获取外部资源的决策的正是企业对自身资源的分析与识别。只有当企业的内部资源需求与外部资源供给相匹配时,获得的外部资源才会对企业的绩效产生贡献。因此,企业对资源的识别、分析、选择和运用的能力反映了企业的核心能力,而作出某种决策的基础就是企业必须具备相应的知识和能力。企业核心能力是企业在长期的经营管理活动中形成和积累的,是储存于企业本体的有效支撑能力和适应能力,以及长期推动企业成长与发展的关键资源和能力的集合。

核心能力在企业的竞争力体系中占据核心地位,影响着其他竞争性资源和能力的配置、使用和功能的发挥。影响企业核心能力形成的内在决定因素可以分为三类。

第一是企业的核心知识和技术。根据 OECD 的知识分类,显性知识属于能够编码并可以运用一定的载体进行存储和传播的有关事实和规律方面的知识;隐性知识则属于难以编码的,只能意会不可言传的技能、诀窍等及其应用方面的知识,需要通过感悟来获得。核心知识和关键技术作为企业重要的战略性资源和生产要素,一旦为企业所掌握并在企业特有的整合协调机制下运用于生产管理活动之中,就能迅速转化为企业的核心能力。同时,企业通过自身特有的运作机制和管理流程来推动企业内部的知识创新和外部的知识获取,能够促使企业不断创造新知识。而且,企业培育的良好的学习氛围、优秀的学习能力以及知识流动和传播的高效率将提高知识向能力转化的速度,能够为企业核心能力的培育不断输入新的力量。

第二是对各种资源的有效整合。企业核心能力的培育需要对各种技术、知识、资源以及能力进行整合。从实质上来说,整合意味着通过适宜的管理手段使得各种要素的协同性得到加强,从而使得要素的功能在系统中得到增强。事实上,培育企业的核心能力需要大量的资源投入作为支撑。现实中的企业所拥有的资源门类繁多,比如有形的土地、机械设备、生产生活设施、厂房以及企业的资金、债券和投资等;无形的资源,如企业的组织结构、管理流程、品牌、商誉、客户以及营销和物流网络等。但是,形成企业核心能力的资源不可能仅仅是一种简单的罗列,而是需要在企业特有的机制下对各种资源进行组合和协调,以形成一个有机的能力体系,充分利用各种资源并发挥它们的最大价值。在有些情况下,企业所拥有的资源并不足以形成企业所需的核心能力,此时,企业就必须通过合作、收购或联盟等形式来引入必要的外部资源和能力。在企业内部特有机制的作用下,实现与内部资源、能力的协调与整合之后,外部资源、能力就能转化为企业内部特有的资源与能力。

第三是有效的组织文化,即相对行业内企业来说更能适应外部环境和企业内部特征的价值观体系。拉法、佐罗以及巴顿等都认为核心能力的积累蕴藏在企业的价值观体系中包括主要分为精神文化、制度文化和行为文化三个方面。精神文化包括企业的目标、企业的价值观、企业的经营观念等;制度文化是指企业为实现精神文化所倡导的内容而在管理模式、管理方法上所做的制度性的规定;行为文化则是为规范企业内部人员的具体行为而制定的行为标准。精神文化是基础,它决定了企业核心竞争力的定位和价值取向,而制度文化和行为文化则是实现精神文化的保证,以及企业核心竞争力的连续性的保证。在这三方面要素之中,文化价值体系以其整合、协调、激励能力而居于主导地位。Leonard Barton D(1992)认为企业核心能力包括员工知识和技能、技术系统、管理系统和价值准则四个维度。员工知识和技能体现了核心能力的内容,它们根植于企业的技术系统之中。管理系统引导着知识的整合和创新过程。员工的知识和技能、技术系统、管理系统都建立在企业内部的价值观与准则的基础之上,它们与不同的知识类型以及知识创新和控制过程密切相关。他对软件企业研发项目经理的能力进行分析以后指出,项目经理必须突破传统企业中的各种技能、系统、价值的约束,这样也许可以重新定义核心能力,开发新的能力。唯有这样,组织才能持续地革新。改变传统或打破惯例,本身就意味着价值观体系的变革与创新。由此可见,企业核心能力与组织文化价值观有着紧密的联系。企业核心能力在本质上是组织特有知识的集合,它不仅内嵌于员工技能、技术系统、管理系统和价值规范等结构之中,而且是一个知识整合的互动过程。从这个角度看,企业核心能力不仅仅是知识的整合,更重要的是知识的创新,而创新本身就是一种在价值观体系变革的条件下对旧有的思维模式和行为模式进行突破和变革的过程。

6.2.3 组织文化资本整合核心能力的机制

组织文化资本是组织的资源和能力。企业的各种行为都是以资源为基础的,其经营管理活动、市场竞争行为及其在市场结构中的不同地位都受到资源占有和使用能力的制约。在第 3 章有关企业资源的探讨中发现,学者们对于资源的理解存在两种观点,一种观点认为资源(资本)与能力同体,二者之间不存在截然不同的区别。比如广义的资源观认为企业核心能力包括企业的技术和能力以及将技术与能力加以有效整合的组织能力。企业核心能力既具有技术特征,又具有组织特征,它不仅包括企业的技术特长和诀窍等(包括产品和工艺在内),而且包括有效配置这些专长的组织能力。另一种观点是狭义的资源观,这一观点将资源与能力看作是既有关联又各具特点的两个范畴。在本书看来,资源与能力是紧密联系又有所区别。从区别上来说,企业所拥有的资源并不等同于企业的能力。例如,原材料和机械设备简单地加合在一起并不能生成产品,需要通过人的知识来统筹控制才能获得有效的产出,这些原料如何组合、经过何种加工流程、如何对生产过程进行管控、能否产出符合市场需求的产品,或者说质量如何,是否具有消费者所期待的价值或使用价值,则更多的需要企业内在的技术能力、管理能力以及员工的责任心、工作态度和敬业精神来驱动。因此,资源和能力之间存在的一个关键性的区别就是,资源是企业生产过程中的投入要素,也是对企业运营的基本保障。但是,资源一般不具有生产性,生产性要求资源之间相互配合和协调,而能力则是企业运用资源完成某些任务和活动的本领。

企业的能力是有形资产和无形资产之间的纽带和驱动程序,它是企业的各种资产、人力资源以及这些要素与企业投入产出过程的复杂结合。这些能力如果能够用到企业的物质性生产技术上将会对企业活动的有效性起到重要的决定作用。经过精心培养而形成的组织能力将会成为企业竞争优势的一个重要来源,它能够使企业在与竞争对手投入相同要素的前提下,用更高的生产效率或者是更高质量的生产方式来将各种投入要素转化为企业的产品或服务。同时,企业的组织能力包括一系列反映效率和效果的能力,诸如速度更快、反应更敏捷以及质量更高等。这种能力无处不在,它能够体现在企业从产品研发到生产再到营销的任何活动之中。实际上,企业能力本身就是一个内容丰富的体系,它不仅包括企业解决各类具体问题的普通能力,而且包括那些能够系统整合企业各种资源和要素,使企业形成一个有机整体的组织能力,还包括那些能够使企业适应环境的不断变化而适时更新企业现有资源和能力的动态能力,以及企业将其特定技术和生产技能有机组合的核心能力等。因此,资源实际上是各类生产经营要素的总称,而能力是指以整合的方式,通过组织活动过程来配置资源以实现预期目标的活动。在这个意义上来说,作为生产性投入要素的组织文化资本是资源存在的一种状态。

资源与能力之间的紧密联系还表现在,企业对资源的识别取决于企业的认知能力。这就是说一种现实的存在是否是资源或者说是否对企业有用,依赖于企业是否具有对这种现实存在能否满足自身生产所需的各种特征的识别能力。否则这种存在对企业来说并非是实际有效的资源。同时对资源的利用取决于企业的生产能力,即企业必须具备运用已有资源和技术将这种新资源转化为能够为企业所用的各种不同形态的能力。对企业来说,资源是企业能力的源泉,企业能力的有效发挥依赖于企业内各种资源的长期储备;同时,资源的构建、识别和取得也依赖于企业的内能力。企业的能力形成于具体的经营管理实践活动中,在这个过程中各类有关的资产通过不同的生产流程、技术路径进行组合、作用,而驱动这一系列有形资源的恰恰是无形的资产。例如,机械设备、原材料、土地等有形的生产要素是企业的资源,但是如果没有人的智力投入和相应的生产流程、规范、制度的驱动,这些有形资源不可能形成企业的生产能力。企业所拥有的知识、经验和技术是企业的重要无形资源,但是如果企业的专业技术人员不投入他们的创造力,那么企业也难以形成核心的技术能力。因此,资源与能力之间的相互转化需要一个过程和中介,而人就是这个转化过程中的关键因素。人通常是最具有能动性的无形资源的载体,各种资产的运营只有加入人的能动性这一关键要素才有可能激发出各种资产的能动性和生产能力,使无形资产与有形资产相互作用、整合,形成各种能力。而各种能力也必须经由人的创造性整合才能形成企业独有的核心能力,在竞争中占据优势地位。

于江和张不同(2003)认为能力是使用资源完成某项任务和活动的本领,是通过活动和过程中的合作和一体化形成的,它是集体对个人资产的学习过程。他们将资源划分为三种类型,即有形资产、无形资产和组织文化。这里,采用广义的组织文化概念,即包括社会、政治和相关领域。同时,企业使用资源的能力是富有弹性的,而不是静态的。除了企业资源外,代表着成功解决特定问题的路径(相互作用的模式)也构成了企业能力的一个组成因素。路径来源于历史、经验和企业的集体学识(图6-2)。

张月莉(2006)提出了一个企业资源、能力、竞争力和核心竞争力之间的内在联系模型。她认为,企业资源是能力的输入,关键能力如果在竞争中表现出独特性,并且在操作中具有高度的延展性,它将成为企业的竞争力,如果这种竞争力同时具有战略弹性和动态性,那么对内就表现为核心能力,对外就表现为核心竞争力,最终保持企业的可持续竞争优势。企业的核心竞争力是组织学习和其能力构造过程的整合(图6-3)。

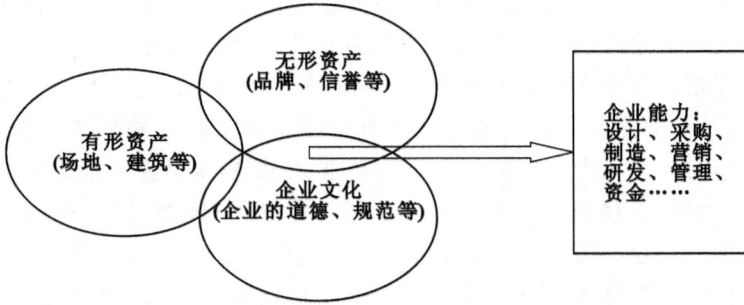

图 6-2　资源与能力的关系图(于江、张不同,2003)

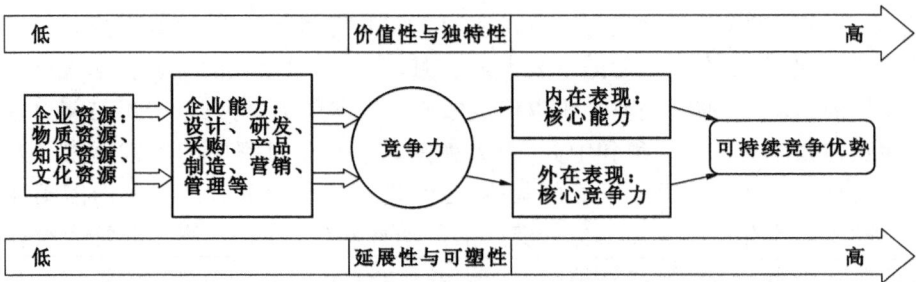

图 6-3　企业资源、能力、竞争力和核心竞争力之间的内在联系(张月莉,2006)

李兴旺(2006)提出了一个能力形成的基本机制模型:企业所处的环境是不断变化的,基于不断变化的现实条件,人力资源在组织资源的整合与协调作用下,为了达成企业的某一目标而积极运用各种智力资源对存在于企业内外的有形资源、无形资源和人力资源进行有机整合,从而形成某种能力(图 6-4)。

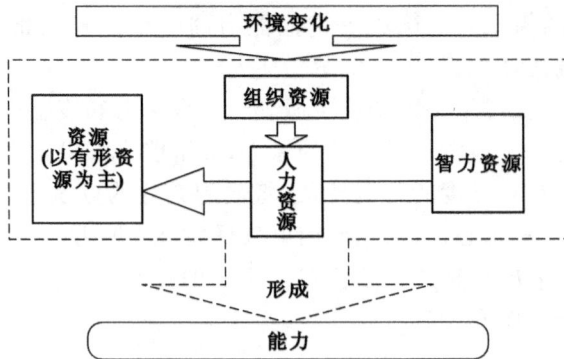

图 6-4　能力形成的基本机制模型(李兴旺,2006)

　　既然人是影响企业能力的关键因素,那么人的主动性和积极性从何而来呢?如何保证资源向能力转化的效率呢? 正是作为企业共同心理程序和行为规范的文化资本的存在驱动了人在这个转化过程中的能力的发挥。企业的核心能力无处不在,它不仅存在于企业的操作系统之中,而且存在于企业的文化系统中,还根植于复杂的人与人、人与环境的关系中。企业真正拥有的核心能力是企业的技术核心能力、文化核心能力和组织核心能力的有机结合。企业核心能力的积累蕴藏于组织文化之中并渗透整个组织的各个部分。恰恰是组织内达成的共识为企业形成综合的、不可模仿的核心能力提供了基础。组织文化资本来源于企业长期经营管理活动的知识资源积累,不但其自身具有价值特征,而且它是一种直接作用于企业成员的思想、观念、意识和行为的影响力,通过影响企业获取和利用各种资源的能力,进而影响企业的核心能力。因此,组织文化资本也是企业所具有的一种重要的基础能力。正是组织文化资本所具有的资源能力的两重性使它成为企业的核心能力的重要来源。

　　企业能力对资源的依赖性主要体现在资源是企业能力的基础,对核心能力来说更是如此。核心能力超越了单一业务,覆盖多种业务,它是在企业内部整合核心技术、营销、生产等资源而形成的(Prahalad,1990,1993)。Gallon(1995)曾经将企业能力分属三个结构层次:职能部门层次的基础能力、事业部门层次的关键能力、企业层次的核心能力。企业的能力可以由以下三个层次构成:一是企业成员的个人能力,这是企业能力的基本单元,也是对其他层次的能力具有重大影响的基础能力;二是职能能力,如生产能力、销售能力、管理能力、研发能力等,它具有组织特征和职能方向,资源和个体能力往往整合于某一职能方向上;三是综合能力,即企业的核心能力,它是企业最高层次的能力,整合资源的范围非常广泛,也包括对个体能力和职能能力的整合。

　　形成核心能力的资源具有特殊性。Barney(1991)针对 RBV 理论提出了一个更具体、综合的框架,并证明了企业需要独特的资源来获取持续的竞争优势。他认为价值性、稀缺性、不可模仿性和不可替代性是评价资源对形成企业核心能力所起作用的重要标准。简而言之,这种能够形成企业核心能力的资源最重要的特点就是必须具有内生性和价值性。唯有内生才难以被模仿,唯有难以被模仿才不可替代,而内生的资源也必然产生于企业独特的历史和发展路径之中。核心能力既然是一种能力,那么它必然符合能力形成的一般规律,即能力形成于对资源的操作和运用过程之中,在这个过程中起关键作用的是人力资本和影响人力资本的其他因素,如文化、制度等。

　　由此可见,资源和企业核心能力之间具有紧密联系的互动关系,而文化则在这种互动过程中起到了重要的整合与协调作用。一方面,组织文化资本是企业的一种核心资源,它是通过企业家的文化投资而形成的一种特殊资源形态,这种资源能够直接投入生产活动,成为企业核心能力的重要来源;另一方面,组织文化资本是企业所特有的一种能力,它通过对企业人力资本的驱动,可以整合企业其他形态的资源或资产,推动企业资源向企业核心能力转化。因此,从本质上说,企业核心能力是在无形的文化资本驱动有形的资源的过程中形成的,在这个过程中精神、制度、惯例发挥着重要的促进作用。同样,从企业外部来说,无形的组织文化资本可以起到强大的整合外部资源形成企业核心能力的作用,比如众所周知的"海尔以优质文化资本激活休克鱼"的案例就是其有力的证明。

基于以上研究,本书建立了一个基于组织文化资本的核心能力的整合机制模型(图6-5),该模型反映了组织文化资本在核心能力形成过程中的作用路径。通过该模型,可以进一步分析组织文化资本在企业核心能力形成过程中的影响机制。

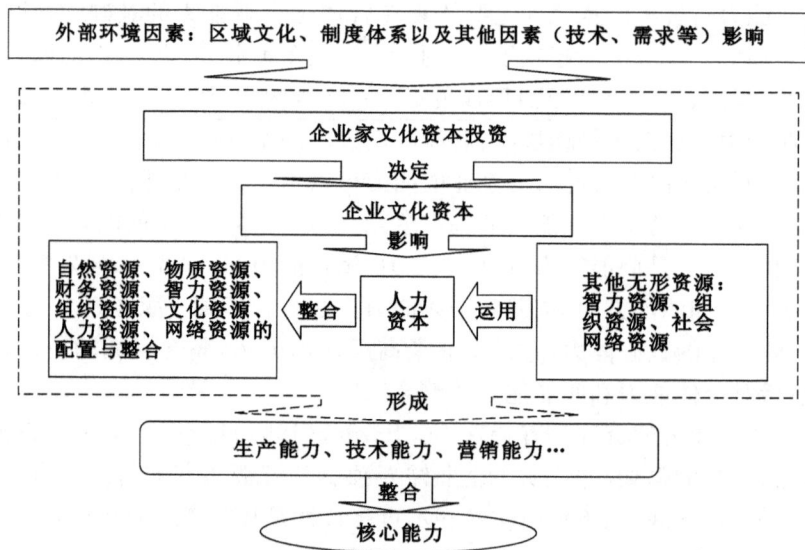

图6-5　基于组织文化资本的企业核心能力的整合机制模型

首先,企业家在外部环境因素的影响下所形成的文化价值观念决定了其在企业中的文化投资行为,进而决定了组织文化资本的特征。当组织文化资本被企业成员所接受时,他们会运用这种文化价值体系对周围环境进行识别和判断,并基于这种判断在一定的组织结构和社会网络背景下选择性地运用相关的知识、技能整合和配置相关的有形资源和无形资源,由此形成了企业的资源整合能力。其次,企业成员在价值观体系指导下,运用相关的知识、技能,在一定的组织结构框架下对资源整合能力加以运用,则会形成企业的生产能力、技术能力、营销能力等职能能力。最后,在职能能力形成的基础上,企业成员在价值观体系的导向下,基于市场环境、组织构架和资源状况对职能能力加以整合,最终形成企业的核心能力。由于组织文化资本本身所具有的特异性、依附性以及积累性、价值性等特点,每个企业在核心能力形成和积累方面都存在着自身独特的发展路径与整合方式,这种不同也就导致了企业间核心能力的显著差异。

6.2.4　基于组织文化资本的组织边界分析

企业的核心能力以及企业的成长与发展最终都会在企业的规模上得到体现。一般来说,企业的规模经济与其外部边界呈正相关关系,外部边界越大,企业规模经济的优势越明显,其效益相应的就会越好。影响企业边界的因素可以分为生产性要素和组织性要素两方面。生产性要素明确了企业生产范围、上下游产品等,它可以界定企业的生产可能性边界。组织性要素则明确了企业的管理成本、产权分配、契约的完整性等,它界定了企业的组织可能性边界。组织文化资本是企业所拥有的异质性的组织性要素。基于此,可以从生产性要素和组织性要素两方面来分析这些因素对企业边界的影响。

在图 6-6 中,曲线 L_1 代表企业的组织可能性边界;曲线 L_2 代表企业的生产可能性边界。在 B 点,企业的组织边界和生产边界的边际收益相等,企业边界处于稳定状态,是企业的最优外部边界,此时对应的企业规模为 D。在市场完全竞争的条件下,企业可以通过价格机制从市场获得其生产所需的一切要素,即在生产成本一定的情况下,曲线 L_2 将保持不变。作为有限理性的"企业人",企业

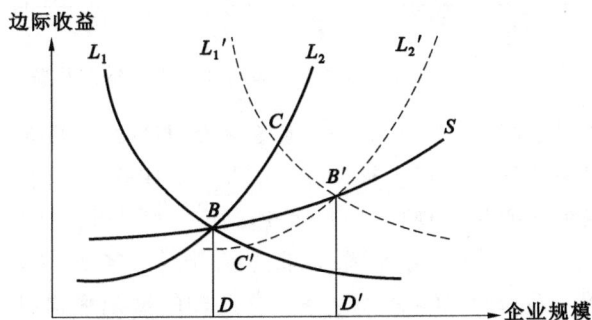

图 6-6　企业的组织边界

有最大化自身收益的潜在动力,短期企业的生产能力有限,因而倾向于通过组织可能性边界的扩展来获得更大的边际收益,这种动力会推动组织边界向右方移动变成曲线 L_1',此时企业的边际收益上升为 C;由于企业的组织管理能力提高会带动企业的创新,以及学习效应等,因此,提高企业的生产能力,在长期内,企业的生产边界会移动变成曲线 L_2',企业获得边际收益 B',企业达到的最优边界(规模)为 D'。由此获得企业长期内可能的最优规模曲线 S。

6.2.5 基于组织文化资本的组织规模分析

企业组织是一个独立的个体,企业中人的要素对企业的成长与发展起到了重要作用,人的思想意识、价值观念及其行为范式决定了企业的整体表现。企业的选择和决策体现了企业的价值观念和取向,企业希望从自身的选择和决策的结果中获得收益。新古典经济学从生产成本的角度来理解企业规模,将企业的横向规模问题变成了同一企业在不同规模下的效率比较问题,这种转换的前提条件:企业是同质的,企业产品的长期平均成本(LAC)曲线是无差异的(图 6-7)。

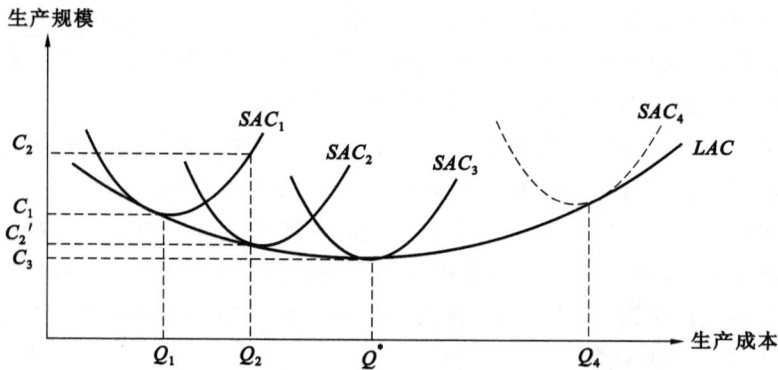

图 6-7　企业的长期、短期生产成本与企业规模的关系曲线图

企业在长期规划内,一般会选择达到某一预期产量水平所需成本最低的投入要素组合。如果这种要素组合被确定了,那么某些投入要素在短期内就会固定。如果短期内企业的生产规模超过 Q_1 达到 Q_2,则企业短期内的平均生产成本将会增加为 C_2。从长期来看,如果需求持续,则企业会增加各种要素的投入,使单位成本降低为 C_2'。SAC_2、SAC_3、SAC_4 这样的短期平均成本函数因新的投入要素组合而存在。长期平均成本(LAC)随生产规模的扩大而降低,表示其规模经济;但当生产规模达到 Q^* 后,LAC 随生产规模的扩大而上升,表示其规模

不经济,即 LAC 曲线呈"U"形(图 6-7)。对企业而言,总会存在一个最优生产规模 Q^* 使该点对应的平均生产成本 C_3 最小,当其实际生产规模小于 Q^* 时,企业将通过改善要素投入来使生产规模达到或接近 Q^*。

但是,在现实情况下不同企业的长期成本却是存在差异的。事实上,企业在其独特的成长与发展的过程中所生产和积累的文化资本各不相同。由于文化资本的存在,企业间经营管理活动的组织协调效率以及生产成本也存在较大区别,且内部交易成本各异,企业的生产效率也不相同,因而在长期看来,各类不同企业的 LAC 曲线的位置存在较大差异。在高效率企业的产能难以完全满足市场需求的情况下,就必须要由低效率企业来弥补市场供给不足的缺口,市场价格就会维持在低效率企业的成本 P^* 之上,高效率企业的最优规模就是利润最大点 q^*,而非成本最低点 q_0(图 6-8)。

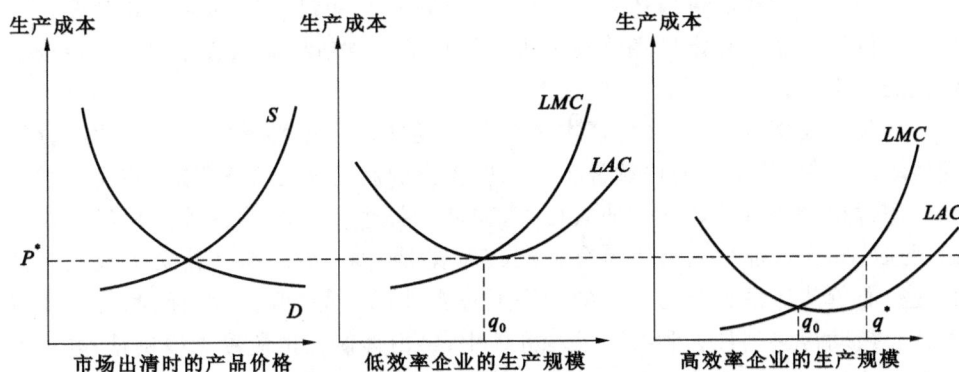

图 6-8 不同效率企业的生产规模

由组织文化资本差异所决定的企业产出的差异除了表现为产品或服务的成本差异以外,还包括产品的性能差异以及产品质量差异等方面,而且由于企业商誉的存在,以及顾客对各种不同品牌的偏好、信任等各不相同,企业所实际面临的需求曲线将会比不存在产品差异时的需求曲线更陡。因为企业各不相同,其需求曲线的位置也自然会有所不同。由于企业始终追求的是效用最大化,而非成本最低,因此,各个企业的最优规模都有可能偏离最低成本相对应的规模,企业最优规模的大小也具有很大差别。如果企业的实际规模小于企业的最优规模,那么企业通常会通过横向一体化来实现企业规模的扩张。但是,企业扩张所能够达到的规模与扩张的速度都会受到包括文化资本在内的各种资源以及资源的获得能力的制约。当组织文化资本扩张的速度比物质资源的扩张速度慢,或者是企业在实施收购或合并之后不能快速实现文化的融合,企业的生产与协调能力将有极大的可能会下降,而企业的生产成本反而可能上升。由组织文化资本以及各种内外部环境因素所决定的企业最优规模总是在不断地变化,而企业的实际规模则会随着企业最优规模的变化而改变。

6.3 组织文化资本对组织长期绩效的影响

近几十年来,人们对组织文化进行的广泛研究表明,组织文化与公司业绩之间存在着密切联系(林国耀,2004;贺汝军,2004;陈君怡、刘益平、赵香香,2005)。企业在市场中所表现出的各种形态的竞争行为、竞争方式及创新活动是决定企业经营绩效和企业发展演化的重要影响因素。在现实中,企业的竞争行为或竞争战略的本质是寻求差异(亨德森,1999;波特,2003;哈默,1998;刘刚,2005)。文化本身是一种核心价值体系,也是存在于各种社会结构中的非正式制度。正是这种价值体系的稳定性和路径依赖性带来了企业独特的核心能力和企业成长路径的稳定性。

从其构成来说,组织文化资本是企业在发展过程中形成的关于企业经营管理活动的知识、关于如何协调分工与如何协作的制度文化知识,以及在企业学习和工作过程中获得的如何与他人相处、如何选择个人行为的各种知识或习惯和运用这些知识的能力的有机组合。从其表现形式来说,组织文化资本包括有关企业核心价值体系和行为规范的知识通过企业的产品、服务、商标、品牌以及各种社会活动传递到社会利益相关者群体中,经由体制化的制度加以确认,并得到社会认同的关于企业及企业产品、服务特征的文化信息,如企业的声誉、品牌的文化内涵以及社会责任意识等。从其功能来说,组织文化资本可以理解为组织文化在企业运作过程中所形成的权力或影响力,这种影响力主要是促进企业内部成员和外部利益相关者形成稳定的预期和固定的行为模式;促进知识、信息的扩散、流动共享以及内部约束,并由此产生企业核心能力的差异。

6.3.1 精神资本与创新绩效

企业家是企业的核心和主导,从某种意义来说,企业家就是企业的象征和代表,他们的价值体系、思维模式与行为方式往往决定了一个企业的命运。马歇尔曾经指出"在大多数经营活动中,都有企业家这个特殊阶级参与其事"。而市场的力量会"使资本适应善于运用资本所需的才能"。但是,他并未对企业家才能产生的原因和作用机制进行深入探讨。而熊彼特则对作为创新主体的企业家做了进一步的严格界定。在他的视野中,创新就意味着经济的发展,经济发展则可以定义为执行新的组合。一个人如果不运用其所拥有的资本和技术实现生产方式的新组合，或者说没有创新的行为，那么他就不能被称之为企业家。企业家是赋予那些有才能、有见识、更敢于冒风险的创新者的称谓，创新能力是衡量企业家能力的重要标准。

熊彼特在《经济发展理论》（1990）中提到，"典型的企业家，……他的独特任务——从理论上讲以及从历史上讲——恰恰在于打破旧传统，创造新传统"。基于这一论述，熊彼特认为创新来源于企业家的经济行动。同时，熊彼特将这种经济行动加以推广，并将创新看作是"他（企业家）的经济行动在道德上、文化上和社会上的后果"。由此可见，熊彼特早已看到了文化心理特征对于企业家创新行为的影响，并给予了充分的关注。根据马斯洛的需求层次理论，人的需求可以分为不同的层次，自我实现的需求是人类最高级的追求，企业家则是这样一类不断追求自我实现和自我价值的特殊群体。为了实现自己的追求和理想，他们执着地追求事业上的成功。支撑他们这种不懈追求的正是那种无形的精神动力，即熊彼特所说的战斗的冲动和企业家精神。可见从根本上说，熊彼特所指的创新的实质并非单纯的技术上的发明或发现，更多的是一种价值观的变革与创新，而价值观的创新本身就是文化资本的积累与增长。无论是实现一种新的组合还是发现一种新用途，或者是其他的创新形式，无不建立在企业家自身价值观体系的更新与拓展的基础之上。为了满足和创造消费者的需求，企业家必须首先从精神上将不同消费者的价值观纳入其自身的价值观体系之中，并通过使其不断拓展来发现和开发消费者的新需求，由此实现新产品的不断开发和新市场的不断扩展。

因此，企业家就是这样一类人：他们拥有比一般人更多的文化资本的积累，他们为社会提供了创新的观念。从这个意义上来说，企业家是稀缺的、是异质性的资源。因为通常来说，江山易改，本性难移，要突破一种固有的文化价值体系的约束并非易事。一种文化价值体系——文化资本的变革需要大量的投资，而这种投资又是极为困难且常常是劳而无功的。从更完整的意义上来说，企业家已经不仅是一种稀缺的资本，在很大程度上他们还是社会文化与精神财富的创造者。事实上，准确地说，企业家作为文化资本的所有者，在生产过程中，他们所投入的正是特有的价值观这种稀缺资源。企业家特有的文化资本的投入是建立企业的前提和必要条件，在此之后才有可能会吸引物质资本、人力资本以及各种技术的投入。在企业中，企业家与其他资本所有者之间不仅通过签订所有权契约而联系在一起，还通过隐含的心理契约而形成了一个有机的整体。企业家往往依据自身的价值取向来选择和配置资源，特别是人力资源，而想要进入一个企业，他必然是受到了企业特有的文化资本的吸引而产生加入的欲望，这是一个双向选择的过程。最终合约的达成，要基于双方价值观体系的匹配，由此就不难解释初创期的企业为什么总是由那些拥有相同或相近文化价值取向的人组成的现象了。同样，在企业的运营过程中，由于路径依赖性和惯性的存在，任何的变革与创新总是会面临强大的抵抗，唯有那些顺应时代发展和企业现状，并能够成功实现价值观体系不断更新的企业才能不断成长与发展。变革总是最先发生在精神和意识领域，而且变革总是需要成本投入的。企业中的文化资本投入首先都是在企业家的主导下而进行的，其后才不断渗透到员工群体之中。正如诺思曾经指出的那样，大的利益集团如公司和社团都会在意识形态教育方面进行投资以说服它们的成员相信其合法性，而对意识形态的分析也应该适用于其他非正式的制度安排，如伦理规则、道德规范和习惯。组织文化资本来源于企业家所进行的持续的文化资本投资，这种投资直接产出了创新性观念，这是企业获得竞争优势不可缺少的核心要素。企业家直接影响着组织文化的发展方向和企业的兴衰成败。企业家所拥有的独特的价值观念能够通过企业家的投资行为而转化为更多成员的观念，成为企业不断创新发展的内在动力。

在知识经济时代，创新成为企业核心能力的关键。企业创新的动力来自于企业的学习，企业的学习能力越强，知识流动和转化效率越高，往往企业创新能力就越高。组织文化资本作为企业全体成员共有的高度抽象化和结构化的知识和能力体系，它决定了企业中知识共享和创造的过程；作为一种价值观体系，它决定了企业成员解决问题的方式、手段及基本取向。在这个意义上，对特定组织文化资本的获得与对其他知识的学习被紧密地联系在一起，在此过程中，组织文化资本所蕴含的特殊道德价值成为促进企业知识学习与共享的关键因素。

组织文化资本作为一种企业所特有的价值体系，其中包含的不仅是激励员工不断学习、以诚相待的态度和相互尊重的价值取向，而且包括企业管理流程与组织结构中所蕴含的授权、平等交流和积极反馈的思维与行为模式。由此产生的信任、互惠与合作对企业的学习以及知识的选择、共享、应用与创造起到了强大的支撑作用。没有一个变量可以像信任一样，那么完美地影响人与人之间、群体与群体之间的行为。可以将信任理解为一种个人与个人之间、个人与企业之间所达成的心理契约，这种心理契约是企业乃至于整个社会的制度、规范和秩序的基础，也是促进企业学习与知识共享的主要因素。当员工发现个人所获得的报酬并非基于他们自身所出售的知识的市场价值而是根据他们对组织和团队的贡献来衡量时，他们就会努力促进相互之间信任关系的建立。信任在不同的个体之间搭建了相互分享、相互理解的桥梁。通过信任互惠的纽带，知识流动与共享的风险会得到有效降低,员工会主动将自己的各种知识积累奉献给团队成员,并从他们那里获得自己所需要的知识,这促进了组织内部的学习与交流,合作也就随之产生。

Eriksson 和 Dickson(2000)通过对高技术企业知识共享进行研究之后指出,群体对知识的共享过程包括认知与行为两个层面,共享的过程不同导致了个体工作表现的差异。在现有知识被群体所共享时,新的知识也在这个过程中被创造出来。他们提出了一个共享的知识创造模型,构建了影响知识创造与共享的四个主要因素,信息基础设施、知识共享的促进者、知识共享的流程和价值观、规范与程序(图 6-9)。

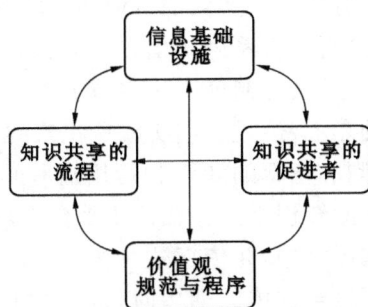

图 6-9 共享的知识创造模型(Erikson I V,Dickson G W,2000)

信息基础设施主要包括用来支撑信息沟通、信息整合以及解决群体性问题的工具,诸如因特网、局域网等;知识共享的促进者是指那些处于团队之外,但对企业知识共享可能会有所帮助的人(虽然知识在团队内部共享和流动,但处于团队之外的人也有可能会对这一过程产生有利影响,成为促进知识共享的中介)。知识共享的流程是指企业或团队内部知识获得、知识共享和知识创造的过程。在此过程中,良好的人际关系和较高的合作程度是十分重要的。价值观、规范与程序是指组织层面上对知识共享具有影响的因素,主要包括社会和企业的文化价值观、行为规范与程序等,它们影响着企业成员的学习方式和行为。由此可见,企业的价值观体系对企业知识的共享与创造起到了重要的基础性支撑作用。

知识存在于企业成员以及企业的所有层次结构之中,组织文化则在这些不同的个体以及不同的层级的知识之中发挥着协调的功能。它一方面区分了企业应该拥有的知识,另一方面区分了个人应该拥有的知识,并协调着二者之间的关系,也就是说对知识共享的程度进行了划分。同时,文化对企业成员和企业的行为产生着重要影响,组织文化所营造的社会互动的氛围促使了这种影响的产生,也就是说特定的组织文化会决定哪些或哪类知识应该被使用在哪些特殊的情境之中。组织文化并非完全无形,它可以从价值观、规范和惯例中表现出来,文化则正是通过这三种方式来影响企业成员的行为,从而影响企业内部知识的学习、创造、分享与运用。

6.3.2　制度资本与管理绩效

制度是一定社会关系结构的反映,并且具有维系社会关系结构的功能。美国社会学家帕森斯认为,总体社会系统由经济、政治、社会(整合)、文化四个子系统构成。这四个子系统功能的充分发挥以及整个社会的有效运转,最核心的就在于社会能够通过其所拥有的那些共同的价值体系将其成员整合在一起。这里所说的共同的价值体系,是指由一系列价值模式构成的并且已经被社会成员所认同的规范体系,相当于一种文化制度。从本质上说,组织文化资本是在企业内部群体所共有的知识基础之上,经过长期实践所积累的关于对知识进行抽象化、结构化过程中的方法、准则和逻辑的知识和运用这种知识的能力。共有的知识基础构建了企业内部共同的知识平台。在这个平台上,企业成员的思想、行为都统一于共同的知识逻辑体系之中,并依据这种体系来选择自身的思维和行动方式。当某个成员的行为不符合群体的期望时,群体共有的知识逻辑会对他产生来自于思维模式的约束与抑制,以降低他发生别人所不期望的行为可能性和强度。同时,群体成员也会对发生不期望行为的成员加以惩罚或排斥,以制止其不期望行为的进一步发展。而且,所有的企业成员也因为企业特有的这种知识逻辑体系而"黏合"在一起,使企业成员的思维和行为具有一致性。

根据马斯洛的需求层次理论的观点,员工参与企业的生产活动并非仅仅为了满足自身生存需要、安全需要,在更大程度上,对于社会交往、自尊和人生价值的实现则是员工所追求的目标。企业中和谐的人际关系和积极进取的工作氛围将极大地满足员工的心理需求。同时,团队成员之间也需要相互寻求情感上的支持与理解。组织文化规范统一了员工的行为及其价值标准,从而使得员工之间的情感交流更加容易,其积极的行为也能够得到团队其他成员的支持与鼓励。由此,员工将对其他团队成员产生心理上的依赖,从而强化了他对企业的认同,容易形成员工与企业之间的心理契约。这种认同使得具有不同文化价值背景的员工能够自我调节并与其他团队成员融为一体,围绕企业目标共同努力工作。文化认同还能够促进企业内部的知识流动与知识分享,推动企业不断创新发展。获得具有较高增值能力的组织文化资本意味着员工在同等经济收益的条件下获得了更大的效用,随之而来的就是企业管理绩效的提高、核心能力的增强。

组织文化资本提高效率的功能是作为一种组织性要素通过降低企业组织成本展现出来的,是企业所独有的一种核心能力。组织文化是重要的组织要素(Miller,1990;Trice,Beyer,1993;王开明,2006;刘刚,2005),也是企业所拥有的重要的结构资本,它能够有效减少企业的组织成本。这种组织成本的减少主要通过三种途径实现。一是对预期不确定性的降低。组织文化资本形成于企业特殊的历史和发展路径之中,企业成员在这个过程中所形成的习惯与路径依赖性使得企业成员对其他团队伙伴的预期行为和企业发展的预期等方面的不确定性大大降低;二是降低企业的监督成本。组织文化资本是企业所拥有的重要结构性要素,也是一种非正式的制度与规范。其存在有利于企业内部形成稳定而持续的非正式制度体系,并能够对正式制度体系提供有效的补充,大大减少了企业的监督成本;三是降低协调成本。组织文化资本是一种隐性的精神资本,它通过企业成员的互助与合作不断内化到他们的精神与意识之中,这使他们的偏好函数发生有利于企业发展的改变,诸如使全体企业成员更加认同企业的目标和愿景、有利于员工之间的互助与合作并形成相互的依赖感和归属感,这些都能有效降低企业的协调成本。

团队生产理论指出,员工与企业之间如果仅仅只存在单纯的经济契约,那么出于本能的偏好,员工会利用自身所拥有的信息优势来偷懒,并由此产生"搭便车"和其他道德败坏的行为。为了对这些行为进行监督和控制,企业需要为此付出较高的监督和管理费用,由此降低了企业的效率。但是,企业成员所拥有的信息优势只是相对其上级管理者而言的,对于共同的团队成员来说,这种信息优势并不明显。根据效用理论,员工总是会在自身效用最大化的前提下选择行为方式。组织文化资本为全体企业成员提供了一套共同的行为规范,它能够有效诱发预期行为和抑制非预期行为。一方面,企业的每个成员自进入企业开始就在学习这种规范并逐步完成从个体人到企业人的转型,也正是在这个过程中学会把企业规范的要求内化成行动的自觉,以规范来校正自己的行动目标并约束自己的行动,做到行动上的自律。另一方面,企业规范作为一种控制手段,除了具有要求企业成员自律的功能以外,还有强制性的他律功能。员工对自身实施某种行为所获得效用的判断,不单受到自身价值取向的影响,还要受到共同合作的其他团队成员行为的影响。任何团队成员如果违反了统一的行为规范,他的这一行为有可能降低其他团队成员的效用,并有可能受到来自其他团队成员的指责和批评。有效的文化有利于在团队中形成事实上的相互监督关系,而团队成员之间较小的信息差异则保证了这种相互监督的有效性。X效率理论指出在团队成员之间存在事实上的相互监督的情况下,较低的努力程度一般不会导致较高的满足程度,而过高的努力程度也可能导致较低的满足程度。员工实际的努力程度只有处于某一区间才有可能最大化自己的效用,而这一区间往往是由历史和文化共同决定的。因此,即使偷懒、"搭便车"等行为不会受到经济上的处罚,员工也可能会努力工作,以此来避免受到其他团队成员的排斥。这使企业在剩余索取权不变或较小的增量下,实现组织监督成本相对较大幅度的降低。

规模、角色清晰、专业化和控制是 20 世纪企业得以成功的关键因素。随着企业竞争环境的日益动态化,传统的成功因素已经失去了往日的支配力,在动态环境下,企业取得成功的关键因素演变为速度、柔性化、整合和创新(Ron Ashkenas,1999)。现代企业生产过程中,除了从原材料到中间产品再到成品的生产流程以外,更多地涉及有关产品的生产、加工信息的传递及各个不同工序、不同岗位和部门之间的组织与协调,并且必须将这些过程置于统一的管理模式之下,只有这样才能保证最大限度地消除生产过程中的偏差,使产品与服务以最优成本(最佳质量)生产出来。传统的组织协调高度依赖规范的企业制度、生产工艺流程和管理人员的指挥。但是,随着生产复杂程度的提高,员工之间的协作与联系越来越多,再完整的制度和规范也不可能将员工的生产和协作过程完全纳入监督与控制之下,更多的时候还是必须要依靠调动员工自身的积极性和主动性,这对智力密集的创新型企业则更是如此。组织文化资本作为一种非正式的制度规范,它嵌入在正式制度所无法控制的空间。它作为一种共同认同的价值准则能够有效提高企业成员对他人行为预期的准确性,并为员工提供了相互协调的基本框架和准则,有效减少了团队冲突和内耗,从而降低了协调成本,提高了工作绩效。

6.3.3 形象资本与经营绩效

根据劳动价值论的观点,从抽象的价值角度来说,任何财富都凝结着一般的人类劳动。在具体的现实形态上,财富则表现为满足人们需要的使用价值。法国经济学家萨伊(1819)认为"资本本身就是非物质性的事物,因为它和创造出资本的物质无关,而是和那一物质的价值有关,而价值是无形的"(赫尔南多·德·索托,2000)。Jackson(1985)认为价值就是所感受到的收益与所付出的价格之间的比率,这里所指的价格包括购买的价格以及诸如获取、运输、定购以及失败的风险等因素。从顾客的角度来看,顾客价值是指顾客从拥有和使用某种产品中所获得的价值与为获得该产品而付出的成本之间的差额,因此也可以将顾客价值(V)理解为顾客所感受到的收益(Q)与所付出的价格(P)的函数,即($V = Q - P$)。其中,顾客收益主要包括产品、服务、技术以及认同等方面的价值;顾客成本包括顾客所付出的价格成本以及顾客付出的除价格以外的各种内部成本。也可以将顾客价值看作是顾客从所购买的产品中获得的收益减去所付出的所有成本之后的"净收益"。相对其他企业的产品来说,顾客从某种产品中获得的净收益越大,他就会越倾向于购买这种产品,并从中获得满意。当产品或服务为顾客提供的利益超过了顾客在这些产品或服务的生命周期内所支付的成本时,顾客价值就产生了。企业通过单位销售额和边际利润的增长来获得利润;生命周期成本则包括搜寻商品或服务的成本,购买商品或服务所付出的价格、使用成本以及处置成本等。Butz 和 Goodstein(1996)则认为顾客价值是指顾客在使用了由企业所提供的产品或服务并亲身感受到它们所带来的额外价值后,在自身与企业之间建立起的感情纽带。Ulaga W(2001)将关于顾客价值的研究归纳为三种视角,即企业视角、顾客视角和顾客企业视角(表 6-2)。

表 6-2　　　　　　　　　　顾客价值研究的三种视角(Ulaga W,2001)

研究视角	基本观点
企业视角	顾客价值就是顾客心中的价值,是顾客在消费过程中期望或感知到的产品和服务所给他带来的价值
顾客视角	顾客被看作是一种企业资产,侧重研究(不同的顾客及顾客关系能够给企业带来的价值)
顾客-企业视角	营销是企业与顾客的价值交换过程。这种价值交换过程不仅实现了顾客与企业各取所需的交易,而且会形成顾客与企业的一些其他经济的和非经济的关系

顾客在感知商品或服务所具有的价值时具有强烈的主观性,某种商品或服务的价值是为顾客所认知和感受到的价值,其大小与产品或服务中所蕴含的价值体系和顾客本身的欲望、文化价值取向和购买能力等因素之间的匹配程度紧密相关。因而,对于同样的产品,在不同的消费者看来会具有不同的价值。同时,顾客在产品的购买、使用及与企业的员工的接触过程中逐渐形成了有关产品或服务的消费经验和知识,并形成了一定的偏好和态度,这些经验知识和偏好构成了顾客对未来消费活动价值判断的基础。消费者(顾客)并非为了购买商品而购买商品,商品或服务只是用来满足顾客某些深层次意图的手段。因此,企业在日常管理和营销活动中不仅要重视产品本身的特性,还要注重对顾客的研究。这种研究不仅要包括顾客对既定的某种产品属性的认可程度,还需要深入挖掘顾客的实际需要以及他们的期望和要求,也就是说不能仅仅停留在顾客需求的表象上,要深入顾客的内心发现他们真正的需求并满足他们的需求。

市场经济的出现不但从运行机制上为各种生产资源和要素的自由组合和配

置提供了良好的条件,而且为各种形式的资本能够自由进入生产和市场领域奠定了基础。同时,在市场机制与市场规范的调节下,各种需求和交换也能够自由地发生、发展和转化。企业在其生产经营活动中,不但为社会创造了有形的产品,而且还为社会提供了无形的文化价值理念。一般来说,有形的资本与无形的资本是不同类型的资本形式,但是,这两者的界限却难以区分,正如硬币的两个面一样,顾客需求的满足总是基于对物质资本与文化资本两者统一后的获取或是交换。因此,顾客的需求与满足需求的商品之间并不是一种简单的一对一的对应关系,而是一种复杂的一对多的关系。在具体的交换过程中,人们在获得商品或服务的同时也获得了这两者,即通过交换活动,消费者不但获得了商品的物质形态,还同时完成了商品的文化价值向消费者的转让。在这一过程中,顾客对商品或服务价值的感知来自于商品或服务本身所具有的属性、功效以及使用结果与顾客根本意图的匹配或契合。这种契合包括四个层次,分别为:与顾客基本需求的契合、与顾客预期需求的契合、与顾客期望需求的契合、与未预见的需求的契合。不论是哪个层次的契合,其本质就是文化价值体系的契合。这种契合的水平或程度越高,提升顾客价值的能力和幅度就越大,从而顾客也就更加倾向于支付较其他同类商品或服务更高的价格来获得这种商品或服务,企业的收益也就越大。

一般说来,不论是什么样的或是什么种类的商品或服务,只要它有价值,那么它就会凝聚一定的文化内涵,商品或服务所具有的这种文化内涵或者文化个性、文化特色,从本质上来说就是商品流通和布局的内在依据。现代商品中的文化含量以及文化附加值越来越高,组织文化资本则在市场商品交换体系中起着重要的载体作用,它凝结着一定的企业的伦理道德观念、核心价值取向、文化个性和独特的审美意识,展示着企业的文明水平。商品或服务的文化含量越大、文化附加值越高,它的影响和辐射能力便越强。在现实的市场上存在大量同质性商品或代表性符号,由于信息不对称和消费者偏好等,消费者必须通过对某种标识或符号的确认来对商品进行选择。企业的商标以及其他代表性符号则通过其所包含的特定的文化内涵(诸如在质量、技术、价值理念等方面的额外的付出)来标示商品或服务在满足消费者需求方面的稀缺性和特异性,从而成为消费者追逐的对象,并由此获得超越其他同类品牌的价值增值。此时,商标等组织文化符号就成为了组织文化资本的一种象征形态,成为凸显商品或服务的稀缺性和优势劳动价值含量的标志。当两件相同的商品同时进入消费市场时,营销方法和策略或是商品本身的文化含量,都有可能决定某一商品进入市场的成败。当这两件商品在其内在质量相持不下甚至是无所差异的时候,文化因素便起到了决定性的作用。举例来说,如果"鱼"和"熊掌"不能兼得,那么某人在可以选择"鱼"的时候却选择了"熊掌",通过其这一行为推断,就此人而言,选择"熊掌"所带来的效用要大于选择"鱼"所带来的效用,反之亦然。因此精神文化有着持续不断的影响力与决定力,组织文化资本构筑了企业的差异——利益相关者对企业品牌、产品、服务的认知以及由此形成的商誉之间的比较差异。

组织文化资本是企业所拥有的战略性资源。它在运动过程中体现出了以无形资本驱动有形资本的独特能力,成为整合并形成企业核心能力的重要基础。同时因为组织文化资本的存在,它有效提升了企业的学习能力,促进了企业知识的共享与员工间的信任、互助与合作,推动了企业不断创新发展。在企业的管理活动中,组织文化资本发挥着独特的效率功能,它提高了企业的组织绩效,扩大了企业的组织边界,而且在企业的经营活动中,被赋予了特定组织文化资本的产品与服务在交换活动中降低了顾客的搜寻成本,提升了顾客价值,为企业创造了超额的利润来源。组织文化资本是一种企业的核心资源与能力的结合,它以其独特的运行机制和价值创造能力成为推动企业差异化竞争与发展的重要因素。

7 组织文化资本评价与实证研究

7.1 组织文化资本的识别

对组织文化资本进行识别的一个最重要的目的就是要找到一个可以用来衡量组织文化资本的特征及其增值能力大小的方法。组织文化资本是无形的，也是十分抽象的，企业的任何行为都是在一定的价值观体系指导下产生的，并通过一系列的企业制度、规范和商品或服务，以及与之相关的企业与各个相关者之间的互动行为表现出来。它反映了企业在特定的社会与市场环境中所产生的影响力的大小。因此，对组织文化资本的识别实质上是对具有这一资本的企业在市场和社会场域中所表现出的文化影响能力进行识别，衡量的标准可以从产生这种影响力的各种因素中进行鉴别与提炼。组织文化资本的评价是将理论研究成果与实践相结合的重要环节，而对组织文化资本的识别是对其进行评价的前提条件。因此，如何识别组织文化资本并对其进行科学的评价，对指导组织文化资本的培育、保护、管理以及运用具有十分重要的意义。本章将在组织文化资本识别的基础上，结合组织文化资本的构成及其主要影响因素，构建一个评价指标体系，对组织文化资本进行综合评价。

7.1.1 组织文化资本识别的意义

企业在进行文化管理和文化资本运营时往往需要对自身的文化资本状况有一个比较清楚的了解，也就是说要弄清楚自己有没有文化资本或是需要如何来培育自身的文化资本。只有弄清楚自己的文化资本是什么、它的增值能力有多大等一系列问题，企业才有可能在经营管理的过程中有意识地运用文化资本来整合自身核心能力，使企业整体运营和谐高效。同时，只有弄清楚文化资本的所在，企业才能对其进行培育和保护，避免其受到各种环境因素和内部因素的影响而发生衰退和对企业存在续发展不利的变异，从而保持企业自身的差异化竞争优势。并且，只有在明确了组织文化资本的构成要素、影响因素及其相互间的作用关系与机理的前提下，才能为评价指标体系的建立与指标的选择提供依据，从而对组织文化资本进行定量化描述。清晰地识别组织文化资本有利于企业集中各种优势资源为企业获取长期的持续竞争能力提供有利的条件。

7.1.2　组织文化资本的识别标准

对组织文化资本的识别应立足于其性质或特征的基础之上,关于其基本性质与特征本书已在第 3 章和第 4 章进行了探讨。组织文化资本是企业所独有的知识、资源的集合,是企业所拥有的一种核心能力,也是整合其他能力形成企业核心能力的重要力量来源和基础。在企业核心能力的识别方面,企业的核心能力有两个来源:在业务层次上,它来源于企业独有的资源和能力;而在企业层次上,它来源于对各种资源和能力的整合。Barney(1986,1991)提出应从价值性、异质性、不可模仿性和难以替代性四个方面对企业核心能力进行评价,以分析那些能够成为企业核心能力的资源种类。这种识别方法主要采用文字性描述的方式来为核心能力的识别与评价提供思路和标准。Yves Dos 则认为应该依据发展的过程来对企业的核心能力进行识别,必须关注五个主要因素,即核心能力的开发、扩散、集中、发挥与更新等。他比较关注核心能力的动态过程、积累性以及文化因素。Callon、Klein 等则认为对企业核心能力的识别应该从职能部门层次的基础能力、事业部门层次的关键能力以及企业层次的核心能力三个层次加以分析(张月莉,2006)。

本书认为,对于组织文化资本的识别可以参照有关企业核心能力识别的方法并结合组织文化资本自身的特征来确定。组织文化资本的识别标准应符合以下条件。

第一,它是否具有价值性。组织文化资本必须能够为企业创造高效率,并且在创造价值和降低成本方面应该比竞争对手更具优势。还必须考虑的是这种文化资本是否能够为消费者带来独特的价值,即创造顾客价值的能力的高低。

第二,它是否具有异质性。这种文化资本必须是为企业所独有的,也是企业创造超额利润的来源,它必须与竞争对手之间存在较大差异。组织文化资本可以通过企业的精神、制度以及外在形象等多方面表现,并体现于企业的产品、服务之中。它能够为外界所感知,成为企业独有的标识性特征。

第三,它是否具有不可模仿性。组织文化资本形成于企业长期的文化资本投资中,是各种资源、知识等要素的积累,也是在"干中学"的过程中所形成的。它与企业独特的历史和发展路径相联系,具有路径依赖性和因果关系模糊性的特点,这使得竞争者难以模仿。特别是组织文化资本中所包含的那些基于团队协作、组织流程和价值判断的能力几乎无法被模仿。因为其不可模仿性而使它具有了非竞争性和难以替代性,它也无法通过市场的资源配置机制而获得,即使有其他企业能够获得,也会因面临巨大的成本约束而难以转化。

第四,是否具有拓展性。组织文化资本应该具有强大的辐射力和溢出效应。这种资本一旦形成就能够整合到企业生产经营活动的各个流程、结构以及企业成员的思想意识和观念偏好之中,指导着企业各项活动协调有序地展开,并能衍生其他类型的能力,并由此推动企业不断开拓潜在市场,通过差异化的竞争能力获得收益。

7.1.3 组织文化资本识别的方法

黄定轩(2005,2007)将企业核心能力识别过程中采用的研究方法分为三种类型:概念模型的企业核心能力识别;基于模糊评价或聚类技术的企业核心能力识别;基于层次分析法及其变种的企业核心能力识别。踪程等(2006)设计了企业核心能力评价系统,并建立了模糊综合评价模型(图7-1)。

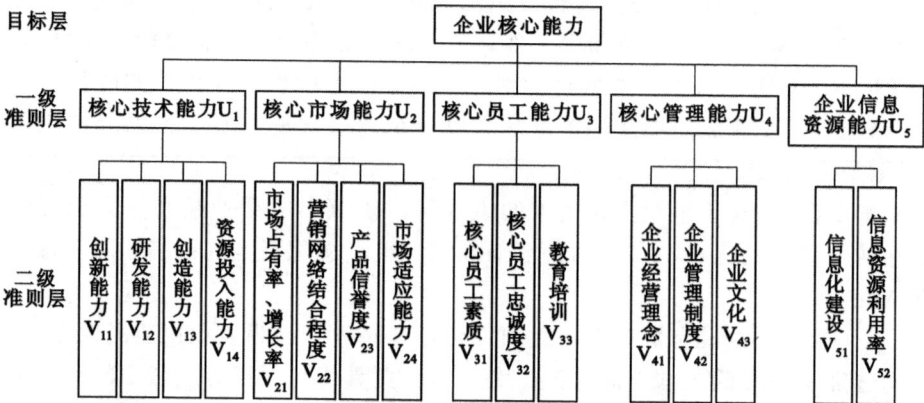

图7-1 基于模糊综合评价方法的企业核心能力评价系统(转引自踪程、都忠诚、张炳轩,2006)

张月莉(2006)认为,能力是相对于企业自身而言的一个概念,企业的竞争力则是相对于竞争对手而言的"能使企业传递一个基本的顾客利益"的有价值的能力。核心竞争力是企业核心能力的外在表现,是企业在其长期发展过程中培养和发展起来的能使企业保持持续的竞争优势的知识体系,并基于结构分析的方法提出了一个企业核心竞争力识别模型(图7-2)。

她认为可以分三个阶段来识别企业的核心竞争力。第一阶段,即对关键能力的识别阶段,首先需要识别在每个功能领域起作用的关键能力。第二阶段,即竞争力的识别阶段应该从其独特性和延展性的角度进行评价。独特性应该从稀有性、不可替代性与模仿性三方面评价,找出评价较高的能力。延展性需要从功

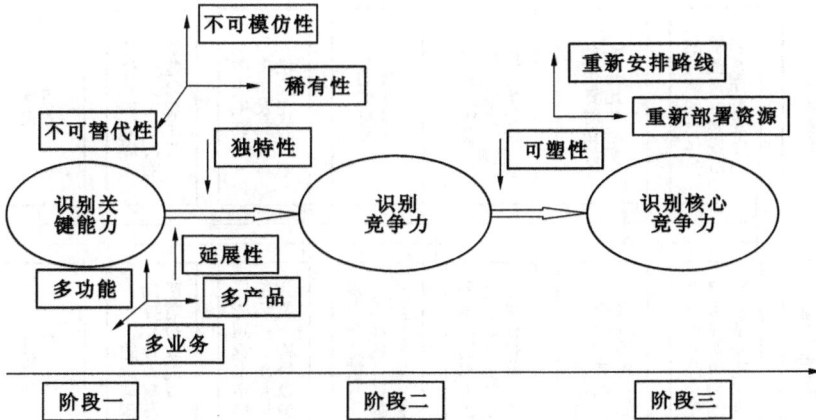

图 7-2　基于结构分析法的核心竞争力识别模型（张月莉，2006）

能、业务以及产品等方面展开。第三阶段，即核心竞争力识别阶段需要在竞争力识别的基础上通过可塑性（重新部署资源和重新安排路线可能性）评价来确定企业核心竞争力。

吴价宝和达庆利（2002）认为，从企业的资源到企业的核心能力，其价值水平不断提升，与此同时，其难度也在逐步加大。首先，对企业核心能力的识别需要对核心能力与企业资源、核心能力与竞争能力、核心能力与核心产品、最终产品之间的关系进行识别。他们认为，资源是企业的基础和能力的载体，要增强能力必须首先获得资源。能力主要指企业的职能性能力，诸如制造、营销、后勤以及人力资源管理等方面的能力，它是企业资源的整合，也是形成竞争能力的基础；竞争能力是各种职能能力的协调与结合；核心能力则是竞争能力的进一步整合。其次，核心能力的特性识别主要可以分为价值性、异质性、延展性、不可模仿性和不可交易性五个方面。在此基础上，他们提出了一个系统性识别企业核心能力的八个步骤（图 7-3）。

基于此前的分析，本书认为企业的文化资本不仅是企业特有的核心能力，而且作为一种无形的精神资本，它还是企业独有的特殊的隐性知识的集合。它不仅反映在企业成员的意识及其行为之中，而且反映在企业的产品、服务以及企业的整体形象之中。因此，对组织文化资本的识别应该兼顾有形的资产与无形的知识，以及对企业及其利益相关者等多方面、多层次加以识别，只有这样才能对其有更加清晰的认识，并有利于对其进行评价。从企业内部来说，对文化资本的识别可以采用价值链分析和知识分析两种方法；从企业外部来说，对文化资本的识别可以采用顾客价值分析与竞争差异分析两种方法。具体见图 7-4。

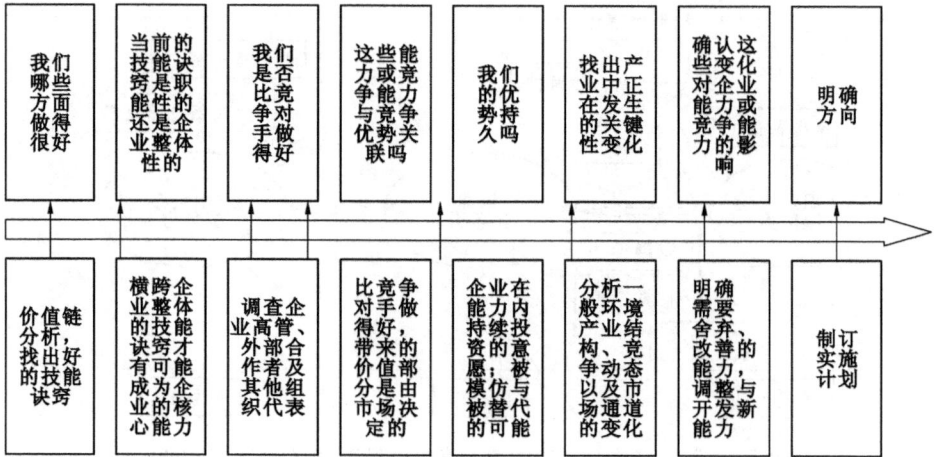

图 7-3　基于概念模型的企业核心能力识别方法（吴价宝、达庆利，2002）

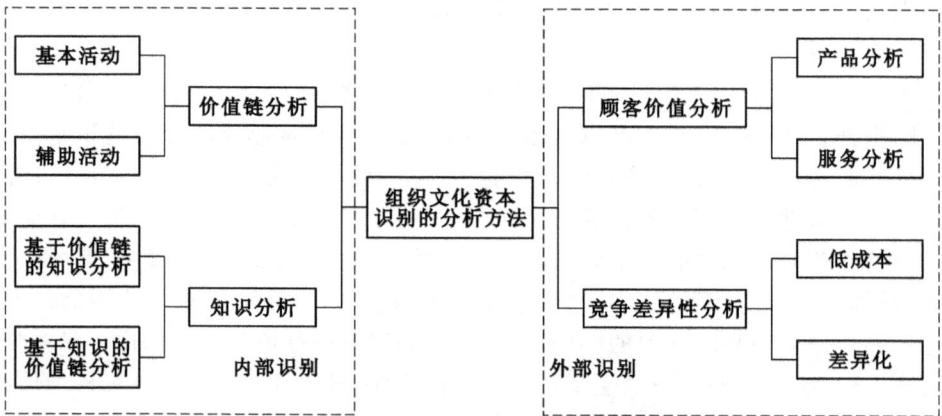

图 7-4　组织文化资本识别的分析方法

（1）组织文化资本的价值链分析。组织文化资本的价值链分析实质上是以企业活动为基础的，其基本分析流程如图 7-5 所示。

著名战略管理专家波特认为，企业的价值创造过程存在五项基本活动，即内部后勤、外部后勤、生产经营、市场销售以及服务等活动；它还包括四项辅助活动，即采购、技术开发、人力资源和企业基础设施。这些价值创造过程相互紧密联系，构成了企业价值链。

事实上，企业价值链上的各项活动都有其自身的特点和内容，这些活动通过构成的完整的链式结构而在生产过程中为产品赋予了不断增加的价值。这里存

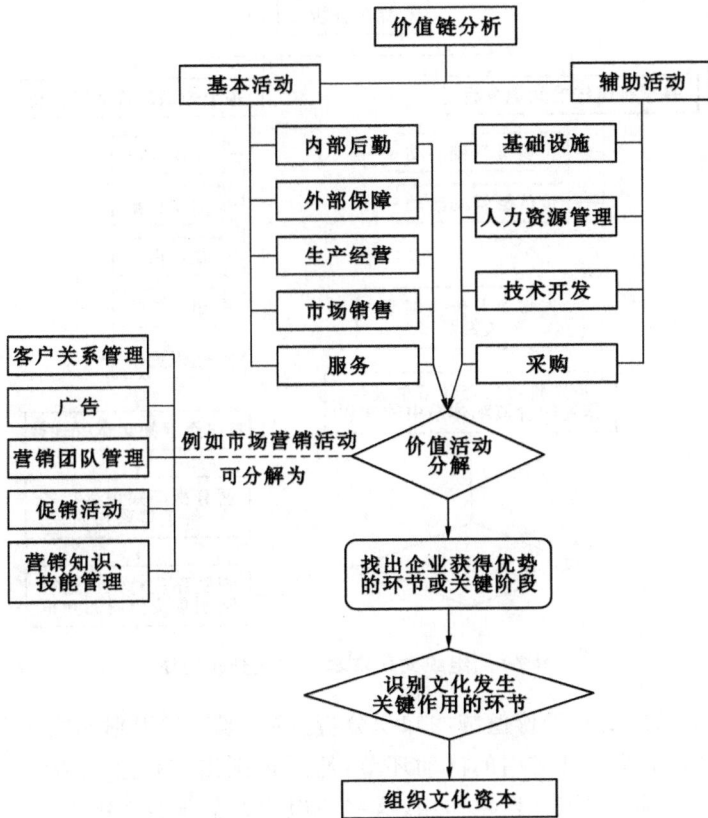

图 7-5 组织文化资本的价值链分析方法

在两个问题,一方面是这些环节或活动并非都能够等量的创造价值,在创造价值的能力上,它们各不相同,企业所创造的价值在很大程度上来源于价值链上的关键环节。另一方面,文化作为一种价值体系,虽然整合于价值链之上并参与到生产中,但是它的生产功能并不等同于现实的产品生产功能,而是隐藏于各种物理性生产活动背后的一种价值生产活动,因此根据其对物理性生产活动参与程度的高低,文化的增值功能也有较大差异。因此,通过价值链分析,可以相对清晰而有效地找到那些对增加企业价值使企业获得优势的生产环节及其文化发生作用的关键阶段,使得这些核心的活动更加明确地展示出来,并可能从战略角度上用组织文化资本来整合各种价值活动,创造企业独特的核心能力。

(2)组织文化资本的知识分析。组织文化资本在本质上也是企业内部特有的知识的集合,因而可以采用知识分析的方法来对其进行识别(图 7-6)。

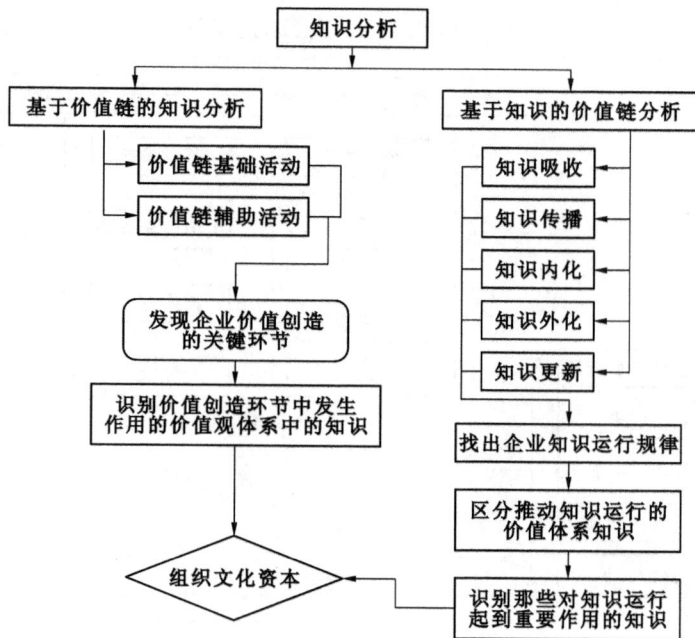

图 7-6 组织文化资本的知识分析方法

首先,可以采用基于价值链的知识分析方法,即通过识别那些在企业价值创造过程中起到了关键性作用的活动环节,然后识别出支持这些活动的是企业价值观体系中的哪些知识在发生作用,这些知识即为企业的文化资本。其次,还可以采用基于知识的价值链分析方法来识别企业的文化资本。因为知识本身就具有吸收、传播、内化以及外化、更新的运动特征,可以从这个过程中识别出为企业所有的特殊价值的知识,从而识别出企业的文化资本。首先需要从企业的知识流动过程中找出企业知识的运行规律;其次要区分在企业知识的运行过程中的那些特有的、隐含的并嵌入于企业组织结构和流程之中的包含于价值观体系之中的知识;最后要分析在这些知识中,哪些对于企业知识的创造、共享和更新起到了重要的作用,那么这一类知识就是形成企业独有的核心能力并难以为竞争对手所模仿和复制的重要因素,可以认为这些是企业的文化资本。

上述两种识别方法都是从企业内部出发对组织文化资本进行识别的手段,而组织文化资本还具有丰富的外部表现,对形成企业的核心能力具有重要作用。因此还可以采用外部识别的方法对组织文化资本进行识别。可以使用的方法有顾客价值分析和竞争差异性分析。

(3)组织文化资本的顾客价值分析。这种方法主要是对顾客所看重的价值进行分析,找出企业的产品、服务或是其他能够带给顾客价值的因素,哪些文化价值能够获得他们较高的认同并产生重复购买和忠诚行为,这些价值即为企业的文化资本(图 7-7)。

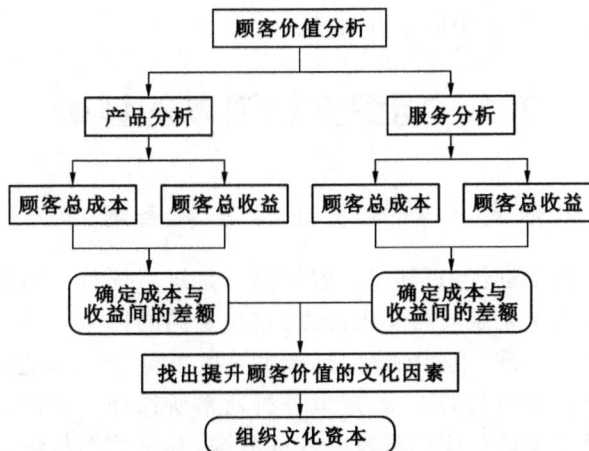

图 7-7　组织文化资本的顾客价值分析方法

（4）组织文化资本的竞争差异性分析。企业竞争优势的获得一般取决于两种途径,即低成本或是差异化。这就是说,企业要获得相对的竞争优势一方面必须通过各种资源和能力的整合、协调来有效降低企业的生产经营成本,提供低价位高质量的产品与服务;另一方面需要在市场行为和整体形象上形成与其他竞争性企业之间的差异,诸如品牌、名称、商标、商誉、售后服务等。通过对以上两个方面的分析,找出产生这种差异的文化因素,即为企业的文化资本(图 7-8)。

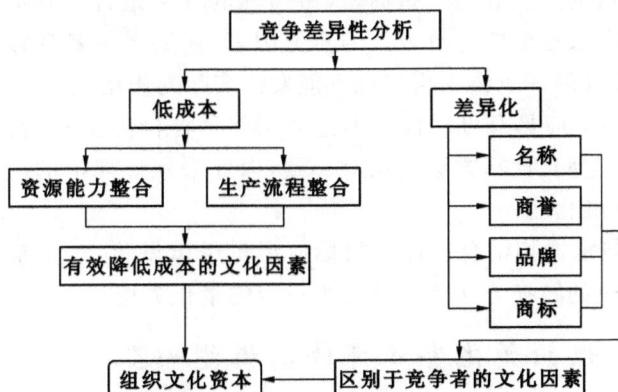

图 7-8　组织文化资本的竞争差异性分析方法

当然,对组织文化资本的识别还是一个新的课题,需要在实践中进一步尝试和探讨更加合理和行之有效的识别方法。但是有一点是统一的,那就是唯有组织文化价值体系中那些能够支撑企业长期竞争优势的部分才是企业的文化资本,而并非企业价值体系中的所有内容。

7.2　组织文化资本的评价

7.2.1　组织文化资本评价的基本原则

对组织文化资本进行识别以后,就可以对其进行评价。组织文化资本体现了一个企业整体的文化素质与文化能力,它在不同的区域、不同的行业、不同的企业中都有不同的表现,因而衡量的标准也不尽相同,要对其进行准确度量的难度较大。从目前的研究趋势上看,定量分析通常所选择的方法是通过建立相应的评价指标体系并设计相应的量表来获取数据,基于数据的统计分析得出评价的结果,因此评价指标体系的建立尤为重要。本书认为,需要遵循以下原则对组织文化资本进行评价。

(1) 以系统性为首要原则。组织文化资本嵌入企业的各种组织结构和流程,它与企业经营管理活动的各个子系统之间存在着紧密的相互作用关系,因此单一因素的评价显然是不合适的,必须坚持系统观的基本思想,系统设计评价指标体系,并进行系统评价才能作出相对客观而准确的评价结论。

(2) 以可操作性为设计标准。组织文化资本是一个复杂的体系,对其评价可能会包括大量的定性和定量指标,这些指标的含义是否明确清晰且所涵盖的信息是否充分有效是影响评价效果的重要因素,还要考虑各种数据资料必须容易获得,否则设计的评价体系再好也不能发挥实际的作用。

(3) 评价结果应具有可比性。不论采用何种评价方法和指标体系,评价中所涉及的时间、空间、计算方法应相对一致,以此来保证评价的结果在企业间具有可比性,即标准化。

(4) 定性与定量相结合。评价指标应尽量予以量化,对于难以量化的定性指标应采用相应的转换方法将其转化为一定的量化数据。

7.2.2　组织文化资本评价的模型概要

有关组织文化资本评价的问题目前尚未见到相关的理论文献,但是在相关的一些研究中仍然可以发现一些有益的研究成果。这些成果主要是关于组织文化力量的分析与评价。这一点与本书所认为的组织文化资本的外部表现就是企业的文化影响力的观点比较吻合,故本书对组织文化资本的评价主要是对组织文化资本所产生的影响力进行评价。

Saffold(1988)提出了一个基于组织文化过程的模型(图7-9)。在这一模型中,他从文化传播和文化力量两个方面对组织文化进行了研究与评价。他认为,文化的传播主要包括社会、心理、历史以及人为四种渗透方式,社会渗透主要是指组织文化在组织内的不同群体间的共享程度;心理渗透是指组织成员对组织文化中的价值观和基本假设的认同;历史渗透是指文化价值观在较长的一段时期内保持稳定;人为渗透是指隐性的文化要素从显性的文化载体中体现出来,诸如物理环境、员工行为、企业组织结构、制度规范以及社会化的仪式等。

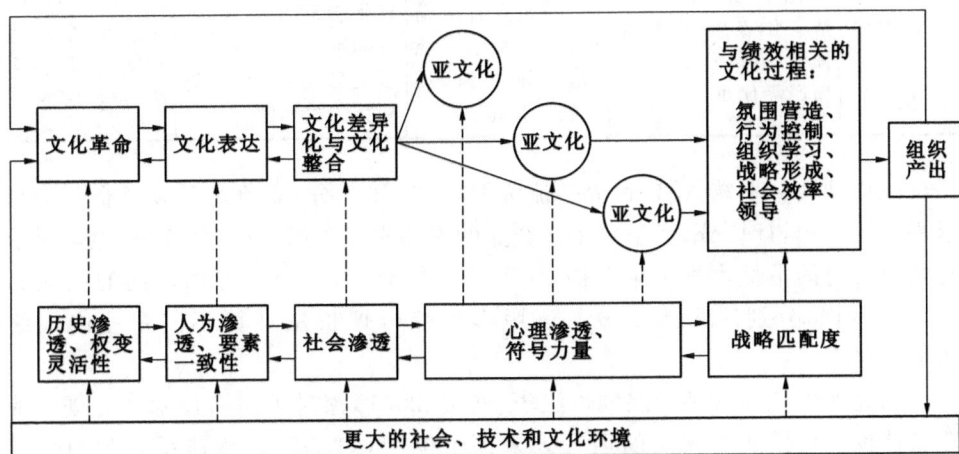

图 7-9　基于文化过程的企业运营过程(李海,张德,2005)

在 Saffold 的理论框架中对文化力量进行了诠释,文化力量包括组织文化要素之间的一致性(价值观是否存在冲突、文化的载体与深层的价值观和基本假设是否一致等)、符号力量(即文化符号对组织成员的情感和忠诚度产生的影响)、战略匹配度(衡量文化与内部人员和能力以及外部需求的匹配程度)和权变灵活性(即文化与变革之间的关系,组织文化在进行变革时其最基本的要素是否保持不变)(李海、张德,2005)。

叶迎春(2000)从组织文化对企业经营绩效的影响力着手,她将组织文化力分为 5 个二级指标和 15 个三级指标。5 个二级指标分别对应于组织文化的五个层次(精神、制度、行为、形象及物质等五种文化力);三级指标主要依据文化力的五个层面的不同内涵中各因素的特征及其针对性强弱来确定。组织文化力

(CCP)指标评价结果为一个具体数值,将其值从弱到强设定在1～7之间。CCP值为二级指标的加权平均,二级指标分别为相应三级指标的加权平均,用调查问卷和专家访谈等方式确定各级指标的权重(李军波、江翱,2006)。

重庆交通学院管理学院的魏光兴(2004)在分析了企业竞争格局的基础上提出了组织文化竞争力评价模型,其指标体系见表7-1:

表7-1　　　　　　　　组织文化竞争力评价指标体系(魏光兴,2004)

一级指标	企业文化竞争力			
二级指标	物质文化竞争力	行为文化竞争力	制度文化竞争力	精神文化竞争力
三级指标	质量意识及管理体系、生产装备系统、生活文化设施、质量保证度、科研开发能力、新产品比重	企业家知识经验、员工知识技能、企业家冒险精神、创新及学习能力、守则经营、员工行为规范	企业经营方针、组织结构完善程度、信息化管理及沟通、管理标准与操作规程、员工参与决策、对待冲突的宽容度	企业价值观、企业凝聚力、企业宗旨、企业座右铭、企业家风格、企业信条

该模型共分七档,确定世界一流为第一档,计7分;竞争对手以及企业最高水平为第三档,计5分;竞争对手与企业的平均水平为第五档,计3分;竞争对手与企业自身的最低水平为第七档,计1分。介于一、三、五、七档之间的相应为二、四、六档,分别计6、4、2分。运用模糊综合评价法计算不同企业的最终得分。

东北大学工商管理学院的卢纪华、刘颖(2001)探讨了高新技术企业创新战略支持性文化模式及相应的运行效果评价模型(表7-2)。该体系分为两个层次:第一层为类别层或功能层,分为创新文化类、人本文化类、团队文化类和领导文化类,其中创新文化类反映高新技术企业的创新成果增长度,后三类反映高新技术组织文化功能增强度。第二层为指标层。从类别的不同侧面反映创新战略支持性文化模式运行效果。

表7-2　　创新战略支持性文化运行效果评价指标体系(卢纪华、刘颖,2001)

二级指标	创新文化	人本文化	团队文化	领导文化
三级指标	创新点增长率、创新产品利润增长率、战略产品增长率、R&D费用增长率	员工满意度增长率、员工流动变化率、激励满意度增长率、能力开发费用增长率	创新组织满意度增长率、组织价值观认同增长率、团队作业点增长率、群体沟通满意度增长率	领导创新点增长率、领导支持创新点增长率、民主评议满意度增长率

逐一量化指标体系中的每项指标。每个指标值确定在1～5分之内,最高标

准分值为 5 分；合格标准值分值为 3 分。按公式将每一个指标转换成指标值。为了表示不同指标对创新战略支持性文化模式运行效果的影响程度，需对所有指标进行加权处理。可采用主、客观权重系数计算法相结合的方法来确定各个指标的权重。将评价结果分为五个档次：不合格、合格、良好、很好、极好。

杨浩(2008)应用组织文化力的评价指标体系，通过对 100 家中国企业的调查得到了中国企业的组织文化力的综合评价结果。根据该模型将组织文化力划分为行为文化力、制度文化力和精神文化力三个方面。在此基础上，根据相关、全面、可行的原则，进一步对组织文化力进行细化。经过逐层细化，得到组织文化力的第三级评价指标(表 7-3)。

表 7-3　　　　　　　　组织文化力评价指标体系(杨浩,2008)

二级指标	行为文化力	制度文化力	精神文化力
三级指标	企业家知识经验、员工知识技能、创业家精神、创新以及学习能力、守法履约经营、员工行为规范	企业组织结构完善合理度、激励机制、薪酬制度、信息化管理及沟通、管理标准与操作规程、企业民主	企业价值观、企业凝聚力、企业宗旨、企业座右铭/信条、企业经营方针、企业道德

基于以上组织文化力的评价指标体系来设计了问卷来对 100 家不同行业、不同类型、不同规模、不同历史的企业进行调查，让这些企业的股东、经营管理者、员工对各自企业的各级评价指标的实际状况打分。根据各个指标的具体内容，结合我国企业的实际情况，在该指标方面把行业内企业的最高水平定为第一档，相应的评价值为 5 分；把行业内企业的平均水平定为第三档，相应的评价值为 3 分；把企业开展经营活动的市场中的所有竞争对手和企业自身中的最低水平定为第五档，相应的评价值为 1 分；再结合组织文化力评价体系的各级评价指标权重，最终得到所调查的各个企业的组织文化力的综合评价值。

7.2.3　对现有评价方法的归纳和简评

基于以上学者的研究成果，结合本书的基本目标和组织文化资本本身的特征，得出以下结论。

① 总体来说，目前所采用的评价方法都具有自身的特点，但是在评价指标设计时除了企业本身的因素以外，似乎并未考虑其他外部因素的影响，特别是文化扩展与传播形成的企业形象给企业带来的影响没有加以充分考虑。需要有一个更加全面的指标体系和直观的指标来描述组织文化作为一种无形资本形式的差异性。② 评价方法大多采用模糊综合评价的模式，但是在具体操作中，这种

评价方法的实用性并不太理想。③ 组织文化资本通常是作为一个整体来发挥其影响和吸引功能的,需要对各种文化变量(即使是在分析中发现的可以忽略的因素)进行全面的考虑。④ 从能力角度建立评价体系比较合理。组织文化资本本身就是企业的一种核心能力,因此从能力角度进行评价比较合适。根据价值链理论,价值产生于一系列的企业活动之中,每一个环节都有特定的能力参与其中,因而每个环节的能力又可以分为各种"子能力"或"亚能力"等。组织文化资本是对企业的资源能力进行整合和利用的一种综合能力,因而评价应该兼顾内部能力与外部能力。⑤ 评价体系的目标层应设为组织文化资本的影响(吸引)力,通过对文化资本影响力的评价来判断组织文化资本的状况,而非组织文化资本本身。

综上,本书将结合组织文化资本的构成及其基本特征,从能力视角来构建组织文化资本评价指标体系。

7.3 实证研究——基于 BP 神经网络的组织文化资本评价

7.3.1 评价目的与方法选择

武汉大学经济与管理学院徐绪松教授(2005)提出的整体观论认为,在系统中,各要素和系统间不应该是分割的,系统应该是其中各组成要素相互作用形成的综合体;系统的整体功能不等于各组成部分的功能之和,即存在"非加和定律";系统是由各个组成要素组成的综合体,在整个系统范围内来看问题,争取得到整体的"放大效应"。

组织文化资本是区别于企业物质资本的一种精神生产能力和资源,以价值理念、领导魅力、创意风格等隐性的知识形态出现,表现为企业的经营宗旨、凝聚效应、人事氛围和目标导向。优秀的组织文化资本作为企业的精神财富,具有一种神秘的力量,很多学者称之为文化力,它可以极大地促进企业的财富增长,即从文化资本转化为经济资本。企业活动不但要实现物质价值,还要实现其文化价值。高效的组织文化资本能够引导企业按照市场经济规律办事,能够为企业带来很好的商誉,能够体现出员工的心理及最基本的要求,而且往往能够促使企业进一步深化改革,完善组织结构和经营机制,从而带来组织效率的大幅度提高,为企业提高经济效益创造良好条件。组织文化资本的作用过程是通过组织文化的传播来实现的。在组织文化的传播过程中,需要一种推动文化被接受的力量,这种力量来源于组织文化资本转化为接受者实际效用的能力,或者将其称为组织文化资本的影响力。这种影响力实际上就是在特定时期内,一个基于更强综合实力或独特文化异质性而获得强势地位的文化对其利益相关者在心理上产生的吸引、可信任和可接受程度的总和。它反映的是一种文化对另一种文化的模糊而综合的心理认可,是两个文化之间客观存在的,因综合实力或文化异质性而产生的相互认可和接受程度的心理势差。一种文化对另一种文化的认可程度越高,就意味着后者相对前者来说的影响力越大,前者就越容易接受来自后者的相关信息。在这种影响力的推动下,组织文化的传递具有非守恒性,即在传播过程中,受影响力强度的制约,每个对象对文化的接受度是不均衡的。一般来说,具有强大影响力的文化更容易被接受和传播,而那些影响力较弱的组织文化的传播效果则相对较差。由此也就可以根据影响力的大小将组织文化资本划分为强势文化资本和弱势文化资本两种类型。

组织文化资本所具有的这种影响力具有综合性和非线性特征。组织文化是一个由众多变量构成的集成,这些变量经常相互作用,而且它们总是作为一个整体来对企业的生存状态产生作用。因此,必须对组织文化资本进行系统整体的分析,才能把握其全貌。企业价值观体系作为企业综合竞争力系统的一个子系统,其本身也是一个综合系统,它包含了不同的因素,正是由这些不同的因素所形成的一种动态活力,在企业和社会发展中发挥着重要的作用。因此,需要有一种方法来对这种影响力进行全面综合评价。

当前可以用于评价组织文化资本的方法有许多种,较常用的有灰色系统评价法、数学模型分析法、模糊综合评价法等。这些方法在理论和实践研究中都发挥了巨大的作用,所得出的结论都具有较高的科学性和指导意义,但其中仍然存在一些问题,主要反映在以下几个方面。

(1)关于评价指标的选择问题。在对评价指标进行选择的时候,通常采用的是从统计学中所使用的相关系数法以及方差最小化方法等中选出的最具有代表性的指标。虽然这种方法能够较好地选择出那些具有较低相关性的指标,但是在不断的筛选与舍弃过程中,研究对象的整体性也被削弱了,其分析结果难以完整地展现研究对象的属性。

(2)关于权重的确定问题。在统计学上可以采用主成分分析法来确定权重。这种确定权重的方法通常的依据是离差分布的几何特征。但是单纯地按照离差分布的方式来确定评价指标的权重有时难以体现出被测指标在系统性评估中的真实位置。另一些常用的确定权重的方法是德尔菲法等赋权方法,其主观性较强且成本较高。

（3）对不同模式识别、判别和预测的问题，往往采用传统的统计学方法，如判别分析、回归分析等方法，但这些方法都有一定的应用条件（如正态性、独立性等），而且要先对变量间关系提出假设，再验证或推翻假设，不便于对一些复杂数据或关系不明的数据进行研究。

（4）关于结果的直观性问题。从直观性来说，通常使用的评价方法在解释特定因素的变化对结果产生的影响方面具有比较明显的优势，但是从整体上对结果进行综合分析评价略显不足，它很难从宏观上对一个具体问题作出直接的评价。

目前运用神经网络进行评价与预测已经在很多领域体现出了其突出的优势。因此，本书选择 BP 神经网络的方法来对组织文化资本进行评价。

7.3.2　BP 神经网络理论模型

BP（Back Propagation，反向传播）神经网络结构与基本工作原理：人工神经网络（ANN）涉及电子、生物、数学、计算机等在内的多个学科，它通过对生物体神经网络的某些结构与功能的模拟，可以解决很多目前由计算机或其他系统所不能解决的问题，并在很多领域得到了广泛的应用。在 ANN 的实际应用中，绝大部分的神经网络模型采用 BP 神经网络和其变化形式，它也是前向网络的核心部分，体现了 ANN 最精华的部分（胡大伟，2006）。BP 神经网络模型是一种用于前向多层神经网络的误差反向传播学习算法，它由美国加州大学的 D E Rumelhart 和 J L Mcclelland 等在 1986 年提出。BP 神经网络在结构上类似于多层感知器，是一种多层前馈神经网络。由于其结构简单、可调参数多、训练算法多、可操控性好等优点，BP 神经网络获得了广泛的实际应用。据统计，80%～90% 的神经网络模型采用了 BP 神经网络或者它的变化形式（葛哲学、孙志强，2008）。BP 神经网络的向量如图 7-10 所示。

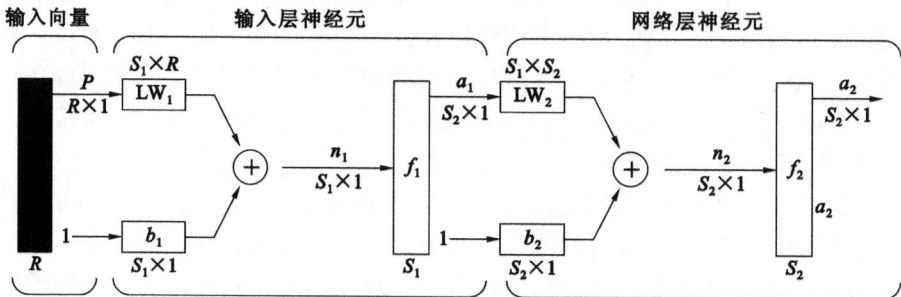

图 7-10　BP 神经网络向量模型

　　BP 神经网络是一种具有三层或三层以上神经元的神经网络,包括输入层、中间层和输出层。其上下层之间实现全连接,而每层神经元之间无连接。当一对学习样本提供给网络后,神经元的激活值从输入层经各中间层向输出层传播,在输出层的各神经元获得网络的输入响应。接下来,按照减少目标输出与实际输出之间误差的方向,从输出层反向经过各中间层回到输入层,从而逐层修正各连接权值,这种算法称为"误差反向传播算法",即 BP 神经网络算法。随着这种误差逆向的传播修正不断进行,网络对输入模式响应的正确率也在不断上升。

　　由于误差反向传播会对传递函数进行求导计算,BP 神经网络的传递函数要求必须是可微的,常用的有 Sigmoid 型的对数、正切函数或线性函数。因此传递函数是处处可微的,所以对于 BP 神经网络来说,一方面,其所划分的区域不再是一个线性划分,而是由一个非线性超平面组成的区域,它是比较平滑的曲面,因而它的分类比线性划分更加精确,容错性也比线性划分更好;另一方面,BP 神经网络可以严格地采用梯度下降法进行学习,权值修正的解析式十分明确。BP 神经网络理论已经证明 BP 神经网络具有强大的非线性映射能力和泛化功能,任一连续函数或映射均可采用三层网络加以实现(杨行峻,2003),其工作原理如图 7-11 所示。

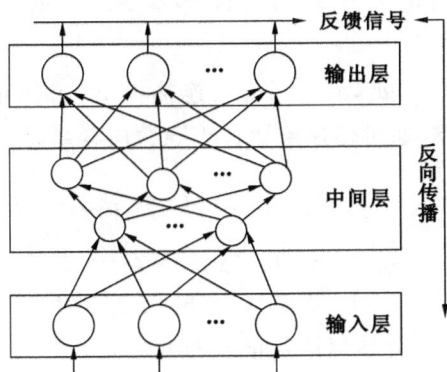

图 7-11　BP 神经网络模型的工作原理

　　BP 神经网络学习规则(葛哲学、孙志强,2008):该算法的学习过程由信息的前向传播和误差的反向传播组成。在确定 BP 神经网络结构后,对每一个输入样本设定一个期望输出值,再对 BP 神经网络输入实际的学习记忆模式,并由输入层经隐含层(中间层)向输出层传播,此过程称为"前向传播"。实际输出与期望输出的差即是误差。在前向传播的过程中,输入信息从输入层经隐含层逐层处理,并传向输出层。第一层神经元的状态只影响下一层神经元的状态。如果在输出层得不到期望的输出结果,则转入反向传播过程,将误差信号(目标值与网络输出之差)沿原来的连接通道返回,通过修改各层神经元权值与阈值,使误差最小。随着"前向传播"和"反向传播"过程的反复进行,最终使网络的实际输出值逐渐接近各自所对应的期望输出值。对一个三层神经网络做如下设定:

输入向量 $P_k = (a_1, a_2, \cdots, a_n)$;

目标向量 $T_k = (y_1, y_2 \cdots, y_q)$;

隐含层单元输入向量 $S_k = (s_1, s_2, \cdots, s_p)$,输出向量 $B_k = (b_1, b_2, \cdots, b_p)$;

输出层单元输入向量 $L_k = (l_1, l_2, \cdots, l_q)$,输出向量 $C_k = (c_1, c_2, \cdots, c_q)$;

输入层至隐含层的连接权 $W_{ij}, i=1,2,\cdots,n; j=1,2,\cdots,p$;

隐含层至输出层的连接权 $V_{jt}, j=1,2,\cdots,p; t=1,2,\cdots,p$;

隐含层各单元的输出阈值 $\theta_j, j=1,2,\cdots,p$;

输出层各单元的输出阈值 $\gamma_j, j=1,2,\cdots,p$;

参数 $k=1,2,\cdots,m$。

① 初始化。给每个连接权值 W_{ij}, V_{jt},阈值 θ_j、γ_t 赋予区间 $(-1,1)$ 内的随机值。

② 随机选择一组输入样本和目标样本 $P_k = (a_1^k, a_2^k, \cdots, a_n^k)$;$T_k = (y_1^k, y_2^2, \cdots, y_p^k)$提供给网络。

③ 用输入样本 $P_k = (a_1^k, a_2^k, \cdots, a_n^k)$、连接权 W_{ij} 和阈值 θ_j 计算隐含层各单元的输入 S_j,然后用 S_j 通过传递函数计算隐含层各单元的输出 b_j。

$$S_j = \sum_{i=1}^{n} W_{ij} a_i - \theta_j \quad (j=1,2,\cdots,p) \tag{7-1}$$

$$b_j = f(s_j) \quad (j=1,2,\cdots,p) \tag{7-2}$$

④ 用隐含层的输出 b_j、连接权 V_{jt} 和阈值 γ_t 计算出输出层各单元的输出 L_t,然后通过传递函数计算输出层各单元的响应 C_t。

$$L_t = \sum_{j=1}^{p} V_{jt} b_j - \gamma_t \quad (t=1,2,\cdots,q) \tag{7-3}$$

$$C_t = f(L_t) \quad (t=1,2,\cdots,q) \tag{7-4}$$

⑤ 使用目标向量 $T_k = (y_1^k, y_2^k, \cdots, y_q^k)$、网络实际输出 C_t 计算输出层各单元的一般化误差 d_t^k。

$$d_t^k = (y_t^k - C_t) C_t (1 - C_t) \quad (t=1,2,\cdots,q) \tag{7-5}$$

⑥ 使用连接权 V_{jt}、输出层的误差 d_t 和隐含层的输出 b_j 计算隐含层各单元的误差 e_j^k。

$$e_j^k = \Big[\sum_{t=1}^{q} d_t \cdot V_{jt}\Big] b_j (1-b_j) \tag{7-6}$$

⑦ 运用输出层各单元的一般化误差 d_t^k 与隐含层的各单元的输出 b_j 来修正连接权 V_{jt} 和阈值 γ_t。

$$V_{jt}(n+1) = V_{jt}(n) + \alpha d_t^k b_j \tag{7-7}$$

$$\gamma_t(n+1) = \gamma_t(n) + \alpha d_t^k \tag{7-8}$$

$$(t=1,2,\cdots,q; j=1,2,\cdots,p; 0<\alpha<1)$$

⑧ 利用隐含层各单元的一般化误差 e_j^k、输入层各单元的输入向量 $P_k = (a_1, a_2, \cdots, a_n)$ 来修正连接权 W_{ij} 和阈值 θ_j。

$$W_{ij}(n+1) = W_{ij}(n) + \beta e_j^k a_i^k \tag{7-9}$$

$$\theta_j(n+1) = \theta_j(n) + \beta e_j^k \tag{7-10}$$

$$(i=1,2,\cdots,n; j=1,2,\cdots,p; 0<\beta<1)$$

⑨ 随机选择下一个学习样本向量提供给网络，返回到步骤③，直到 m 个训练样本训练完毕。

⑩ 重新从 m 个学习样本中随机选取一组输入和目标样本，返回步骤③，直到网络全局误差小于预先设定的一个极小值，即网络收敛，学习完毕。如果学习次数大于预先设定的值，网络将无法收敛。在上述步骤中，⑦～⑧是误差的逆传播过程，⑨～⑩则是完成训练和收敛的过程。网络训练完成，可以输入样本数据进行泛化检验。

7.3.3　评价模型与指标设计

基于组织文化的三层次结构和本书构建的组织文化资本三层次模型，本书采用结构化方法来设计评价模型。组织文化资本由企业精神资本、企业制度资本和企业形象资本三个部分构成，因而可以将其看作是这三种变量的函数，由此建立组织文化资本评价模型：

$$C = f(J, Z, X);$$

$$J = \{J_1, J_2, \cdots, J_n\};$$

$$Z = \{Z_1, Z_2, \cdots, Z_n\};$$

$$X = \{X_1, X_2, \cdots, X_n\}$$

其中，C 是组织文化资本的影响力指数；J 是企业精神资本；Z 是企业制度资本；X 是企业形象资本。

为了对组织文化资本进行评价，首先必须获取有效的数据，并通过对数据的分析整理来获得直观的结论。一般来说，可以通过访谈、问卷、文献资料，以及专门的数据库等方法来获得数据。问卷法和访谈法则是直接获取有效数据的主要途径。问卷法是通过书面形式,以严格设计的心理测量项目或问题,向研究对象收集资料和数据的一种方法。本书的数据收集采用了此方法。为了设计出一份较为科学的问卷,以尽可能地实现变量(包括解释和被解释变量)测度和研究结果的可靠性和有效性。由于目前对于组织文化资本的评价尚无可以完全参照的评价指标体系,因此本书在设计问卷时,采用了多种方法相结合的方式对评价维度进行分析确定。主要有以下方法。

① 基于组织文化资本评价的目的、意义以及包括价值链分析、知识分析、顾客价值分析及竞争差异分析等的方法,确定有可能成为组织文化资本的各种因素。② 应用探索图(徐绪松,2005)[①]。在前期文献阅读、分析和总结(如现有文献中对组织文化评价的有关理论;现有文献中对企业核心能力和组织文化力评价的有关指标体系、文化资本理论等)的基础上,吸收与本书研究有关的知识,并应用探索图设计了相关指标。③ 直接对一些企业管理人员进行深入访谈。在设计问卷期间,充分利用各种社会关系与有关企业管理人员进行接触(包括武汉大学 MBA 学员和有关企业管理者)。④ 征求学术团队的意见。在文献阅读和访谈以后,笔者所在的学术团队经过了多次讨论,设计了初步问卷。⑤ 预测试。利用修改后的问卷对 6 名被试对象进行了预测试,根据他们的反馈和建议,对一些测度题项的表达方式和语言进行了修改,在此基础上形成了评价指标体系并由此编制了调查问卷(附录 A)。本书将组织文化资本的评价体系分解为 3 个二级指标和 22 个三级指标(图 7-12)。

7.3.1.1 企业精神资本

创新精神(J_1):指在企业中能够鼓励全体成员不断尝试使用新方法、新手段来积极创新,能够容忍那些违反常规的行为、举措和思想。

企业价值观(J_2):指企业在经营管理活动中对是非成败的基本判断,它的具体表现为看重与客户和其他相关机构的平等与互利。

企业凝聚力(J_3):指企业成员对于企业中工作团队以及企业整体具有心理上的依赖性,愿意在企业长期发展。

企业宗旨(J_4):指企业对于自己存在的目的和服务的对象或领域的明确。

企业经营理念(J_5):指企业在经营活动中始终恪守的信条。

---

① 探索图是武汉大学徐绪松教授发明的,它以图画的思考方式,即视觉思考,将对现实世界的直观感觉与智力理解连接在一起;将想象的创造力与直觉的技巧和分析能力整合在一起,帮助人们观察并了解人们所面临的复杂问题。

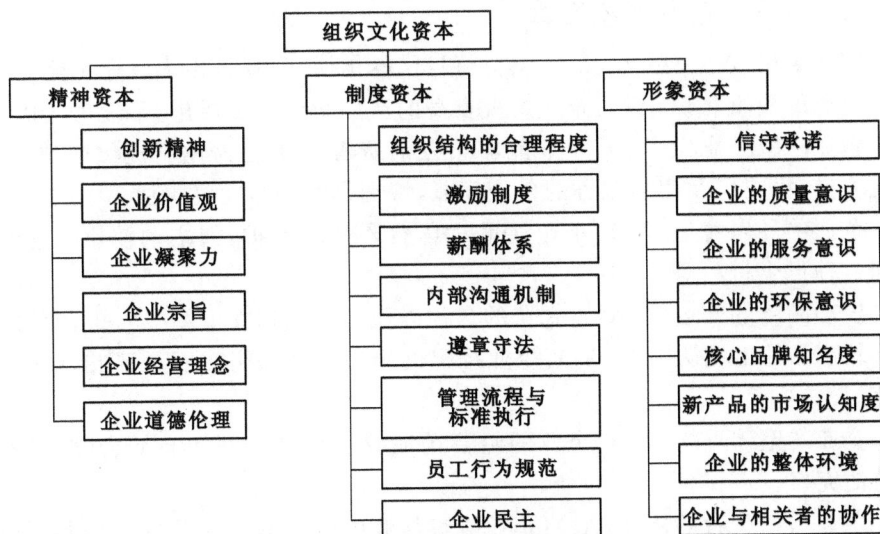

图 7-12 组织文化资本评价指标体系分解图

企业道德伦理(J_6)：企业十分关注自己所应该承担的社会责任。

7.3.3.2 企业制度资本

组织结构的合理程度(Z_1)：企业的组织机构设置及其运作模式与现有的业务活动相匹配程度。

激励制度(Z_2)：在企业内部对于积极鼓励的行为和不当行为都有明确的制度和规范加以规定，有奖有罚，赏罚分明。

薪酬体系(Z_3)：企业的薪酬体系能够比较客观地体现员工的劳动付出与其收入之间的关系，体现公平公正的文化导向。

内部沟通机制(Z_4)：企业内部的上下级之间、平级之间能够平等沟通，信息上传与下达十分及时畅通，且充分对称。

遵章守法(Z_5)：企业的经营管理活动始终遵守国家的法律法规及各项制度。

管理流程与标准执行(Z_6)：企业全体成员都能够按照管理标准和业务工作流程开展工作。

员工行为规范(Z_7)：员工举止行为有统一的标准，并且能够得到较好的执行。任何岗位的员工着装与举止都是整齐一致的。

企业民主(Z_8)：企业成员的建议和意见总是能够得到尊重和认可。

7.3.3.3 企业形象资本

信守承诺(X_1)：企业应能认真对待自己的承诺，只要说出来就一定能做到。

企业的质量意识(X_2)：企业重视自身的产品与服务的质量，不以劣充优。

企业的服务意识(X_3)：企业能够站在消费者的角度为他们提供热情服务，重视售前、售中以及售后服务的各个环节，特别是对细节尤为关注。

企业的环保意识(X_4)：企业注重对自然环境的保护，如主动使用低能耗设备和各种再生材料等。

核心品牌的知名度(X_5)：企业的名称以及主要品牌在市场中的知名度。

新产品的市场认知度(X_6)：企业推出的新产品和服务项目受到市场的关注程度。

企业的整体环境(X_7)：企业的经营场地以及公共空间应布局合理、各种设施整洁完好。

企业与相关者的协作(X_8)：企业能够与业内以及其他相关的机构共同开展各种协作，共同开创市场并分享利润。

对上述评价指标做出合理准确的量化是进行评价的重要条件。本书以这22个评价指标为基础，设计了调查问卷，通过问卷来获取有关人员对这些评价元素的评价。

7.3.4 数据收集与结果分析

数据收集：为保证研究成果的有效性，本次研究的数据收集采用"随机采样"的方法，选择武汉地区5家软件培训企业（A、B、C、D、E）进行对比研究。调查对象是相关企业的管理者、员工和学员。调查问卷（附录A）采用李克特的五级量表，共发出问卷150份，回收146份，有效问卷134份，占问卷总数的89.3%（表7-4）。本次研究以行业专家的评价作为参考标准（专家评价来自行业协会和培训行业专家共8人）。

表7-4　　　　　　　　问卷发放及回收情况

数据来源	企业管理者	员工	学员
问卷发放数量（份）	30	80	40
回收数量（份）	30	79	37
有效问卷数量（份）	30	73	31
占总有效问卷比例	22.4%	54.5%	23.1%

　　经过对五家企业调研数据的整理得到以下统计表格(各个数据均为各测评维度评价结果的平均值)(表7-5、表7-6)。

表7-5　　　　　　　　**组织文化资本评价体系结构与数据统计**

目标	一级指标	二级指标		得分				
				A	B	C	D(检验样本)	E(检验样本)
文化资本指数 C_c	企业精神(J)	创新精神	J_1	3.48	2.73	2.94	3.98	2.79
		企业价值观	J_2	4.17	3.18	3.43	3.87	3.40
		企业凝聚力	J_3	4.34	3.21	3.27	3.49	3.11
		企业宗旨	J_4	4.02	3.82	3.92	4.12	3.71
		企业经营理念	J_5	3.93	3.61	3.72	3.93	3.57
		企业道德伦理	J_6	4.42	4.19	4.24	4.22	4.67
	企业制度(Z)	组织结构的合理程度	Z_1	3.73	3.83	3.49	3.74	3.34
		激励制度	Z_2	2.87	3.89	2.95	2.96	3.82
		薪酬体系	Z_3	3.28	4.07	3.47	3.55	3.93
		内部沟通机制	Z_4	4.09	4.22	4.27	4.17	4.17
		遵章守法	Z_5	4.44	4.21	4.24	4.32	4.07
		管理流程与标准执行	Z_6	4.67	3.94	3.88	3.91	4.12
		员工行为规范	Z_7	4.22	3.98	3.82	4.06	4.03
		企业民主	Z_8	3.62	3.94	3.67	3.82	3.89
	企业形象(X)	信守承诺	X_1	4.80	4.37	4.23	4.29	4.18
		企业的质量意识	X_2	4.27	3.49	3.28	4.27	3.88
		企业的服务意识	X_3	4.74	4.43	3.83	4.48	3.79
		企业的环保意识	X_4	4.45	4.36	3.77	4.21	3.83
		核心品牌的知识度	X_5	3.71	3.95	3.48	4.27	4.44
		新产品的市场认知度	X_6	2.95	2.67	2.57	4.11	2.62
		企业的整体环境	X_7	4.33	3.85	3.62	3.74	3.94
		企业与相关者的协作	X_8	4.17	3.89	3.32	3.67	3.61

表 7-6　　　　　　　　　　　　专家评价数据与排序

企业	A	B	C	D	E
得分	4.442	4.119	3.412	3.361	3.621
排序	1	2	4	5	3

网络结构设计与训练：根据 BP 神经网络的基本原理，对于任何在封闭区间内的一个连续函数都可以用单隐含层的 BP 神经网络来实现。本研究将 22 个二级指标作为 BP 神经网络的输入因子，即输入层节点数确定为 22 个。Kolmogorov定理证明了只要隐含层具有足够的节点数，单隐含层的神经网络就可以以任意精度接近一个非线性函数（Vera Kvrkova，1992）。据此本书采用三层次 BP 神经网络结构来进行分析。

关于隐含层神经元数量问题目前尚未有比较理想的方法加以确定，只能在实际应用中反复实验加以确定。经测试，本书选择的隐含层节点数为 10。输出层为组织文化资本的影响力指数，仅有一项，因而将输出层节点设定为 1。本BP 神经网络的隐含层神经元传递函数选择 tansig 函数（一个双曲正切 S 形函数）；采用 logsig 函数（一个 S 形对数函数，其范围为整个实数集，它是一个可微函数）将神经元输入映射到区间(0,1)之中。输出层的转移函数为 purelin 函数。网络训练函数为 Levenberg-Marquardt BP 算法（Martin T Hagan，2002）训练函数（该算法对于中等规模的 BP 神经网络有最快的收敛速度，是系统默认的算法。由于它避免了直接计算赫赛矩阵，从而减少了训练中的计算量）。Matlab软件提供了十分完备的神经网络工具箱，数据分析选用 Matlab 7.0 神经网络分析软件包来完成。

BP 神经网络的各初始权值和初始阈值随机确定，学习速率取 0.05，网络的全局误差 ε 设定为 1×10^{-5}。以 A、B、C 三组数据为训练数据，对网络进行训练。主要步骤如下。

（1）建立 BP 神经网络。

用 net = newff (threshold, [22, 10, 1], {′ tansig′，′ logsig′，′ purelin′}，′ trainlm′)建立一个可训练的前馈网络。

（2）初始化训练参数。

net. trainParam. show = 50；

net. trainParam. lr = 0.05；

net. trainParam. epochs = 10000;

net. trainParam. goal = 1e-5。

以上是运行参数的设置,用 init 初始化神经网络:

net=init(net)。

(3)训练样本。

net=train(net,a,b);

其中,a 是输入数据,在这里的格式为 22×3 的矩阵,22 是 J_1,…,J_6 等 22 个指标,3 是 A、B、C 的三个得分;b 是输出数据,即专家评价的数据。

(4)检验。

nnetout= sim(net,test);

%训练样本,样本矩阵 a 为表 7-5 中的 A、B、C 三组数据;

%训练样本的目标 b 为专家对 A、B、C 三家企业的评价结果;

%检验样本,test =D、E 为两家企业的调研数据所构成的矩阵。

%[r,c]=size(a);

%mn=mean(a);

%st=std(a);

%for i=1:r

% a(i,:)=(a(i,:)-mn). /st;

% end

% na=(a-mean(a)). /std(a);

% nb=(b-mean(b)). /std(b);

% [nb,minb,maxb,na,mina,maxa]=premnmx(b,a);

%[a,psa]=mapminmax(a);

%[b,psb]=mapminmax(b);

训练样本选取 A、B、C 三组实测数据,以行业专家的评价结果作为期望输出,对网络进行训练。经过样本训练,当迭代次数为 16 次时,网络达到收敛要求,如图 7-13 所示。

经过网络训练,该 BP 神经网络具有很好的非线性收敛能力,保存此时网络的权值和阈值。泛化能力是指网络能够准确合理地响应训练以外的输入性能。为了检验该 BP 神经网络的泛化能力,将 D、E 两家企业的样本输入该网络进行评价,系统输出结果与专家评价结果如表 7-7、表 7-8 所示。

表现为6.1510×10^{-8}，目标为1×10^{-5}

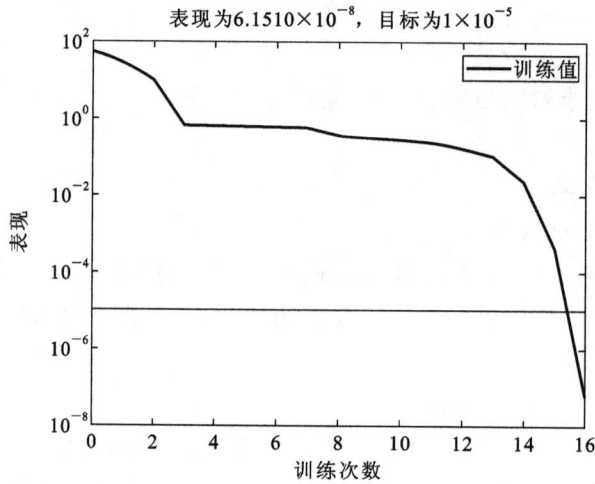

图 7-13 BP 神经网络的训练过程①

表 7-7 **BP 神经网络输出数据与行业专家评价数据的比较**

	D	E
行业专家评价结果	3.361	3.621
BP 神经网络评价结果	3.358	3.530

表 7-8 **评价结果排序**

	A	B	C	D	E
行业专家评价结果排序	1	2	4	5	3
BP 神经网络评价结果排序	1	2	4	5	3

由此可见，BP 神经网络评价结果与专家评价结果十分吻合，具有较好的泛化能力与准确性。进行结果分析后，得出以下结论。

（1）从组织文化资本的基本特征和评价原则出发，本书提出了一种基于 BP 神经网络的组织文化资本评价方法，并建立了评价体系。本书建立了一个的 3 层 BP 神经网络模型，通过对模型的检验，验证了将 BP 神经网络应用于组织文化资本评价是一个可行的方法。BP 神经网络对于非线性的文化因素分析，显示

---

① 训练过程中生成。由于网络初始化具有随机性，因而迭代次数会有差异。

出了其准确度高、训练学习速度快等的突出特性,比较好地处理了评价的指标项与结果项之间复杂的非线性关系。相对来说,这种分析工具比一般分析工具的操作更加简洁,而分析结果也与实际的情况更加接近。本书采用专家评价作为比较对象,主要是为了验证 BP 神经网络方法具有可行性,也就是说用 BP 神经网络进行的评价较主观评价法更有优势。BP 神经网络泛化检验的排序与专家排序相一致,可见该方法是可行的,也是一种适合于定量、定性指标共存的复杂系统的评价方法。

(2) 在算法方面,由于 BP 神经网络算法的学习速率通常是预先设定的,因而网络的收敛速度会比较慢,而且容易产生局部的极小值问题。本书选择 Levenberg-Marquardt 算法比较好地解决了这一问题。该算法是常规 BP 算法的改进算法,本书采用这一算法之后,仅需 16 次网络训练就达到了预设的全局误差目标;而采用 traingdx 函数对神经网络进行训练,需要 133 次才达到目标。结果显示,trainlm 学习算法具有良好的综合性能表现,相对于一般训练方法,它在训练时间和速度上具有优势,其准确率比较令人满意。在后续的研究中,需要结合样本数据的具体情况对 BP 神经网络的阈值和权重等进行不断调整,并不断优化网络结构,力求提高分析结果的准确率。在经过学习与训练之后,BP 神经网络能够自我总结经验并具备了依据经验数据进行判断的专家功能。为了使 BP 神经网络评价结果的准确率得到进一步提高,在实际应用中,可以将每次评价过的检测样本在检测完毕之后都作为训练样本对网络进行训练,以此来促使该网络的各个参数不断完善;而且,可以通过实际调研的形式更多地搜集各种不同企业的样本数据,以此来对网络进行训练,这样可以有效地保证网络评价结果更具有稳定性。

(3) 从实际分析的结果来看,同一行业内部的企业所拥有的文化资本确实存在差异,它表现为组织文化影响力的强弱。一般来说,此次被调查企业在所提供的服务种类上的差异并不突出,而且在技术水平方面各家企业也都没有十分特殊的优势,但是实际的文化资本评价结果却有比较明显的差异,可见除了产品或服务因素以外,还有其他因素影响着组织文化资本吸引力的大小。组织文化资本是一个由多因素复杂作用的结果,它与企业持续经营的时间、所获得的各种认证、荣誉以及企业与相关机构之间的合作紧密相关。同时,通过调查资料发现,良好的媒体宣传、对顾客需求的关注与服务的多样化水平对于提升组织文化资本的吸引力具有重要的促进作用。

8 总结与展望

前面几章的内容已经对组织文化资本进行了较为详细的分析和探讨,在本章将对前文的研究作出总结,此外,也将对本书研究中存在的一些局限进行说明,并在此基础上指出未来可能的研究方向。

8.1 主要研究结论

组织文化管理是管理理论发展的一个新阶段,也是保障企业得以持续发展的重要手段和核心动力之源。企业作为经济主体,它所开展的种种活动本质上属于经济活动,但企业经济活动要能在市场竞争中形成优势、取得成功,就需要有经济之外的支持点或立足点。企业竞争的本质是寻求差异,尽管组织文化并不是经济行为本身,但组织文化可以影响和改善经济行为,使经济行为更有效率,这一点已经被大多数人所接受。经济学和管理学的研究表明,文化在推动企业又好又快的成长方面发挥着重要的基础性作用,它是形成企业间差异的重要因素,也是企业关键的异质性资源和重要的无形资本。因此,如何从资本的视角来看待组织文化,厘清组织文化资本的各种特征及其生成和转化的机理与过程就成为一项重要的课题。本书从企业的层面,深入地探讨了组织文化资本的特征、结构、内涵、转化机理及与企业核心能力之间的关系,并以5家武汉地区的软件培训行业为样本对组织文化资本进行了评价。本书形成的主要研究结论如下。

(1)企业是一个人格化的价值聚合体,也是一系列资源的有机组合。组织文化资本是企业所拥有的重要的新资源,相对企业所拥有的物质资本来说,这种无形的精神资本是产生企业差异的重要基础。从知识资本的视角来看,组织文化资本是包括企业群体所共有的价值观、信念与思维方式在内的知识体系,是由关于企业成员如何思维、如何行为的知识以及如何运用这些知识的知识所构成的高度抽象化和结构化的逻辑性知识和能力体系,它具有传播扩散性、路径依赖性和动态变化性等特征,是企业所拥有的重要的结构性资本。作为一种由企业投资形成的,并能投入企业再生产过程,有市场增值能力的要素,组织文化资本不但和其他资本形态一样,具有价值性、稀缺性等共性特性,而且具有独特的个性特征。它不但是由企业投资形成的，经脑力劳动、教育传承而获得的企业专有性资产，而且它经历生成、积累、变革等环节，形成了其自身独特的运动规律，并遵循正相关原则进行着与经济资本、人力资本、社会资本等现代资本形式的互相转换。正是在这种不断的积累更新与转化的动态过程中，组织文化资本具备了以无形资本整合和驱动有形资源的能力，塑造了多样化的企业特征。

（2）组织文化资本内生于企业之中，在本质上，它是企业积累的劳动；在用途上，它是企业再生产的条件；在归属上，它依附于企业主体；在功能上，它能够为企业创造利润。企业因为所拥有的文化资本而奠定了在市场中的地位和获取收益的权利。组织文化资本是以精神财富的形式具体表现出来的组织文化价值的积累。这种积累形成了具有文化价值和经济价值的商品和服务，企业正是通过这种赋予了文化资本的商品和服务在市场中的不断流动来展示自己的力量。在效用最大化驱动下，社会利益相关者对特定组织文化资本的认同和追逐使企业拥有了对自己和他人施加影响和控制的权力。

（3）组织文化资本具有资财、要素、能力和关系几方面的内涵。作为一种投入，它可以是其他要素投入的产出，也可以产生企业未来收入的价值。它是企业成员之间以及企业与外部利益相关者之间所达成的一种心理上的共识和契约。它镶嵌在企业的各种社会结构（包括内部和外部）之中，成为联结企业成员、企业与外部环境之间的纽带和构建现代企业的基础，成为区别于不同企业的特有的资源和能力的集合体。它是企业所具有的非竞争性要素。组织文化资本的内生性、价值性、稀缺性和不可模仿性特征使之成为了企业盈利的原动力。

（4）本书运用组织行为理论和效用理论阐释了组织文化资本形成的基本动因，并将这种动因归纳为个体层面的动因和企业层面的动因。个体层面的动因，一方面来源于员工为了融入某种特定组织文化环境而调整或放弃自己已有的文化价值观念所需付出的心理成本的补偿要求；另一方面来源于企业外部利益相关者具有的获得某种文化产品或服务最大化自身收益的取向，因而它们会主动选择那些能够提高边际收益的商品或服务。企业层面的动因主要来源于市场竞争所带来的压力以及企业生存与发展的需求。社会经济和文化的发展使消费者的需求层次和内容不断更新，这也要求企业不断投入更多的资源、时间来生产文化资本。企业如果要在竞争中处于有利位置并获取更多的收益就必须占有更多的社会稀缺资源或拥有满足社会对稀缺资源的需求的能力，这就必然需要企业创造更多的文化资本，占有更多的稀缺性文化资源，以提高其竞争优势地位和社会影响力（权力）。同时，本书认为，企业家在推动文化资本形成和转化的过程中具有核心的导向和促进作用。

（5）本书对于组织文化资本的功能结构和价值构成进行了探讨。根据组织文化的结构层次和组织文化资本的价值特性（是否直接与人的思维和行为相关），本书将组织文化资本分为精神资本、制度资本和形象资本三种相互联系、相互转化的价值形态。精神资本是组织文化资本的核心。组织文化资本具有独特的资源与能力的双重特征。作为一种异质性资源，它被投入企业生产、经营活动之中，被赋予企业的产品、服务，并以特有的文化内涵和价值特征使企业拥有了区别于其他企业的非竞争性的资源基础。作为一种能力，一方面，它在企业与利益相关者之间建立有效的联结，通过提高企业的开放性来提高企业获得其他生产性资源的能力；另一方面，组织文化资本的能力表现为这种无形资本对企业有形资本的驱动能力。

（6）本书建立了"基于组织文化资本的核心能力整合机制模型"，并运用该模型对组织文化资本的整合能力进行了深入的分析。本书认为，组织文化资本通过对企业人力资本的驱动，可以整合企业其他形态的资源或资产，推动企业资源向企业核心能力转化。企业家的文化价值观念直接决定了组织文化资本的特征。首先，当组织文化资本被企业成员接受时，他们会运用这种文化价值体系对周围环境进行识别和判断，并基于这种判断在一定的组织结构和社会网络背景下选择性地运用相关的知识、技能整合和配置相关的有形资源和无形资源，由此形成了企业的资源整合能力。其次，企业成员在价值观体系指导下，运用相关的知识、技能，在一定的组织结构框架下对资源整合能力加以运用，则会形成企业的生产能力、技术能力、营销能力等职能能力。最后，在职能能力形成的基础上，企业成员在价值观体系的导向下，基于市场环境、组织构架和资源状况对职能能力加以整合，最终形成企业的核心能力。由于组织文化资本具有的特异性、依附性以及积累性、价值性等特点，使得每个企业在核心能力形成和积累方面存在着独特的发展路径与整合方式，这种不同也就产生了企业间的显著差异。

（7）通过对组织文化资本与企业创新绩效、管理绩效和经营绩效等方面的分析，本书认为，组织文化资本能够有效促进企业的创新行为和学习行为。作为一种公认的价值准则，它能够有效提高企业成员对他人行为预期的准确性，并为员工提供相互协调的基本框架和准则，有效减少了团队冲突和内耗，从而降低了协调成本，提高了工作绩效，并随之扩大了企业的组织边界。同时，作为一种无形的资本形态，组织文化资本依附于企业的产品和服务之中，能够有效彰显企业形象，并通过市场机制向消费者让渡文化价值。这种文化价值的大小取决于组织文化资本与消费者价值体系的匹配程度和文化资本的稀缺程度。

（8）作为一种无形的精神资本形态，组织文化资本有着独特的生成、积累机制。本书通过组织文化资本形成与转化的循环模型详尽描述了企业家主导下的组织文化资本形成与转化的过程与机理,提出了文化资本形成的三个阶段:输入、生产运作和输出,并对各个阶段的特点及其机理进行了理论分析和描述。在组织文化资本的积累性问题上,本书认为,组织文化资本的积累具有动态性、复合性和习得性三方面的特征,教育学习和合法性影响力是其积累的基本机制。

（9）组织文化资本是一个复杂的系统,其演化具有复杂性,当前的组织文化资本是由以往累积的各种因素所决定的,并且会影响它以后的演化行为。基于复杂科学管理的基本思想,本书运用逻辑斯蒂方程建立演化模型,对组织文化资本演化路径的复杂性进行了分析。关于演化路径的选择问题,本书基于演化博弈的有关思想,建立了一个重复动态博弈模型来对其进行分析。分析结果表明,外部环境和企业家的思想与行为是推动组织文化资本形成和演化的重要因素。不同历史、不同阶段和不同文化资本积累的企业,其文化资本演化的路径是不同的。在组织文化资本演化的过程中,企业家必须通过培训、教育等积极的手段来营造良好的变革氛围,还需要从制度层面通过有效的制度安排来指导变革的方向。组织文化资本的创新与演化必须在继承组织文化传统的基础上循序渐进,通过多层次、多等级的方式实现。从短期来看,组织文化资本是由企业家主导的、以企业家核心价值观为主体的价值观体系;从长期来看,组织文化资本的演化方向与结果选择必须与社会文化相匹配,或者说只有适应社会文化的发展方向,才能使企业获得最大的收益。

（10）组织文化资本必须通过交换和转化,才能产生出真正的经济和社会效益,因此,交换、转化就是文化资本存在的基本条件,而这也是文化资本拥有者获得收益的基本方式。影响组织文化资本转化能力的因素主要有价值度量、产权确认和良好的市场经济机制三个方面。只有在这三方面因素共同作用下,才能识别和比较组织文化资本的内在潜能和增值能力,并为其在不同主体之间进行转换提供了参考,使组织文化资本的潜能现实化为再生产的能力的基础或条件。组织文化资本可以转化为企业的经济资本、人力资本和社会资本三种资本形式。向经济资本转化受三种因素影响:一是市场机制、经济价值规律对其文化价值与经济价值兑换率的识别;二是文化资本持有者将文化资本价值向经济价值转化的物化;三是买方对文化资本的需求。在组织文化资本向人力资本转化的过程中,教育与学习是关键的影响因素。组织文化资本核心的价值体系中所包含的诚信、互惠与合作的理念有利于提高企业的社会声望、扩大社会关系网络,从而提高企业的社会资本潜能。

（11）基于本书的理论框架、企业核心能力理论、组织文化力评价方法以及复杂科学管理理论的有关理论和方法,本书给出了组织文化资本的识别方法,并设计了组织文化资本评价指标体系和调查量表,通过对武汉地区 5 家软件培训企业的实地采样获得了基础数据。本书给出了 3 个二级指标和 22 个三级指标的组织文化资本影响力评价体系,尝试以 BP 神经网络方法综合评价组织文化资本,并收到比较理想的效果。分析结果表明,企业间的文化资本确实存在差异,这种差异表现为组织文化资本的对利益相关者的影响力的差别。BP 神经网络具有较强的学习能力、自适应以及容错能力,其评价结果与专家评价法具有较高的一致性。采用这种方法能有效减少评价过程中人为因素所产生的影响,使评价结果更具有可靠性。

8.2　主要创新点

基于本书研究的实际情况,在以下几个方面具有一定的创新点。

第一,本书在对多学科专业理论和研究成果进行系统整理和分析的基础上,站在组织层面,从资源与能力的视角来研究"文化资本",构建了一个较为完整的组织文化资本理论框架。同时,从组织文化资本视角进行研究,也为组织文化研究赋予了新的内涵,拓宽了组织文化的研究视野。

第二,本书系统地运用和吸收了经济学、管理学、社会学、人类学等多学科的理论,在对组织文化的资本特征和本质进行系统梳理和分析的基础上,提出了"组织文化资本"的概念,对组织文化资本的运作机理进行了多层次的审视和系统分析;建立了组织文化资本形成的三阶段循环模型,对组织文化资本形成的机理进行了分析。同时,本书基于复杂科学管理思想,运用逻辑斯蒂竞争模型对组织文化资本演化路径的复杂性进行了分析,并运用演化博弈模型研究了组织文化资本的选择机制。

第三,本书探讨了基于组织文化资本的核心能力整合以及组织文化资本与长期绩效之间的关系,系统地分析和阐释了作为资源和能力的组织文化资本在整合核心能力以及提高长期经营绩效过程中的作用及影响机理。

第四,在实证研究中,基于核心能力理论以及组织文化资本的特征提出了组织文化资本的识别方法和流程。结合与组织文化资本有关的分析结果,开发了组织文化资本评价指标体系,并运用 BP 神经网络模型进行了实证研究,为研究成果的转化与应用提供了理论支撑与实践基础。

8.3　研究局限与未来研究方向

8.3.1　研究局限

尽管本书在研究设计中力求符合科学的原则,并且得出了一些较有意义的结论。但是受时间、条件、能力等资源的限制,本书仍有许多不足之处,主要表现在以下几个方面。

(1) 本书基于资源基础理论的有关观点,主要探讨了组织文化资本特征、内涵、形成与转化机理及与企业间差异来源的逻辑关系。本书所建立的理论框架更多的是从组织文化资本所具有的共性的角度出发进行分析,而没有考虑不同产业类型的企业以及不同文化背景特征的企业所拥有的文化资本所具有的一些特性,同时对于组织战略、规模、员工情况等因素也没有纳入分析框架,这就使得研究缺乏完整性。同时,这些因素是相互联系、相互影响的,在研究中忽略了这些关联,对研究结果的准确性和实用性可能产生影响。

(2) 组织文化资本的三个构成部分,即精神资本、制度资本和形象资本。这三者是相互联系、密不可分的,但本书并未对它们分别进行专题研究,更多的是作为一个整体对其进行分析和探讨。这三个组成部分都具有各自的功能特点,虽然本书对它们进行了一定的分析,但这远远不够,还有待做进一步的深入研究。

(3) 首先,本书的实证研究只限于特定类型的企业,并未对多类型企业进行采样分析,未能体现出不同质企业间文化资本的比较,且区域仅限于武汉市,这样得出的分析结论可能缺乏普遍意义上的代表性,并且结论可能会带有一定的区域特征。若要对不同类型的组织文化资本进行评价,还需重新确定符合其系统特征的评价指标。其次,本书的实证研究并非真正意义上的大样本研究,这可能使研究结论的普遍性和可信度受到影响。最后,本书的实证研究主要是验证性研究,对组织文化资本的测度指标体系的开发和研究的理论依据还存在不足。目前,有关组织文化资本评价的文献尚不多见,故没有一个系统的组织文化资本评价指标体系可以借鉴,组织文化资本的评价指标开发不足会影响评价的准确性。BP 神经网络方法是把系统中的各个要素集中于一个模型中加以考虑,可能反映出的是系统要素的局部高效,而不能反映出系统的缺陷所在,因此,组织文化资本的评价指标有待于进一步改进。

8.3.2 未来研究方向

关于组织文化管理和组织文化资本运营的研究是当前企业管理实践和理论研究领域的重要课题,它具有广阔的研究空间和广泛的应用前景。在很多研究领域中并未形成十分成熟的、广为大众接受的、定型的结论,还有很多问题尚未解决。尚待深入研究的方向如下。

(1)组织文化的研究成果相当丰富,虽然在管理实践中众多的管理者将组织文化界定为企业的核心资本,但是如何从资本的视角来界定组织文化资本及其特征和判别标准,进而研究组织文化资本的运动规律及其增值特征和途径目前尚未有系统的理论分析框架。在这一方面的深入探讨将是未来一个创新性的领域。

(2)每个企业因为其不同的文化背景、成长阶段和受到不同的环境的影响,其文化资本具有特异性。通过对这种特异性产生机理、作用机理的深入研究,进而探讨组织文化资本与企业成长、演化的相互关系,这是一个具有重大理论意义与实践意义的研究课题,围绕这一课题将会有许多值得深入研究的领域。

(3)影响组织文化资本形成与增值的因素很多,关键的一点就是民族文化和区域文化的影响。因此,在下一步的研究中,民族文化和区域文化与组织文化资本之间的相互影响和转化关系也是一个值得深入探讨的课题。

(4)组织文化资本对企业的负面影响的研究可以给企业提供更具针对性和可操作性的对策和措施,这需要结合各行业、企业的特点,研究各种负面因素的形成机理、相互作用机理,以及它们是如何对企业的成长和发展带来阻碍的,只有理解了组织文化资本负面影响的实质和产生的缘由,才能实施有效的干预,促进企业进行真正有效的文化管理和文化资本运营。因此,对组织文化资本的负面影响的研究将是一个很有实践意义的领域。

(5)组织文化资本的测度与评价对于企业全面了解自己的文化资本状况极为重要,组织文化资本的测度与评价一般会涉及具体指标体系的建立和评价标准的确立,这样就更便于企业的实际应用。因此,组织文化资本的测度与评价研究将是一个非常有意义的方向。从方法上来说,BP 神经网络需要大量的训练样本,而在实践中往往难以得到如此多的样本,如何将这种方法应用于小样本系统也是一个值得研究的方向。

附录 A

调 查 问 卷

尊敬的先生/女士：

您好！非常感谢您参与此次问卷调查。本问卷是关于组织文化资本研究的匿名调查问卷。敬请仔细阅读下列题项，根据您所在企业的具体情况，在您认为合适的选项上打"√"，选择无对错之分。

本调查结果仅用于科研，不涉及商业用途，并为您绝对保密，敬请据实填答。您的合作与意见，将是本次学术研究能否成功的关键，有劳烦之处，敬请见谅。最后，衷心感谢您的大力协助与支持！

武汉大学经济与管理学院技术经济及管理研究所

2016.3.21

一、基本情况

1. 您的身份：

① 管理人员　②企业员工　③客户(顾客)　④ 业内专家　⑤ 其他

2. 您公司所在的行业：_____

3. 您公司的性质：

① 国有企业　② 集体所有　③ 民营　④ 中外合资或外方独资　⑤ 其他

二、企业精神资本评价题项

4. 您觉得在您所在的企业中，是否能够宽容那些违反常规的行为、举措和思想？

非常不宽容 ← ①　　②　　③　　④　　⑤ → 非常宽容

5. 据您的感受，您觉得您所在的企业在经营活动中是否看重与客户和其他相关机构的平等与互利？

完全不看重 ← ①　　②　　③　　④　　⑤ → 十分看重

6. 根据您的感受，您认为本企业的员工都愿意在企业长期工作么？

没什么人愿意 ← ①　　②　　③　　④　　⑤ → 大家都很愿意

7.您认为本企业的服务领域和对象明确么？

一点也不明确 ←── ①　　②　　③　　④　　⑤ ──→ 非常明确

8.您认为本企业在经营活动中能够始终坚持自己的经营原则么？

完全不能 ←── ①　　②　　③　　④　　⑤ ──→ 始终坚持

9.在您看来,您所在的企业注重为社会公众提供公益性的服务么？

完全不重视 ←── ①　　②　　③　　④　　⑤ ──→ 非常重视

三、企业制度资本评价题项

10.据您的感受,您认为目前企业的部门设置和管理层次(基层到最高层之间的层次)适应业务发展的需要么？

完全不适应 ←── ①　　②　　③　　④　　⑤ ──→ 非常适应

11.您是否清楚何种行为会受到奖励,何种行为会受到处罚？

完全不清楚 ←── ①　　②　　③　　④　　⑤ ──→ 非常清楚

12.据您的感受,企业中的员工的收入都与他们的劳动付出相匹配么？

完全不匹配 ←── ①　　②　　③　　④　　⑤ ──→ 非常匹配

13.据您的感受,在企业中、上、下级之间能够平等交流、共享信息么？

完全不能 ←── ①　　②　　③　　④　　⑤ ──→ 完全可以

14.据您所知,企业在经营管理活动中能够遵守相关的法律法规么？

完全不能 ←── ①　　②　　③　　④　　⑤ ──→ 非常守法

15.据您所知,员工在工作中能够严格遵守各项标准和流程么？

根本不遵守 ←── ①　　②　　③　　④　　⑤ ──→ 严格遵守

16.据您的感受,企业员工的行为、举止和着装总是整齐一致的么？

十分混乱 ←── ①　　②　　③　　④　　⑤ ──→ 非常一致

17.据您所知,在企业中,不论什么岗位的员工的意见都能得到尊重和认可么？

完全不能 ←── ①　　②　　③　　④　　⑤ ──→ 非常尊重

四、企业形象资本评价题项

18.据您所知,企业对自己作出的承诺总是竭尽全力地去兑现么？

完全不能 ←── ①　　②　　③　　④　　⑤ ──→ 总是能言出必行

19.据您所知,企业是否重视产品和服务的质量,从不以劣充优？

完全不重视 ←── ①　　②　　③　　④　　⑤ ──→ 非常重视

20.据您所知,企业能否关心客户的感受,真心诚意从每个细节上做好服务？

完全不能做到 ←── ①　　②　　③　　④　　⑤ ──→ 做得非常好

21.据您所知,企业是否关注生态环境保护,如使用低能耗设备和再生资源等?

完全做不到 ← ① ② ③ ④ ⑤ → 做得非常好

22.据您所知,企业的名称和各种品牌标识(如商标、企业徽标等)在市场中的知名度高么?

没什么人知道 ← ① ② ③ ④ ⑤ → 知名度很高

23.据您所知,企业推出的新产品或服务项目总是会受到客户的关注么?

没什么人关心 ← ① ② ③ ④ ⑤ → 客户都很关注

24.据您的感受,企业的经营场地和公共设施是否整洁完好、布局合理?

非常糟糕 ← ① ② ③ ④ ⑤ → 非常好

25.据您所知,企业总是能够与合作伙伴分享共同开发市场所取得的成果么?

完全做不到 ← ① ② ③ ④ ⑤ → 做得非常好

问卷到此结束,再次感谢您的合作!

附录 B

BP 神经网络的主要源代码

%建立一个可训练的前馈网络

threshold = minmax(a);

net = newff (threshold, [22, 10, 1], {' tansig',' logsig',' purelin'},'trainlm');

%训练参数设置

net. trainParam. show = 50;

net. trainParam. lr = 0.05;

net. trainParam. epochs = 10000;

net. trainParam. goal = 1e-5;

net=init(net);

%训练样本

net=train(net,a,b);

%画出训练误差图

nc= sim(net,a);

figure

plot(b-c);

%检验样本

nnetout= sim(net,test);

参 考 文 献

[1] ［法］皮埃尔·布迪厄. 文化资本与社会炼金术——布迪厄访谈录［M］. 包亚明，译. 上海：上海人民出版社，1997.

[2] ［法］萨伊. 政治经济学概论［M］. 陈福生，译. 北京：商务印书馆，1963.

[3] ［韩］钱·金，［美］勒妮·莫博涅. 蓝海战略［M］. 吉宓，译. 北京：商务印书馆，2007：44-45.

[4] ［美］西奥多·舒尔茨. 人力资本投资——教育和研究的作用［M］. 蒋斌，张薇，译. 上海：商务印书馆，1990.

[5] ［美］丹尼尔·雷恩. 管理思想的演变［M］. 李柱流，赵睿，肖聿等，译. 北京：中国社会科学出版社，1997.

[6] ［美］帕森斯. 现代社会的结构与过程［M］. 梁向阳，译. 北京：光明日报出版社，1988.

[7] ［美］萨缪尔森. 经济学（上册）［M］. 高鸿业，译. 北京：商务印书馆，1991.

[8] ［美］威廉·哈维兰. 文化人类学［M］. 瞿铁鹏，张钰，译. 上海：上海社会科学院出版社，2006.

[9] ［英］亚当·斯密. 道德情操论［M］. 蒋自强，钦北愚，朱钟棣等，译. 北京：商务印书馆，2002.

[10] 包亚明. 文化资本与社会炼金术［M］. 上海：上海人民出版社，1997.

[11] 边燕杰，丘海雄. 企业的社会资本及其功效［J］. 中国社会科学，2000（2）：87-99.

[12] 曾昊，马力，王南. 企业文化测量研究述评［J］. 中国地质大学学报：社会科学版，2005，5（4）：13-17.

[13] 陈峰. 文化资本导论［D］. 北京：中共中央党校，2005.

[14] 陈丽琳. 组织文化的新视野［M］. 成都：四川大学出版社，2005.

[15] 陈青生. 厘清文化资本的内涵［J］. 探索与争鸣，2007（1）：21-23.

[16] 陈维政. 转型时期的中国组织文化研究［M］. 大连：大连理工大学

出版社，2005.

[17] 戴维·思罗斯比，潘飞. 什么是文化资本？[J]. 马克思主义与现实，2004(1)：50-55.

[18] [美]道格拉斯·诺思. 制度、制度变迁与经济绩效[M]. 刘守英，译. 上海：上海三联书店，1994.

[19] [美]菲歇尔. 利息理论[M]. 陈彪如，译. 上海：上海人民出版社，1999.

[20] 奉继承. 知识管理：理论、技术与运营[M]. 北京：中国经济出版社，2006.

[21] 福山. 信任——社会道德与繁荣的创造[M]. 呼和浩特：远方出版社，1998.

[22] 傅琳. 分岔与混沌：逻辑斯蒂方程演化机制研究[J]. 数量经济技术经济研究，1992(8)：47-53.

[23] 高波，张志鹏. 文化资本：经济增长源泉的一种解释[J]. 南京大学学报：哲学·人文科学·社会科学，2004，41(5)：102-112.

[24] 耿新，彭留英. 企业知识的分类、分布与转化机制研究——系统化视角下对 SECI 模型的一个扩展[J]. 管理科学，2004，17(4)：43-48.

[25] 郭跃显，陈宝峰，杨彦波. 基于 Hofstede 理论的企业文化测度研究[J]. 技术经济，2007，26(11)：85-89.

[26] [秘鲁]赫尔南多德·索托. 资本的秘密[M]. 王晓东，译. 南京：江苏人民出版社，2000.

[27] 黄颖黔. 行为科学导论[M]. 广州：华南理工大学出版社，2000.

[28] [美]加里·贝克尔. 口味的经济学分析[M]. 李杰，王晓刚，译. 北京：首都经济贸易大学出版社，2000.

[29] 雷巧玲，赵更申，段兴民. 企业文化的测量及其对企业绩效的影响研究综述[J]. 科技进步与对策，2006，23(6)：175-177.

[30] [美]理查德·帕斯卡尔，[美]安东尼·阿索斯. 日本企业管理艺术[M]. 陈今淼，译. 北京：中国科学技术翻译出版社，1984.

[31] 李成彦. 组织文化研究综述[J]. 学术交流，2006(6)：183-185.

[32] 李丽，宁凌. 企业发展的核心要素：文化资本[M]. 北京：中国经济出版社，2006.

[33] 李沛新. 文化资本论——关于文化资本运营的理论与实务研究[D]. 北京：中央民族大学，2006.

[34]　刘刚. 企业的异质性假设——对企业本质和行为的演化经济学解释[M]. 北京：中国人民大学出版社. 2005.

[35]　刘光明. 现代组织文化[M]. 北京：经济管理出版社，2005.

[36]　刘双，李伟. 论文化资源到文化资本的转化[J]. 知识经济，2008（1）：173-174.

[37]　刘松博. 对社会资本和企业社会资本概念的再界定[J]. 安徽大学学报哲学社会科学版，2007，31（6）：81-86.

[38]　刘迎秋. 论人力资本投资及其对中国经济成长的意义[J]. 管理世界，1997（3）：30-33.

[39]　卢美月，张文贤. 组织文化与组织绩效关系研究[J]. 南开管理评论，2006（6）：27.

[40]　罗长海，林坚. 组织文化要义[M]. 北京：清华大学出版社，2003.

[41]　[德]马克斯·韦伯. 新教伦理与资本主义精神[M]. 黄晓京，彭强，译. 西安：陕西师范大学出版社，2002.

[42]　[德]马克思，[德]恩格斯. 中共中央马克思恩格斯列宁斯大林著作编译局，译. 马克思恩格斯全集 第46卷（上册）[M]. 北京：人民出版社，1979.

[43]　[德]马克思，[德]恩格斯. 中共中央马克思恩格斯列宁斯大林著作编译局，译. 马克思恩格斯全集第23卷（上册）[M]. 北京：人民出版社，1975.

[44]　[德]马克思，[德]恩格斯. 马克思恩格斯选集. 第2卷[M]. 中共中央马克思恩格斯列宁斯大林著作编译局，译. 北京：人民出版社，1995.

[45]　马力，曾昊，王南. 组织文化测量研究评述[J]. 北京科技大学学报：社会科学版，2004（7）.

[46]　[英]马歇尔. 经济学原理（上卷）[M]. 陈良璧，译. 北京：商务印书馆，1983.

[47]　秦力. 文化资本的积累与转化特征研究[D]. 济南：山东大学，2007.

[48]　饶扬德. 新资源观与企业资源整合[J]. 软科学，2006，20（5）：77-81.

[49]　施炎平. 从文化资源到文化资本——传统文化的价值重建与再创[J]. 探索与争鸣，2007（6）：50-54.

[50]　石国兴. 组织行为与领导艺术[M]. 1版. 北京：中国经济出版社，2002：7-8.

[51] 宋冬英. 组织文化与企业经营业绩关系探讨[J]. 北京工商大学学报：社会科学版，2004：4.

[52] 苏国勋，张旅平，夏光. 全球化——文化冲突与共生[M]. 北京：社会科学文献出版社，2006.

[53] 孙燕一. 实用组织行为学[M]. 西安：西北工业大学出版社，2007.

[54] [美]舒尔茨. 论人力资本投资[M]. 吴珠华等，译. 北京：北京经济学院出版社，1992.

[55] [美]汤姆·彼得斯，[美]南希·奥斯汀. 赢得优势——领导艺术的较量[M]. 管维立，刘立，译. 北京：企业管理出版社. 1988.

[56] 唐绍欣，刘文. 西方知识资本理论述评[J]. 经济科学，1999(2)：98-103.

[57] 万君宝. 西方跨文化管理研究的层次分析与时间演进——文献综述[J]. 上海财经大学学报：哲学社会科学版，2007,9(4)：92-96.

[58] 王毅，陈劲，许庆瑞. 企业核心能力：理论溯源与逻辑结构剖析[J]. 管理科学学报，2000,3(3)：24-32.

[59] 王成荣. 组织文化学[M]. 北京：经济管理出版社，2002.

[60] 王国顺，张仕璟，邵留国. 企业文化测量模型研究——基于Dension模型的改进及实证[J]. 中国软科学，2006(3)：145-150.

[61] 王开明. 企业的知识资本——资源基础理论的观点[M]. 武汉：中国地质大学出版社，2006.

[62] 王毅. 企业核心能力理论探源与述评[J]. 科技管理研究，2000(5)：5-8.

[63] 王宗光，李军. 全球化视角下的企业文化资本研究[J]. 国际商务：对外经济贸易大学学报，2007(4)：67-70.

[64] [美]威廉·大内. Z理论——美国企业界怎样迎接日本的挑战[M]. 孙耀君，王祖融，译. 北京：中国社会科学出版社，1984.

[65] 韦正球，覃明兴. 从小资源到大资源：一种新的资源观[J]. 广西大学学报：哲学社会科学版，2006,28(2)：67-71.

[66] 魏光兴. 企业文化竞争力分析及模糊综合评价[J]. 西部论坛，2004(2)：100-102.

[67] 魏江. 企业核心能力的内涵与本质[J]. 管理工程学报，1999(1)：53-55.

[68] 沃伟东. 组织文化的经济学分析[D]. 上海：复旦大学，2006.

[69] 吴文盛. 企业核心竞争力的文化根源[M]. 北京：中国经济出版社，
2006.

[70] 徐丽娟. 企业文化运营系统及其投入产出分析[J]. 哈尔滨商业大学
学报：社会科学版，2004(6)：75-77.

[71] 徐丽娟. 企业文化运营中文化资本的内涵与增值形式[J]. 生产力研
究，2006(4)：248-249.

[72] 徐绪松，吴强. 管理科学的前沿：复杂科学管理[N]. 光明日报：理
论版，2005-5-10.

[73] 徐绪松. 从科学管理到复杂科学管理——复杂科学管理学说的提
出[C]∥中国管理科学与工程研究进展，第四届管理科学与工程论坛，2006.

[74] 徐绪松. 复杂科学管理的理论和方法[C]∥中国管理科学与工程研
究进展，首届管理科学与工程论坛，2003.

[75] 薛晓源，曹荣湘. 文化资本、文化产品与文化制度[J]. 马克思主义
与现实（北京），2004(1)：43-49.

[76] 杨行峻. 人工神经网络与盲信号处理[M]. 北京：清华大学出版社，
2003.

[77] 姚俭建，岑文忠. 文化资本的积累机制探微[J]. 上海师范大学学
报：哲学社会科学版，2004，33(2)：35-40.

[78] 郁义鸿. 知识管理与组织创新[M]. 上海：复旦大学出版社，2001.

[79] [美]约翰·科特，[美]詹姆斯·赫斯克特. 企业文化与经营业
绩[M]. 曾中，李晓涛，译. 北京：华夏出版社，1997.

[80] [美]约瑟夫·熊彼特. 经济发展理论[M]. 郭武军，吕阳，译. 北京：
商务印书馆，1990.

[81] 张纯洪，刘海英，孙巍. 核心能力的内涵及表现形式研究[J]. 工业
技术经济，2004，23(2)：40-42.

[82] 张国才. 组织行为学[M]. 北京：中国财政经济出版社，2001.

[83] 张庆普，李志超. 企业隐性知识的流动与转化[J]. 中国软科学，
2003(1)：88-92.

[84] 张骁，杨忠，苍玉权. 文化的知识内涵——对文化创新的启示[J].
科技进步与对策，2006(5)：163-165.

[85] 张旭. 组织文化对竞争优势的影响机理研究[D]. 大连：大连理工
大学，2007.

[86] 张意. 文化与符号权力：布尔迪厄的文化社会学导论[M]. 北京：

中国社会科学出版社，2005.

[87] 郑伯壎. 组织文化价值观的数量衡鉴[J]. 中华心理学刊，1990，32：31-49.

[88] 中国组织文化促进会. 2006—2020 年中国组织文化建设发展规划纲要[M]. 北京：中央编译出版社，2006.

[89] 周和荣，王辉，张金隆. 虚拟资源观：企业资源利用方式的根本变革[J]. 管理世界，2007(10)：162-163.

[90] 周和荣，张金隆. 虚拟合作竞争：机理、系统模型及实证研究[J]. 中国工业经济，2007(8)：66-74.

[91] 周和荣，张金隆. 虚拟合作资源配置方式：机制、模型与实证研究[J]. 中国工业经济，2006(8)：77-84.

[92] [德]马克思. 资本论(第三卷)[M]. 中共中央马克思恩格斯列宁斯大林著作编译局，译. 北京：人民出版社，1975.

[93] [德]马克思. 资本论(第一卷)[M]. 中共中央马克思恩格斯列宁斯大林著作编译局，译. 北京：人民出版社，1975.

[94] 方铁，曹仰锋. 文化是第四资本——专访著名管理专家、清华大学经济管理学院张德教授[J]. 人才瞭望，2003(11)：6-8.

[95] 王璞. 企业文化咨询实务[M]. 北京：中信出版社，2003.

[96] 张勉，张德. 组织文化测量研究述评[J]. 外国经济与管理. 2004，26(8)：2-7.

[97] 卢现祥. 新制度经济学[M]. 武汉：武汉大学出版社，2012.

[98] 冯之俊. 知识经济与中国发展[M]. 北京：中共中央党校出版社，1998.

[99] 富立友. 基于知识共享的组织文化研究[D]. 上海：复旦大学，2004.

[100] 何佩群. 20 世纪谁在指导我们的思想[M]. 兰州：敦煌文艺出版社，2000.

[101] 苟燕楠，董静. 企业体系的异质性分析[J]. 南京社会科学，2006(1)：17-24.

[102] 张月莉. 基于结构分析法的企业核心竞争力识别[J]. 生产力研究，2006(9)：247-248.

[103] 于江，张不同. 识别企业核心竞争力的渐进化方法[J]. 管理科学，2003，16(5)：14-19.

[104] 李兴旺. 动态能力理论的操作化研究：识别、架构与形成机制[M]. 北京：经济科学出版社，2006.

[105] 黄定轩，尤建新. 企业核心能力识别综述[J]. 同济大学学报：社会科学版，2007，18(5)：105-112.

[106] 李海，张德. 组织文化与组织有效性研究综述[J]. 外国经济与管理，2005，27(3)：2-11.

[107] 李军波，江翱. 企业文化评估研究述评[J]. 湘潭大学学报：哲学社会科学版，2006，30(5)：58-62.

[108] 葛哲学，孙志强. 神经网络理论与 MATLAB R2007 实现[M]. 北京：电子工业出版社，2008：109-110.

[109] 踪程，都忠诚，张炳轩. 企业核心能力评价系统及其层次模糊综合评价方法[J]. 天津师范大学学报：自然科学版，2006，26(1)：70-72.

[110] 吴价宝，达庆利. 企业核心能力的系统性识别[J]. 中国软科学，2002(10)：51-55.

[111] 杨浩. 我国企业文化力的评价与发展对策[J]. 科技管理研究，2008，28(2)：128-130.

[112] [美]Martin T Hagan. 神经网络设计[M]. 戴葵，译. 北京：机械工业出版社，2002.

[113] A L Kroeber, C Kluckhohn. Culture：A Critical Review of Concepts and Definitions[J]. American Journal of Sociology, 1954, 47(1)：35-39.

[114] Allan Williams, Paul Dobson, Mike Walters. Changing Culture [M]. London：Institute of Personel Management, 1989.

[115] Amir N Licht, Chanan Goldschmidt, Shalom H. Culture, Law and Corporate Governance[J]. Ssrn Electronic Journal, 2005, 25(2)：229-255.

[116] Barton D L, Core Capability, Core Rigidities. A Paradoxin Managing New Product Development [J]. Strategic Management, 1994, 13：111-125.

[117] Bernard Taylor. Conflict of Values—the Central Strategy Problem[J]. Long Range Planning, 1975, 8(6)：20-24.

[118] Bourdieu Pierre. The Forms of Capital in A H Halsey[M]// H Lauder, P Brown, A Stuart Wells. Education：Culture, Economy and Society. New York：Oxford University Press, 1989.

［119］ Brian T Gregory, Stanley G Harris, Achilles A Armenakis, et al. Organizational Culture and Effectiveness: A Study of Values, Attitudes and Organizational Outcomes[J]. Journal of Business Research, 2008.

［120］ Burt R S. Structural Holes [M]. Cambridge: Harvard University Press, 1992.

［121］ Burt R S. The Contingent Value of Social Capital [J]. Administrative Science Quarterly, 1997(42): 339-365.

［122］ Cameron K, Quinn R. Prisms-Changing Organizational Culture: A Competing Values Workbook[D]. Ann Arbor: The University of Michigan, 1994.

［123］ Cameron K S, Quinn R E. Diagnosing and Changing Organizational Culture: Based on the Competing Values Framework [M]. New York: Addison-Wesley Press, 1998.

［124］ Carroll A B. A Three-Dimensional Conceptual Model of Corporate Performance[J]. Academy of Management Review, 1979, 4(4): 497-505.

［125］ Cary L. Cooper Reviewed Work(s): Culture's Consequences: International Differences in Work Related Values by Geert Hofstede[J]. Journal of Occupational Behaviour, 1982, 3(2): 202-204 .

［126］ Chatterjee S, Wernerfelt B. The Link between Resources and Type of Diversification: Theory and Evidence[J]. Strategic Management Journal, 1991, 12: 33-48.

［127］ Chris Chapman, Stephen Ward, Ian Harwood. Minimising the Effects of Dysfunctional Corporate Culture in Estimation and Evaluation Processes: A Constructively Simple Approach[J]. International Journal of Project Management, 2006, 24(2): 106-115.

［128］ Christine Oliver. Sustainable Competitive Advantage: Combining Institutional and Resource-Based Views[J]. Strategic Management Journal, 1997, 18(9): 697-713.

［129］ Coeling H, Wilcox J. Using Organizational Culture to Facilitate the Change Process[J]. ANNA Journal, 1990(17): 231-236.

［130］ Coleman J S. Social Capital in the Creation of Human Capital [J]. American Journal of Sociology, 1988(94): 95-120.

［131］ Denison D R, Mishra A K. Toward a Theory of Organizational

Culture and Effectiveness[J]. Organization Science, 1995, 6(2): 204-223.

[132] Denison D R. Corporate Culture and Organizational Effectiveness [M]. New York: John Wiley &Sons, 1990: 51-210.

[133] Eric MacIntosh, Alison Doherty. Extending the Scope of Organisational Culture: The External Perception of an Internal Phenomenon[J]. Sport Management Review, 2007, 10(1): 45-64.

[134] Geert Hofstede, Michael Harris Bond. The Confucius Connection: From Cultural Roots to Economic Growth[J]. Organizational Dynamics, 1988, 16(4): 5-21.

[135] Geert Hofstede. Organising for Cultural Diversity[J]. European Management Journal, 1989, 7(4): 390-397.

[136] Geert Hofstede. Problems Remain, but Theories will Change: The Universal and the Specific in 21st-century Global Management, Organizational Dynamics, 1999, 28(1): 34-44.

[137] Geert Hofstede. Riding the Waves: A Rejoinder[J]. International Journal of Intercultural Relations, 1997, 21(2): 287-290.

[138] Geert Hofstede. What is Culture? A Reply to Baskerville[J]. Accounting, Organizations and Society, 2003, 28(7-8): 811-813.

[139] Grant Robert M. The Resource-based Theory of Competitive Advantage: Implications for Strategy Formulation[J]. California Management Review, 1991, 33(3): 118.

[140] Hall R. A Framework Linking Intangible Resources and Capabilities to Sustainable Competitive Advantage[J]. Strategic Management Journal, 1993, 14(8): 607-618.

[141] Hatch M. The Dynamics of Organizational Culture[J]. Academy of Management Review, 1993(18): 657-693.

[142] Higgins K T. The Value of Consumer Value Analysis[J]. Marketing Research, 1998, 10(4): 38-44.

[143] Hofstede G, Neuijen B, Daval O, et al. Measuring Organizational Cultures: A Qualitative and Quantitative Study Across Twenty Cases[J]. Administrative Science Quarterly, 1990, 35: 286-316.

[144] Mahoney J, Pandian J. The Resource-Based View within the Conversation of Strategic Management[J]. Strategic Management Journal, 1992,

13(5): 363-380.

[145] Michael Polanyi. The Tacit Dimension [M]. London: Routlege and Kegan Paul, 1966.

[146] Morris T. Customer Relationship Management[D]. Hamilton: CMA, 1994.

[147] NIIIP Consortium. NIIIP Reference Architecture [DB/OL]. 1998, http: // www. niiip. org.

[148] NIIIP Consortium. NIIIP Protocol Decomposition: An Approach to Internet Collaboration[R]. IEEE WETICE'96 NIIIP Position, 1996.

[149] O'Reilly C A, Chatman J, Caldwell J. People and Organizational Culture: A Profile Comparison Approach to Assessing Person- organization Fit[J]. Academy of Management Jounral, 1991, 34: 487-516.

[150] Oliver Williamson. Markets and Hierarchies: Analysis and Anti-trust Implications[M]. New York: Free Press, 1975.

[151] P Bourdieu. The Forms of Capital [M] // John G Richardson. Handbook of Theory and Research for the Sociology of Education. New York: Greenwood Press, 1986.

[152] Parsons T, Shils E A. Toward a General Theory of Action. [J]. World Politics, 1953, 5(4): 530-554.

[153] Parsons T. The Social System[M] . New York: Free Press, 1951.

[154] Penrose E. The Theory of the Growth of the Firm[M]. New York: John Wiley, 1959.

[155] Peteraf M A. The Cornerstones of Competitive Advantage: A Resource-based View[M] // Strategic Management Journal, 2006.

[156] Pettigrew A M. On Studying Organizational Cultures[J]. Administrative Science Quarterly, 1979, 24: 570-581.

[157] Pierre. Language and Symbolic Power [M]. Tompson John B, Translate. Cambridge: Polity Press, 1991.

[158] Ping Chen. Origin of the Division of Labour and a Stochastic Mechanism of Differentiation[J]. European Journal of Operational Research, 1987, 30(3): 246-250.

[159] Porter M E. Strategy and the Internet [J]. Harvard Business

Review, 2001, 79(3): 62-79.

[160] Prahalad C K, Hamel G. The Core Competence of the Corporation [J]. Harvard Business Review, 1990, 66: 79-91.

[161] R P Rumelt. Toward a Strategic Theory of the Firm[M] // R B Lamb. Competitive Strategic Management. Englewood Cliffs N J: Prentice Hal, 1984.

[162] Redding G. Principles of the Comparative Method in the Analysis of Societal Systems of Business [J]. INSEAD, 2005: 1-62.

[163] Redding G. The Thick Description and Comparison of Societal Systems of Capitalism[J]. Journal of International Business Studies, 2005, 36(2): 123-155.

[164] Richard Barrett. Improve Your Culture Capital [J]. Industrial Management, 2003: 20-24.

[165] Richard H Franke, Geert Hofstede, Michael H Bond. Cultural Roots of Economic Performance: A Research Note[J]. Strategic Management Journal, 1991, 12: 165-173.

[166] Robbins Derek. The Work of Pierre Bourdieu: Recognizing Society [M]. Milton Keynes: Open University Press, 1991.

[167] Rugman A, Verbeke A. A Perspective on Regional and Global Strategies of Multinational Enterprises [J]. Journal of International Business Studies, 2004, 35(1): 3-18.

[168] Saffold G S. Culture Traits, Strength and Organizational Performance: Moving Beyond "Strong" Culture [J]. Academy of Management Review, 1988, 13(4): 546-555.

[169] Schein E H. The Corporate Culture Survival Guide: Sense and Nonsense about Culture Change[M]. San Francisco: Jossey-Bass Publishers, 1999: 59-87.

[170] Schein E. Organizational Culture and Leadership[M]. San Francisco: Jossey-bass, 1985.

[171] Schultz M, Hatch M. Living with Multiple Paradigms: The Case of Paradigm Interplay in Organizational Culture Studies[J]. The Academy of Management Review, 1996(21): 529-554.

[172] Spender J C. Making Knowledge the Basis of a Dynamic Theory

of the Firm[J]. Strategic Management Journal, 1996, 17: 45-62.

[173] Trompenaars F. The Organization of Meaning and the Meaning of Organization[D]. Philadelphia: The Wharton School of the University of Pennsylvania, 1985.

[174] Trompenaars F. Riding the Waves of Culture: Understanding Cultural Diversity in Business[M]. London: The Economist Books. 1993.

[175] Wernerfelt B A. Resource-based View of the Firm [J]. Strategic Management Journal, 1984, 5(2): 171-180.

[176] Whitley, R. Competing Logics and Units of Analysis in the Comparative Study of Economic Organization [J]. International Studies of Management and Organization, 1999, 29(2): 113-126.

[177] Yamaguchi S. Nursing Culture of an Operating Theater in Italy[J]. Nursing & Health Sciences, 2004(6): 261-269.

[178] Parsons T. The Social System [M]. New York: Free Press, 1951.

[179] Shannon Scott Findlay, Carole A Estabrooks. Knowledge Translation and Pain Management[M] // Bringing Pain Relief to Children. Humana Press, 2006: 199-227.

[180] Edgar H Schein. Organizational Culture and Leadership [M]. San Francisco: Jossey-bass, 1985.

[181] Alison Dean, Martin Kertschmer. Can Ideas be Capital? Factors of Production in the Post Industrial Economy: A Review and Critique[J]. Academy of Management Review, 2007, 32(2): 573-594.

[182] Bowman E H, Haire M A. A Strategic Posture toward Corporate Social Responsibility[J]. California Management Review, 1975, 18.

[183] Mehmet Barc. Economic Foundations of Strategic Management (Hardback)-Routledge[J]. Ashgate Publishing Limited, 2003: 23-53.

[184] Erikson I V, Dickson G W. Knowledge Sharing in High Technology Company[C] // American Conference on Information System, 2000: 1330-1335.

[185] Vera Kůrková. Kolmogorov's theorem and multilayer neural networks[J]. Neural Networks, 1992, 5(3): 501-506.